向忠發

與中國共產革命

向忠發與中國共產革命

向忠發與中國共產革命

李甦

CITY UNIVERSITY OF
HONG KONG PRESS
香港城市大學出版社

項目統籌　陳小歡
實習編輯　陳泳淇（香港城市大學中文及歷史學系四年級）
封面設計　蕭慧敏
版面設計　劉偉進

Création
城大創意製作

本書圖片承蒙下列機構概允轉載，謹此致謝：
俄羅斯國家社會政治史檔案館（封面、頁xxv、xxvi）；
台北國史館（頁342）。

2019 年第二次印刷

國際統一書號：978-962-937-374-0

出版
香港城市大學出版社
香港九龍達之路
香港城市大學
網址：www.cityu.edu.hk/upress
電郵：upress@cityu.edu.hk

Xiang Zhongfa and The Chinese Communist Revolution
(in traditional Chinese characters)

ISBN: 978-962-937-374-0

First published 2019
Second printing 2019

Published by
City University of Hong Kong Press
Tat Chee Avenue
Kowloon, Hong Kong
Website: www.cityu.edu.hk/upress
E-mail: upress@cityu.edu.hk

Printed in Hong Kong

目錄

附錄

代序

前不久，忘年交李戡來電告知：經過幾年努力寫成的《向忠發與中國共產革命》一書即將在香港出版，使我感到由衷的高興。李戡正在劍橋大學埋頭讀博，研究方向與該作不盡相同，卻能在百忙之餘抽出時間來完成一部專著，實屬不易。先睹為快的期盼在我心中油然產生。不料，李戡緊接着將我一軍，提出了為書作序的請求。我一聽，可真是慌了手腳，不知該如何作答。首要問題就是：「我配得上嗎？」我雖多年在大學教書，卻完全不是中共黨史專家，至多可稱為業餘愛好者，能寫出什麼有分量的話嗎？然而，李戡的口氣是如此的真誠懇切，其著作的題目又有如此的吸引力，我實在不忍心拒絕。「向忠發」的名字自小嵌入我的記憶中，其歷史經常和父親李立三的名字交集在一起，但從未見過專寫向忠發的書籍。我非常希望更深入地了解向忠發，也希望通過相關資料更仔細地觀察父親的足跡。我答應了，但因水平有限，不能算是正式的序言，只能簡單地談些個人感想，用來代序。

作為中共總書記的向忠發在早期黨史上留下了較深的足印，然而，至今沒有人為他撰寫專著，或許是因為「寫傳記等於樹碑立傳」的成見嚴重影響着大陸學者，成為難以跨越的障礙。認真研究的缺失，為捕風捉影的「山寨」議論、猜測提供了滋生空間。現在，青年學者李戡搶先走出一步，敢於抓別人未曾碰過的題目，把「蓋棺定論的叛徒」向忠發立為研究對象，撰寫出這本有理有據的學術著作，十分引人注目，可以說打破了大陸黨史研究的一個禁區，填補了重要空白。

我伏案閱讀，發現本書內容很豐富，令人耳目一新，絕不是出於獵奇編撰的聳人聽聞的故事，而是一部嚴肅認真的歷史研究。其特點之一是資料基礎雄厚，材料豐富翔實，兼顧了西方、中國大陸和台灣的原始資料和研究成果，其中不乏大陸讀者難以看到的稀有材料（如：20世紀20至30年代的報刊雜誌，台灣彙編出版的史料等）。特別要提及的是，作者搜尋查閱了國民黨黨史館藏、法務部調查局館藏等鮮為人知的歷史資料，並如實展現出來，真為難能可貴。

本書特點之二是思路清晰，結構嚴謹，把向忠發的人生道路，包括發跡、上升和失勢的全過程，以及向氏在各個時期所發揮的不同作用陳述得一清二楚。作者定下四個問題作為本書重點：向忠發如何從一個工人運動領袖，一躍而上，成為中共總書記？當他在位期間，如何執行共產國際的指示？在立三路線的形成過程中，又扮演着何種角色？究竟向忠發是否被黨內同志出賣，而遭國民黨逮捕？我本人一直感興趣的就是第一個問題，常想着：中共「六大」有諸多工人代表參加，也有比向忠發更具聲望的工運領袖，為什麼蘇方偏偏看中了向忠發，並把他推舉到總書記的高位上？對此，書中呈現的來龍去脈提供了令人信服的答案：原來向忠發在六大之前早早地來到蘇聯，在中山大學等問題上迎合了史太林、米夫等人的方針和政治需要，博得了蘇聯高層的信任。正如作者所說：「向忠發的這些背景，使他輕而易舉地擠下蘇兆征，成了共產國際心目中的最佳人選。」

本書特點之三就是陳述事實時，提供了許多出處可靠的歷史細節，這無疑是十分重要的，因為歷史的真實性往往蘊含在細節中，啟發人們去思索的推力也往往來自歷史細節。「宜粗不宜細」，反而容易形成簡單框架，固化思想於偏見之中。

在詳實材料的基礎上，作者對許多問題用「兩點論」的方法進行了深入客觀的分析。如：1927年在武漢，國民黨左派和中共對收復英租界等群眾舉措採取截然不同的態度，最終不可避免地導致了兩派分裂，這是公認的觀點。本書沒有簡單重複，而是加以細化，對謀求穩定的執政黨與力爭革命的反對黨自然形成的不同考慮與出發點，作出了具體闡釋，指出：「在國民黨左派領袖的考慮中，收回日租界不僅將造成更嚴重的失業問題，更會動搖武漢政府的根基。對他們而言，武漢經濟的穩定，遠比多收回一個租界來得更重要」。書中提供的材料，展現了群眾運動的兩面性，並指出工人急於求成的急躁情緒是未來左傾方針的早期信號。

向忠發最後一段歷史存有不少疑點，眾說紛紜，莫衷一是。他突然被捕，又迅速被處決，來得如此蹊蹺，曾經引發共產國際的關注，為此還反覆詢問過剛到莫斯科的李立三，讓他寫過相關材料。向忠發是在什麼情況下被捕的、又為何被倉促處決，在這些不易說清的問題上，作者不僅列出各種資料和論據，也明確地表達了自己的看法。他還認為：相較於被處決的過程，最大的謎團應是——向忠發為何會遭到逮捕？答案是：向忠發之所以被捕，源自中共內部人士的告密。作者以誰是最大獲利者為出發點，找出一些旁證，順藤摸瓜，點出了陳紹禹的名字。雖然沒有很多材料最後作證，但這種思路是可取的。

向忠發被一些人稱為「傀儡」，這不免過於刺耳，但他在歷史上究竟有沒有自主性？主動作用究竟有多大？書中較多地強調了向忠發的自主活動，描述他早期工會活動時，這個角度是可以成立的，然而，講到他後期的「突出表現」、「強勢地位」等，我覺得是可以商榷的。我對向忠發最初的印象是來自父親之口的。他一直強調向忠發「識字不多」、「能力較差」，大部分文件都由父親起草，所以父親雖身為宣傳部部長，不是總書記，在六大以後的政治局卻發揮了主導作用。我想，1930 年出現的政治方針被稱為「立三路線」，而不是「忠發路線」，是一個旁證。向忠發在自首書上為自己辯解時，也可憐巴巴地說：「我不能寫，沒有幫手，使我自己覺得立三不對也不能反抗。」1990 年代末，本人在中共中央檔案館查閱資料時，看到 1930 年 8 月 8 日以向忠發的名義寫給史太林的那份著名信件的原稿。年久發黃的信紙上，黑墨字跡依然清晰可辨，我一眼就認出是父親的手跡。這一發現進一步證實了父親當年的說法，使我確信，以向忠發名義所發表的文件和重要信件，大部分是李立三起草寫成的，具體是哪一些恐怕還需要深入研究，一一考證。

李戡在本書中說得很好：「向忠發的一生，處處充滿着機遇和偶然。」還應該說，偶然背後往往隱藏着某種規律性。向忠發以武漢工人運動為起點開始發跡，當武漢一度成為革命中心之後，他也隨之進入了歷史的焦點，獲得了難得的機遇。工人身份一直是他政治生涯中的驅動力和保護傘，他的崛起應和了特定時代的特定趨勢。然而，個人特性又往往是決定人物命運的重要因素。正像作者指出的，「向忠發的悲劇，在於他見風轉舵的性格」，他總是需要某種勢力、某個強勢人物為自己撐腰，政治意志薄弱，缺乏理想信仰，再加上江湖習氣等較低劣的素質，這一切都不可避免地將他引向可悲下場。

大浪淘沙是不可抗拒的。向忠發作為狂海的一顆沙礫，在歷史漩渦中沉下去，被吞噬了，但今日今時若是想看清歷史，把握歷史的規律性，就應該了解他、客觀地評價他。感謝李戡為國內國外史學界及廣泛讀者作出的貢獻。

北京外國語大學俄語中心主任
李英男教授
2018 年 6 月 27 日　於北京

自序

《向忠發與中國共產革命》這本書，是我的第一本學術著作。這本書的順利出版，首先要感謝香港城市大學出版社的朱國斌社長、陳家揚副社長，以及把這本書引薦給出版社的馬家輝先生。在審稿期間，匿名評審專家提出了不少寶貴的建議，使修改後的論述更加完善。陳小歡編輯辛苦地校對書稿，發現不少細節上的改進之處，我非常感激。

在出版社與編輯團隊之外，我有很多師長朋友需要一一感謝。首先，感謝劍橋大學的導師方德萬（Hans van de Ven）對我的支持與信任，允許我在撰寫博士論文的同時「經營副業」，繼續完成與博士論文幾乎毫無關聯的研究。除了指導教授，我也非常感激台灣中央研究院近代史研究所汪榮祖（以及師母陸善儀）、陳永發、黃克武、吳啟訥老師一直以來的支持與鼓勵。華東師範大學歷史系的楊奎松教授，是第一位從學術角度研究向忠發的學者，他看過這本書的初稿，並提供了不少寶貴的意見。這幾位老師嚴謹的治學態度，都是我學習的榜樣。

這本書，一共花了兩年半的時間完成。在我的求學過程中，每個階段學到的知識，都幸運地在這本書的寫作過程中，起到了一點作用。我在北京大學讀經濟學本科，四年下來，對數理化的經濟學始終不感興趣，唯獨受到方敏老師講授的《資本論選讀》和張亞光老師教授的《中國經濟思想史》兩門課啟發很大，讓我的興趣從經濟學過渡到了經濟思想史，最終轉移到了中國近代史。比如，《資本論選讀》學到的馬克思勞動價值論，讓我對這本書裏討論的工人運動，有了更深刻的理解能力。在華盛頓大學（University of Washington）讀碩士期間，我上了一門俄羅斯帝國歷史學（Imperial Russia Historiography）的研討課，從此開始接觸共產國際歷史研究。在劍橋大學讀博士期間，導師方德萬主持中國近代戰爭史的研討課，讓我學到不少從西方視角研究中國歷史的觀點。總之，這些經歷，不但對這本書的寫作提供了幫助，更讓我享受到學術研究的樂趣，就像父親過去對我的期許，「從知識中得到快樂」。

史料的搜集，無疑是寫作本書期間面臨的最大挑戰，其中有兩個極富神秘色彩的檔案來源，需要特別介紹並致謝。第一，莫斯科大學歷史系的葉帆博士（現在北京大學馬克思主義學院讀博士後），幫助我在俄羅斯檔案館找到了向忠發的個人卷宗、個人照片、簽名，讓我驚喜萬分。很多大陸學者去過莫斯科，但受限於語言隔閡與時間限制，只能匆匆翻閱有限數量的檔案，從未有人像葉帆那樣，對這個檔案館下了這麼大的功夫。第二，中華民國法務部調查局兩岸情勢研析處許為翔處長、圖書館員邸志英先生對查閱檔案提供了大量的幫助，我非常感激。在閱覽室裏，我經常讀一份文件讀到瞠目結舌，讚歎連連，特別是中共黨員的「悔過書」，更是精彩萬分。調查局的這些史料，無疑是中國近代史研究的一大寶庫，值得深入發掘。

在查閱文獻的同時，看到有意思的資料，我都會特別留意，做一副本。以這本書為例，在查檔案過程中，我找到了周恩來「制裁」顧順章的經過，然後帶到北京送給周秉德阿姨，她讀得津津有味。在周秉德阿姨邀約之下，我和劉源先生一起吃了頓午飯，並送了他幾張影印件，書名叫《遽然夢覺錄》，作者當年在武漢代表國民黨和共產黨爭奪工人運動的領導權，書裏形容劉少奇「好像過去縣官審判犯人的樣兒……他真像是一個騎在工人頭上的大老爺了。」劉源先生從來沒見過這種類型的書，所以特別感興趣，看完後對我表示感謝，我們乾了一杯茅台，接着分享了他理解的這段歷史。周秉德阿姨和劉源叔叔，都是我非常尊敬的長輩與朋友，與他們交流、了解他們精彩萬分的人生閱歷，讓我獲益無窮。

此外，我要特別感謝李英男教授，她為這本書寫了一篇極為精彩的序言。在曹耘山先生的介紹下，我和李英男教授建立了聯繫，並且就書的內容，在她家中進行了兩次深度的交談。每次談話，都讓我獲益匪淺，我們討論很多關於李立三的研究，她幾乎是有問必答，甚至分享了她們全家人從蘇聯回到中國的心路歷程。我偶然在英國找到一份 1927 年的舊報紙，印有李立三在漢口演講的照片，李教授高興得不得了，説這張照片被翻拍很多次，但沒見過質量這麼好的。李教授還送了她母親撰寫的《李莎回憶錄》給我，我非常認真地看完了，並引用了書中的文章〈李立三自述〉。李莎女士和李立三的故事，告訴了我們，老一代的共產主義者了不起的革命情感是什麼。

最後，我十分感念我學術生涯的啟蒙者、老師、朋友和敬愛的父親李敖。這本書的「雛形」在 2016 年 8 月已經完成，我請他看了一遍，他說自己對向忠發沒什麼研究，所以只做了簡要的批註。後續的撰寫和修訂工作，和父親生病的最後歲月幾乎是重合的，所以我對這本書充滿了很深的感情。我不會說，這本書是獻給我逝去的父親的，只期許它能作為我漫長近代史學術研究的開端，讓父親在天上為我感到驕傲。

李戡

2018 年 12 月 24 日

德國海德堡大學

向忠發大事年表

1880 出生於湖北漢川。

1894 入漢陽兵工廠當學徒。

1911 到漢陽漢冶萍公司輪船上做工。

1922 擔任漢冶萍輪駁工會委員長，加入中國共產黨。

1923 擔任中共武漢區執行委員。

1925 12月28日　中國國民黨漢口市黨部執行委員會成立，擔任黨部執行委員兼任工人部部長。

1926 1月　作為漢口特別市黨部代表，出席國民黨第二次全國代表大會。

9月　擔任中共湖北區執行委員會委員，兼任委員會下屬職工運動委員會書記。

10月10日　湖北全省總工會成立，向忠發任委員長。

1927 4月27日至5月9日　在武漢出席中共第五次全國代表大會，獲選為中央委員。

8月7日　在漢口出席中共八七會議，獲選政治局委員。

11月　率領中國工會訪問團抵達莫斯科。

1928 2月　代表中共出席共產國際執行委員會第九次擴大會議。

6月18日至7月11日　出席中共第六次全國代表大會，獲選總書記。

1929 2月　在《中國工人》雜誌上發表〈二七紀念與中國工人〉。

6月25日至30日　出席中共六屆二中全會，做中央政治局工作報告。

1930 9月24日至28日　出席中共六屆三中全會，做政治報告。

7月至8月　實施一連串城市暴動，最終以失敗收場。

1931 1月　出席中共六屆四中全會，做政治報告。

6月22日　向忠發在上海法租界被捕。

6月24日　遭熊式輝下令槍決。

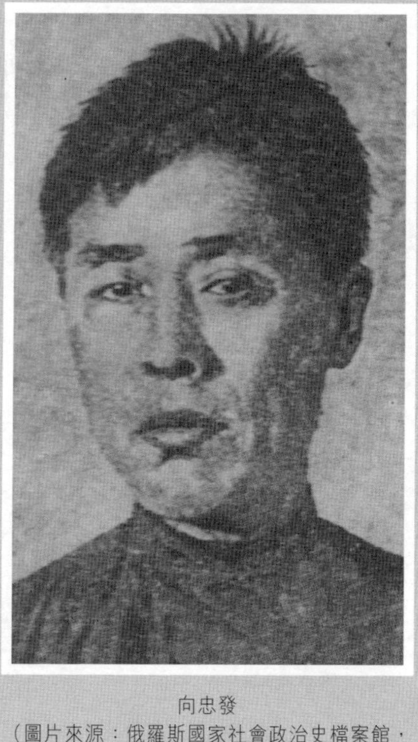

向忠發
（圖片來源：俄羅斯國家社會政治史檔案館，
館藏號：532-5-1-20）

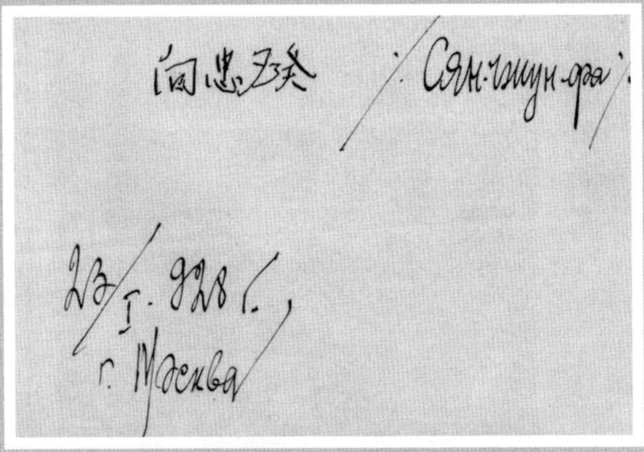

向忠發於1928年1月23日在莫斯科的簽名
（圖片來源：俄羅斯國家社會政治史檔案館，
館藏號：530-4-3-005）

導論

向忠發如何從一個工人運動領袖，一躍而上成為中共總書記？當他在位期間，如何執行共產國際的指示？在立三路線的形成過程中，又扮演着何種角色？究竟向忠發是否被黨內同志出賣，而遭國民黨逮捕？這四個問題，是本書的研究重點。

中共從1921年建黨至今，已過了98年。在這段時間中，黨史研究蓬勃發展，大量領袖人物的傳記、年譜、文集和紀錄片陸續推出，對於過去被視為黨史上的爭議人物，諸如陳獨秀、陳紹禹、秦邦憲等人，也逐步獲得較為客觀的評價。然而，對於向忠發這位黨史上第三任總書記，仍然以「叛徒」一字帶過，對於向忠發在中共黨史上的作用，完全不予探討。在部分著作中，甚至連向忠發以中共黨員的身份被國民黨殺害的基本事實，都不願意承認，彷彿向忠發從未出現在中共黨史上。這種論調，可見於黃修榮主編的《國共關係史》一書中：

> 中國國民黨反動派對共產黨領袖人物的迫害是極其嚴重的。在很短的時間裏，中國共產黨被國民黨反動派殺害的重要的幹部就有數十名之多……1931年被殺的有：中共中央五屆候補委員和全國總工會秘書長林育南，中共江蘇省委委員何孟雄，《中國青年》主編李求實，中共中央政治局委員蔡和森，中共中央委員、中共上海滬東區委書記惲代英，中共「一大」代表鄧恩銘。[1]

儘管中共黨史研究者極力淡化向忠發在歷史上的作用，但向忠發畢竟是個革命者，在工人運動史與中共黨史上，皆佔有一席之地。因此「向忠發」這三個字，仍時不時出現在海內外的學術研究中，且集中在「湖北總工會」與「立三路線」兩大主題上。然而，在國共兩黨各自的意識形態影響下，關於這兩個主題，又出現了截然不同的論述。在此分別作簡要介紹：

一、湖北總工會委員長：向忠發在 1926 年 10 月至 1927 年 7 月擔任湖北總工會委員長一職，形式上統帥全省的工人運動。這段期間，正是第一次國共合作（國民黨稱為「聯俄容共」）從興盛走向衰敗的過程，從國民黨黨史研究的立場出發，中共領導激烈的農工運動被視為破壞兩黨合作的直接因素，而湖北的工人運動，更是在其中扮演了關鍵性的角色。因此，向忠發多次出現在國民黨黨史著作中，最具代表性者，為蔣永敬的《鮑羅廷與武漢政權》與李雲漢的《從容共到清黨》，書中對工人運動多從批評角度出發，論述工人運動在中共的操控下，逐漸演變為暴民運動，並擾亂社會秩序的過程。從中共的立場出發，為了迎合馬克思的歷史唯物主義理論，並論證中共領導了社會主義革命，因而工人運動從建黨至今，始終被賦予極高的評價。然而，中共對工人運動領袖的讚揚，悉數集中在李立三、劉少奇、項英和蘇兆征等人身上。對於向忠發領導的湖北工人運動，一方面刻意淡化向忠發的領導作用，另一方面將其功勞「移花接木」到他人身上。[2]

整體而言，國民黨介紹向忠發，目的是藉此攻擊中共整體的工人運動，而中共不介紹向忠發，為的是將「叛徒」掃除，保持中共工人運動史的「乾淨隊伍」。在外國學者的研究中，則較少出現這類意識形態，Harold Isaacs 在其所寫的 *The Tragedy of the Chinese Revolution* 一書中，以較為客觀的立場分析了國共兩黨的合作與分裂，書中依據北伐時期的英語報刊，三次提及了向忠發以湖北總工會委員長身份發佈的通告。Martin Wilbur 在 *The Nationalist Revolution in China* 一書中，提及向忠發要求朱培德收回「禮送」中共黨員出境之舉，但其資料來源，轉引自蔣永敬的著作，而非原始文獻。[3]

二、立三路線中的一名配角：向忠發在 1928 年 7 月至 1931 年 6 月被捕前，始終擔任中共總書記職務。由於當時中共發展前景極不樂觀，又受到蘇聯與共產國際內部鬥爭影響，必須時刻揣摩共產國際的指示，並作出相應答覆與黨內宣傳。因此，在向忠發的授意下，擔任宣傳部長的李立三逐漸掌握大權，並根據共產國際的指示制定了中共武裝暴動的路線，故外界皆將向忠發在任的這段時間，稱為「立三路線」和「立三時代」，並據此推論向忠發為一空頭書記。

在這一評斷上，國共兩黨的研究取得了驚人的共識。在國民黨研究方面，調查局的研究刊物稱，「由於向忠發政治水平太低，李立三成為實際領導者。」[4] 調查局主編的《中國共產黨之透視》稱「向忠發為一工人分子，頭腦簡單，知識毫無，故實際不啻傀儡，遇事畫押，大權則全在周恩來（中共中央軍事部長）、李立三（中共中央宣傳部長）之手。」調查局前身中央調查統計局主編的小冊子中，說向忠發「因不學無術，大權旁落於宣傳部長李立三之手。」[5] 在中共黨史研究方面，大體與前者持相同論調，唯在用詞上和緩許多，如中共中央黨史研究室撰寫的《中國共產黨歷史》僅說向忠發「沒有能夠起到應有的作用」。[6]

即使海外學者，受了檔案資源限制，仍多參照國民黨著作與張國燾回憶錄的論點，得出向忠發的為傀儡的結論，如唐德剛的《中國革命簡史》說：「因為這時的新黨魁識字不多，無法閱讀譯成中文的共產國際的指示，在他們全回到上海後，李立三得到周恩來的幫助，不久就成了新黨中央的真正領導。」[7] 對向忠發的介紹，多以一兩句話，出現在中國近代史的著作中。為了標新立異，不同作者分別以「空頭的領導者」(figurehead)[8]、「溫和的」(innocuous) 領導人[9]、「無足輕重」(nonentity)[10]、「無能」(inept)[11]、「名義上的」(titular)[12] 等不同的形容詞，描寫向忠發的領導地位。然而，這些五花八門的形容詞，都是與向忠發的真實形象不符的。

在這一主題的海外研究中，最具代表性的著作為 Richard C. Thornton 的 *The Comintern and the Chinese Communists, 1928–1931*。作者創下了兩個驚人之舉：一是跑到台灣，獲准進入當時極為神秘的調查局檔案庫，查閱中統檔案，成了第一批利用該批檔案的海外學者。二是寫信給人在香港的張國燾，列出許多關於立三路線的問題，並破天荒的得到回覆。有了這兩項創舉，此後數十年，該書一直成為研究立三路線的參考書。然而，書中的許多觀點，在今天看來，都是大有問題的。原因在於，作者打從一開始，就假設李立三在六大後掌握中共大權，故通篇充滿了臆測，甚至認定李立三發動城市暴動，目的是削弱毛澤東等農村根據地紅軍領袖的勢力，很大程度忽略了共產國際在背後煽風點火的關鍵因素。再論作者的兩大資料來源——李昂的《紅色舞台》和張國燾的回信，史料可信度更是大有問題。李昂原名朱其華，早年參加中共，後來脱黨，自稱知道許多內幕，然書中所述的許多內容，皆與史實相差甚遠。[13] 另一方面，張國燾的回憶同樣並不可靠，關於這點，本書會順帶探討。在論調查局的史料，作者並未發現研究「立三路線」最具價值的〈四中全會前後共黨分離情形〉一文，可謂十分遺憾。然而平心而論，在當時諸多檔案資源不開放的情況下，作者能寫出這本博士論文已屬十分不易。值得肯定的是，作者對共產國際在 1928 年大幅調整對中國共產黨政策的來龍去脈，作出了深入且具信服力的分析。[14]

由此可知，礙於資料匱乏，以往對向忠發的研究，皆存在很大程度的局限性，涉及向忠發的基本史實，更是錯誤頻出。如有稱向忠發為上海水手[15]、在 40 歲時獲選為中共領導人[16]、在 1928 年 4 月即取代瞿秋白成為總書記[17]、1930 年 11 月取代李立三而成為總書記[18]等種種謬誤。在台灣、大陸、海外三方半世紀以來的描繪下，向忠發是傀儡的論調，已牢牢的深植在中國近代史的研究中。這種捕風捉影的研究風氣，直到 1994 年楊奎松發表的〈向忠發是怎樣一個總書記？〉一文，才有了大幅突破。楊奎松根據查閱的莫斯科檔案，論證向忠發並非傀儡，不僅主導了江蘇省委的改組，更在中共黨內反右傾行動、乃至立三路線的醞釀過程中，起到了帶頭的作用。[19] 自 1997 年開始，中共中央黨史研究室先後翻譯出版大量共產國際原始檔案，其中在2002年出版的第7至10卷中，出現了多份向忠發與共產國際往來的電函，可惜在中國大陸政治掛帥的學術環境中，並未引起足夠的重視。近年來，對中共黨史懸案的討論在中國大陸方興未艾，對於向忠發是否為叛徒一事，曾引發諸多討論，並出現不少為其翻案的文章。除此之外，向忠發與顧順章的叛變案例，甚至還作為負面教材，出現在部分培養「黨性」的官樣文章中。[20] 令人遺憾的是，對於這一問題的研究，仍沿襲以往學界對向忠發捕風捉影的研究方法，倚靠可靠性存疑的回憶文獻，作出偏離史實的結論。

不同於過往的研究方法，本書試圖從詳實的檔案材料出發，還原向忠發戲劇性的一生，以及中共在他的領導之下，如何貫徹共產國際的指示，以配合史太林乃至蘇聯的政治需要。書中具體章節安排如下：第一章介紹向忠發的發跡過程，説明向忠發如何從一名普通工人，被中共招募為黨員，又如何在國共合作的浪潮下，進入國民黨漢口市黨部工人部任職，並參加國民黨二全大會。此章使用國民黨黨史館所藏的漢口市黨部檔案，還原了向忠發早年經營漢口工人運動的成績。

第二章介紹向忠發擔任湖北全省總工會委員長的歷史，依據國民黨黨史館收藏向忠發與武漢聯席會議往來的四十餘封呈文，再配合《漢口民國日報》的新聞記錄，從外交、經濟、政治、社會等角度考察中共領導的湖北工人運動。向忠發領導湖北全省總工會將近十個月，儘管時間不長，卻是中共黨史上少有的工人運動黃金時期。在這段時間裏，向忠發領導的湖北全省總工會親歷了工人運動的轉變，由起初追求工人利益的罷工，逐步演變為不切實際的罷工訴求，最終一步步邁向了暴民統治，無可避免地導致了國共合作的破裂。

第三章探索向忠發在莫斯科的經歷，探討他如何被史太林看中，成為共產國際傾心栽培的中共領袖。如西方一本專門研究共產國際的著作指出，1928 年是史太林真正開始掌控共產國際的開端。[21] 向忠發的出現，正好與史太林的政治需要一拍即合。以往研究多半強調共產國際對中國共產黨知識分子領導的不滿，而將希望寄託在無產階級黨員身上，本書在此觀點上，特別強調了向忠發是在接二連三的「巧合」情況下，陰差陽錯地登上大位，成為中共黨史上第三任總書記。

第四章則介紹向忠發擔任中共總書記期間的重大政績，包括如何貫徹共產國際的指示，在黨內展開反右傾運動，開除蔡和森與陳獨秀兩位中共元老，創下黨史上開除元老的先例。同時，又突出向忠發與史太林之間的聯繫。

第五章探討向忠發在立三路線中所扮演的推波助瀾的作用，以及立三路線因一連串軍事失敗而被迫收場後，向忠發為了自保，轉而與李立三劃清界線，自謀生路的過程。以上三章的檔案材料，則引用中共中央黨史研究室翻譯出版的《聯共（布）、共產國際與中國蘇維埃運動（1927–1931）》叢書，與莫斯科檔案館收藏的相關卷宗。

第六章探討向忠發從大權旁落，到被同志陷害而遭國民黨逮捕，並成為中共叛徒的過程，其資料來源，則是現今台灣法務部調查局的「薈廬檔案」。

向忠發領導中共期間（1928 年 9 月至 1931 年 6 月），正逢中共經歷第一次國共合作失敗後的低谷時期，黨組織分崩離析。名義上，中共中央仍在上海指揮全黨運動，執行共產國際制定的中國政策。本書的重點在於向忠發的革命生涯，對這三年間的中共黨史，着重和向忠發直接相關的中央工作，對於同時期發生在井岡山等中共根據地的情形，僅花少許篇幅帶過。向忠發如何從一個工人運動領袖，一躍而上成為中共總書記？當他在位期間，如何執行共產國際的指示？在立三路線的形成過程中，又扮演着何種角色？究竟向忠發是否被黨內同志出賣，而遭國民黨逮捕？這四個問題，是本書的研究重點。

註釋

1. 黃修榮，《國共關係史》（廣州：廣東教育出版社，2002），上卷，頁 815–816。
2. 如在《中國共產黨早期組織及其成員研究》一書中，介紹劉伯垂經營國民黨漢口市黨部的成績時，對向忠發隻字未提。事實上，向忠發領導的漢口市黨部工人部，對整體市黨部的擴張與發展，有至關重要的作用。見中共嘉興市委宣傳部，《中國共產黨早期組織及其成員研究》（北京：中共黨史出版社，2013），頁 300–301。
3. C. Martin Wilbur, *The Nationalist Revolution in China, 1923–1928* (Cambridge [Cambridgeshire]; New York: Cambridge University Press, 1984), p. 135.
4. 黎兆春，〈罪狀等身的李立三〉，《共黨問題研究》，第 16 卷第 2 期，頁 85。
5. 中華民國法務部調查局檔案（以下稱調查局藏），〈毛澤東、周恩來、李立三〉（館藏號：299.31/7497）。
6. 中共中央黨史研究室，《中國共產黨歷史》（北京：中共黨史出版社，2010），第 1 卷（上冊），頁 241。
7. 唐德剛，《中國革命簡史：從孫文到毛澤東》（台北：遠流出版社，2014），頁 274。
8. Stuart R. Schram, *Mao Tse-tung* (Harmondsworth: Penguin, 1966), p. 139; Jonathan Fenby, *The Penguin History of Modern China : The Fall and Rise of a Great Power, 1850–2008* (London; New York: Allen Lane, 2008), p. 217.
9. Jerome Ch'En, *Mao and the Chinese Revolution* (London: Oxford University Press, 1965), p. 148.
10. Jack Gray, *Rebellions and Revolutions : China from the 1800s to 2000* (Oxford ; New York: Oxford University Press, 2002), p. 254.

11. Patricia Stranahan, *Underground : The Shanghai Communist Party and the Politics of Survival, 1927–1937* (Lanham: Rowman & Littlefield Publishers, 1998), p. 65.

12. E. H. Carr, *Foundations of a Planned Economy, 1926–1929* (London: Macmillan, 1978), p. 884.

13. 試舉一例，作者自稱參加了八七會議和中共六大等重要會議，然而，在相關紀錄中，皆找不到此人參加大會的證據。見李昂，《紅色舞台》（福建：勝利出版社福建分社，1944）。此外，據朱其華出版的《一九二七年底回憶》，八七會議召開時，他正離開南昌前往廣東的路上，見 Qihua Zhu and Hong Zhu, *China 1927: Memoir of a Debacle* (Portland: MerwinAsia, 2013), pp. 211–229.

14. Richard C. Thornton 在一本共產國際研究論文集上發表 "The Emergence of a New Comintern Strategy for China: 1928" 一文，相比博士論文，內容並未見更多變化。Milorad M. Drachkovitch , Branko Lazitch (eds.), *The Comintern: Historical Highlights Essays, Recollections, Documents*, pp. 66–110.

15. Jonathan Fenby, *The Penguin History of Modern China : The Fall and Rise of a Great Power, 1850–2008*, p. 217.

16. C. Martin Wilbur, *The Nationalist Revolution in China, 1923–1928*, p. 192; Patricia Stranahan, *Underground: The Shanghai Communist Party and the Politics of Survival, 1927–1937*, p. 65. 向忠發獲選為總書記的年齡，實則為 48 歲。

17. Lloyd Eastman, *The Nationalist Era in China, 1927–1949* (Cambridge; New York: Cambridge University Press, 1991), p. 55.

18. O. Edmund Clubb, *Communism in China: As Reported from Hankow in 1932* (New York: Columbia University Press, 1968), p. 117.

19. 關於對江蘇省委改組的討論，日本學者緒形康曾有相關論述。見緒形康，《危機のディスクール：中国革命 1926–1929》（東京：新評論，1995），頁 288–298。楊奎松，〈向忠發是一個怎樣的總書記？〉，《近代史研究》，1994 年第 1 期，頁 225–255。

20. 〈周永康所作所為與顧順章等叛徒無異〉，《人民日報》，2014 年 12 月 10 日。鄧怡舟，〈領導幹部必須把黨性修養作為終身必修課——關於顧順章和向忠發從輝煌走向墮落的沉重思考〉，《中共鄭州市委黨校學報》，2011 年第 3 期，頁 24–26。

21. Kermit E. McKenzie, *Comintern and World Revolution, 1928–1943: The Shaping of Doctrine* (London；New York: Columbia University Press, 1964), pp. 9–10.

第一章

發跡之前

向忠發加入中共時，正逢中共所謂「第一次工人運動的高潮」。這段高潮，始自 1922 年 1 月黃愛、龐人銓領導的長沙罷工，經歷香港海員罷工、安源罷工，終於京漢鐵路罷工。向忠發趕上了最後一場京漢鐵路的罷工，成為他工人運動生涯的開端。

晚市浮煙歛，春洲曲水連。
遙登林表亂，園月浪中偏。
犬吠經村店，蛙鳴遍稻田。
夜行三十里，野興得蕭然。

——夏言〈漢川道中〉[1]

早年身世

在中國社會裏，地域歧視的順口溜層出不窮，涉及湖北的更是不在少數。所謂「天上九頭鳥，地下湖北佬」，人們對湖北人的印象，就是精明多端，甚至到了狡詐的程度。就狡詐而言，還有句更難聽的順口溜：「尖黃陂、狡孝感，又尖又狡是漢川」，形容黃陂人奸詐、孝感人狡猾，漢川人則是兩者兼備，既奸詐又狡猾。根據考證，這句話本意是形容黃陂、孝感、漢川三地製作斗笠樣式的不同（黃陂斗笠只有尖頂、無絞邊；孝感斗笠只有絞邊、無尖頂；漢川斗笠則是既有尖頂又有絞邊），後因漢口開埠，大量外地人湧入漢口，本地人與外地人衝突甚多，才有人改了這句順口溜，以此嘲諷外地人。誰知，這句與原意相差十萬八千里的順口溜，居然一路流傳至今。當年漢川人發明又尖又絞的斗笠時，可曾想到這頂斗笠會讓他們一路挨罵。對漢川人來說，真是天大的冤枉。

然而，正是在這個「又尖又狡」的漢川，誕生了一位中國共產黨的總書記——向忠發。據有關資料，向忠發出生於1880年（清光緒六年），字仲發。[2] 關於向忠發的名字與字號，存在着許多不同的版本，如中國大陸主編的《中國近現代人物名號大辭典》說向忠發「又名仲發，化名科發、楊特生、特生、獨用（一作獨中），筆名忠發（見於《布爾塞維克》、《實話》、《中國工人》等刊，有《「二七」紀念與中國工人》等文）」。[3]《武漢市志・人物志》說向忠發「亦名仲發，化名楊特生、獨中、科發、獨用、余達強」，與大辭典的內容大致一樣，但增加了「余達強」一項。[4]《漢川縣志》裏則說向忠發「派名志中，化名余達強，曾用名特生、獨中」。[5] 最特殊的版本為台灣劉紹唐主編的《民國人物小傳》，裏面說向忠發「筆名忠發、科發、拜發、獨中、獨用、特生、之夫，化名許白英、楊特生、余達強」。[6] 由此統計下來，向忠發的化名共有12種。其數量之多，在中共歷任總書記中，僅次於瞿秋白。[7] 這12個化名的出處，部分或出自筆名，如向忠發曾用「特生」之名，發表中央政治局工作報告。另一部分，或為當地人口耳相傳，今日已難以一一考證。可以肯定的是，這12個化名都出現在向忠發發跡之前。自1926年向忠發到國民黨漢口市黨部擔任要職後，一直到當上中共總書記、1931年被國民黨逮捕處決這五年時間，向忠發使用的名字，皆為其本名。

向忠發用過的名字，眾說紛紜，出處亦交代不清。然而，一談到向忠發的早期身世，內容卻是一模一樣。關於這段經歷，《漢川縣志》說向忠發「1894年以後，相繼當過學徒、造幣工人、輪船水手和碼頭工人」，[8]《武漢市志・人物志》說他「光緒二十年（1894年）入漢陽兵工廠當學徒，1896年進漢陽造幣廠做工，後到武漢輪船公司當水手。宣統三年（1911年）到漢陽漢冶萍公司輪船上做工」，[9]《民國人物小傳》說他「十四歲，入漢陽兵工廠任學徒。十六歲被革退，轉入漢陽造幣廠工作。二十歲，工廠關閉，轉任私人傭工，三年後，由僱主介紹至輪船上工作，嗣因失職而失業，後在漢冶萍公司所屬之輪船工作。」[10]上述三個版本，都說向忠發在他14歲（1894年）那年，到漢陽兵工廠當學徒，兩年後進入造幣廠，接着到輪船公司當水手。然而，向忠發出身工人，年輕時默默無聞，何以知道他青少年時期的經歷和確切年份？原來，三個版本的出處源自同一筆材料，這筆材料，就是向忠發在1931年被國民黨逮捕後的口供。這份口供，在向忠發被國民黨逮捕當天即完成。向忠發在一開頭的自述裏說道：

> 我是湖北人，現年五十一歲，是一破產的農家子弟，十四歲入漢陽兵工廠做學徒，共住二十九個月，因與工頭不合，被革除。遇一親戚廖某，介紹入造幣廠，共住四年，因廠倒閉，去江西名人王家全家中做傭人，三年多，後來又由他介紹入他所經辦的輪船公任事（九江至南昌往返）。我在輪船公司內因為經東家的介紹，故只做了四個月，就升任二副，做二副二年又升任大副，後因輪船公司與礦物局（漢冶萍）的輪船撞壞了鹽道所坐的船，與鹽道口角，後經通緝，乃逃至湖北住。湖北住一年多，此時正值造幣廠已開工，即入廠做工一年，又因武昌起義，造幣廠停

工，經人介紹入漢冶萍公司一八〇號船上任事，直至一九二三年始脫離。[11]

由此可知，《漢川縣志》根據這份口供，列出了向忠發先後做過的四份工作，《武漢市志・人物志》做了加法運算，算出了分別對應的年份，《民國人物小傳》則做了更多的加法運算，增加了私人傭工這段經歷。這篇介紹向忠發的《民國人物小傳》由關國煊撰稿，參考資料為古貫郊《三十年來的中共》和郭華倫《中共人名錄》，其中轉引了中央調查統計局（以下簡稱「中統」）所藏的口供紀錄。《武漢市志・人物志》和《漢川縣志》很可能引用了《民國人物小傳》的內容，接着稍加潤色，使內容看起來和後者略有不同。[12]

儘管出處不明，《漢川縣志》倒是提供了更多細節。書裏不僅說向忠發有個派名叫志忠，還具體指出了向忠發是漢川「城隍向家台人」，又說他「因家貧無力入學，幼年隨父駕船謀生」，甚至還說他「因能見義勇為，在工人中享有一定威信，成為『漢川幫』幫首。以長期生活在武漢，熟悉三鎮情況，被人們稱為『包打聽』、『萬事通』」。[13]除了向忠發為漢川城隍向家台人一說十分可信之外，其他內容的真實性，仍有待商榷。[14]例如，向忠發只在口供裏，說自己是「一破產的農家子弟」，何以得知他幼年隨父駕船謀生？「包打聽」和「萬事通」之說，更是聞所未聞，其他著作裏也未曾見到，究竟出處為何？不論如何，從上述幾份材料中，可以得知向忠發就是一名具備多種技能、閱歷豐富的普通工人。在他31歲那年，中國共產黨成立，向忠發這類工人分子，成為共產黨急欲吸收的第一批黨員。

加入中共

據向忠發自述，1911年武昌起義後，即到漢冶萍公司任職，至1923年脫離，工作了12年之久。向忠發在船上任職，職責為運送煤鐵原料，由於工作繁重，所需的工人數量極為驚人：

> 漢冶萍為我國煤鐵最大產業，在漢陽有三千餘工人之鋼鐵廠，大冶下陸有四十餘里之鐵容礦，工人數千人。新設鋼鐵廠可容工人兩千人，萍鄉之安源有容一萬三千餘人之大煤礦區。為漢冶萍交通運輸用的，有由大冶鐵礦到鋼鐵廠之輕便鐵路，萍鄉到株洲的株萍鐵路，往來大冶、漢陽、株洲三處，有僱傭兩千餘人之輪駁。[15]

湖北的工人運動，自1920年代初已開始蓬勃發展。1922年召開的中共二大，強調中共應大力發展工人運動。7月23日，「武漢工團臨時聯合會」成立，不久改名為「武漢工團聯合會」。9月27日，「武漢工團聯合會」開會決議改名為「湖北全省工團聯合會」，10月10日正式成立。[16]在組織工會的潮流中，漢冶萍系統「輪駁工會」、「大冶鋼鐵廠工會」、「大陸鐵廠工會」相繼成立，向忠發擔任輪駁工會的委員長。為統一漢冶萍系統的工會組織，

11 月 12 日，各工會在漢陽鋼鐵廠工會內召開「漢冶萍總工會籌備會」，向忠發代表漢冶萍輪駁工會出席。[17] 12 月 10 日，漢冶萍總工會正式舉行成立大會，李立三（當時仍叫李能至）任大會主席並發表演說。李立三當時是炙手可熱的工人運動領袖，不久前在成功領導了安源罷工，在工人圈中享有極高聲望。在成立大會上，向忠發第一次見到了李立三，兩人的命運，從此發生了交集。

在當時的中國，輪駁產業悉數集中沿海地區和長江沿岸，相對於遍及各大省的鐵路與煤礦工會而言，輪駁工會數量極少，並非工人運動重視的對象。然而單就漢冶萍系統而言，輪駁工人數量眾多。有了龐大的群眾基礎，向忠發直接出任漢冶萍總工會的副委員長，身價水漲船高，不久便加入了共產黨。向忠發在口供裏談到這段時間加入中共的過程：

> 我入共黨的經過是在漢冶萍公司工會，擔任工會副委員長時（一九二一年），由許白昊（此人已死）介紹加入 CP，七天以後，即任支部書記，「二七」事變以後，提升 CP 湖北區委。一九二三年失業後，由彭澤湘（現已開除，時為湖北省委書記）介紹任湖北省委書記一月。[18]

向忠發的入黨介紹人許白昊，湖北棗陽人，是中共最早期的工人運動領袖，在中共建黨的同一年，加入了中國勞動組合書記部，並擔任幹事。[19] 中國勞動組合書記部成立於 1921 年 8 月 11 日，許白昊加入後，四處招兵買馬。

漢冶萍公司是中國少見的大型企業，公司的工會更是中國勞動組合書記部急欲爭取的對象，向忠發正是在這背景下，由許白昊介紹加入中共，並迅速成為漢冶萍公司的黨支部書記。向忠發雖不如陳獨秀、毛澤東兩位總書記一開始就身居高位，但在中共建黨頭兩年即加入，也算是開朝元老了。

至於向忠發的入黨年份，向忠發自己認為是 1921 年，大陸官方則普遍認為是 1922 年。《武漢市志・人物志》說向忠發「1922 年夏，結識中共黨員許白昊、林育南等人，開始參加工人運動，組織漢冶萍輪駁工會，任委員長……12 月任漢冶萍總工會副委員長，旋加入中國共產黨。」《漢川縣志》寫道：「1922 年 8 月開始，任漢陽鐵廠工會副委員長。同年，經施洋、許白昊介紹加入中國共產黨」，顯然將漢陽鐵廠與輪駁工會相混淆。《民國人物小傳》仍然引用向忠發的口供：「民國十年，在任漢冶萍公司工會副委員長時，由中共吸收入黨」。然而，民國十年（1921 年），漢冶萍工會尚未成立，故《武漢市志》之說最為可信。

向忠發加入中共時，正逢中共所謂「第一次工人運動的高潮」。這段高潮，始自 1922 年 1 月黃愛、龐人銓領導的長沙罷工，經歷香港海員罷工、安源罷工，終於京漢鐵路罷工。向忠發趕上了最後一場京漢鐵路的罷工，成為他工人運動生涯的開端。1923 年 2 月 1 日，京漢鐵路沿線的長辛店、保定、信陽、江岸等地的 16 個京漢鐵路分工會，在鄭州舉行總工會成立大會，共有各地代表65人。由於當時工會得以公開活動，漢口的赴會代表，甚至坐着花車到會場。[20] 據包惠僧回憶，除了各地鐵路工會，派出代表的還有武漢工團聯合會、漢冶萍總工會、漢陽兵工廠工會、漢冶萍輪駁工會等。[21] 然而，在成立儀式上，鄭州警察廳長黃殿辰突然進入會場，制止工會成立。在交涉無果後，工會代表決定採取罷工作為報復，並將總工會總部遷往漢口，由湖北工團聯合會負責指揮罷工。2月4日，京漢鐵路沿線展開罷工。5日，「京綏、正太、道清、京浦、粵漢⋯⋯等路，及漢口的水電、揚子廠、輪駁⋯⋯等工會，亦相繼罷工，表示以實力援助。」[22] 向忠發領導的漢冶萍工會，即在此日加入罷工。隨着罷工規模不斷擴大，7日，吳佩孚開槍鎮壓工人罷工，強迫工人復工，史稱「二七慘案」，漢冶萍輪駁工人，同樣被軍警「圍迫上工」[23]。總計數十人死，數百人受傷，還有數百人逃亡。[24] 總體而言，這場罷工是「以鐵路工人為主題所領導的爭鬥」，[25] 向忠發率領的工會，只負責壯大聲勢，持續時間只有兩三天，並非核心參與者。在中共有關的材料中，只說向忠發在這次罷工中「是一個勇敢積極的參加鬥爭者」。[26] 向忠發在1929年撰寫的〈二七紀念與中國工人〉一文，同樣沒有談到參加罷工的細節，只肯定了京漢鐵路罷工的歷史意義。

照向忠發的說法，1923年二七慘案後，被提升至中共湖北區委，同年離開漢冶萍公司，「由彭澤湘（現已開除，時為湖北省委書記）介紹任湖北省委書記一月」。關於這段經歷，向忠發的說法是有問題的。首先，二七慘案發生時，中共在湖北的最高組織為「武漢區執行委員會」，而非「湖北區委」，向忠發確實是武漢區委的委員之一，1923年10月的中共武漢區執行委員名單中，即有向忠發的名字，其任期到1924年2月結束。[27]但此時的武漢區委書記是包惠僧，而非彭澤湘。直到1924年秋天，武漢區委改組為「武漢地方執行委員會」，彭澤湘才擔任地委書記，同樣並非向忠發所說的湖北省委書記。此外，在中共湖北黨史資料中，皆找不到向忠發曾擔任武漢地委書記的紀錄。

據向忠發的口供，說完「任湖北省委書記一月」後，下一句便跳到了1926年加入國民黨工作之經過。中間兩年的行程，向忠發並未交代，究竟在1924到1926年間，向忠發是留在中共湖北區委工作，還是去其他工廠工作？據一位中共黨員的回憶，向忠發此時留在中共武漢地方執行委員會參加工作：

> 地方委員會設在武昌都府堤，陳潭秋、陳全直夫婦和蔡以忱就住在裏面。我記得地方委員會的委員除陳潭秋之外，還有董必武、項德隆（即項英）、彭澤湘、向忠發、許白昊。項為織布工人，向為駁船工人……[28]

然而，這段回憶細節同樣有誤，因為向忠發並非中共武漢地方執行委員會的委員。[29]事實上，此時的向忠發暫時離開了中共的行政崗位，回到漢冶萍總工會活動，如1925年8月14日的《申報》報道了向忠發的消息：

> 漢冶萍總工會代表向忠發演說，略謂本會經二七慘變解散後，至去年七月始恢復組織，地點設在漢陽，加入組織的工人四萬三千七百餘人，但因環境的關係，對於此次慘殺案，沒有積極的表示，不過組織了一個罷工工人維持會，寄了幾千款子到上海，最近對工會條例亦有嚴重表示，查政府所制定的工會條例，是束縛工人的利器，本會極端反對，但全國總工會與上海總工會所起草之工會條例，是工人本身急切的要求，本會自當竭力擁護。[30]

這場座談會，為上海工商學聯合會在武漢所召開，目的為號召湖北工商各界援助五卅運動的工人，並交流工人運動之心得。從向忠發的演講內容可知，其口供說1923年失業，指的應是漢冶萍工會遭解散一事。1924年7月，工會恢復組織，向忠發持續在漢冶萍工會工作，未成為中共武漢地委委員。1926年9月，向忠發再次回到中共的行政崗位，獲選為中共湖北區執行委員會委員，兼任委員會下屬職工運動委員會的書記。[31] 憑着漢冶萍工會的龐大勢力，向忠發的名氣在湖北工運圈中扶搖直上。正因如此，當國共兩黨展開合作後，國民黨漢口市黨部的籌備員找上了向忠發，請他出馬領導黨部的工人運動。

國民黨漢口市黨部

中共黨員得以參加國民黨，起源於共產國際牽線下，國共兩黨展開的合作行動。國共合作，在1922年取得共識，於1924年1月在廣州召開的國民黨第一次全國代表大會（以下簡稱「一全大會」）上正式確認。在會上，通過了允許中共黨員以個人身份加入國民黨，參與黨務運作的決議。這個辦法，在當時對國共兩黨都是利大於弊——國民黨得以藉助共產黨的力量，透過群眾運動發展勢力；中共則可藉國民黨的招牌，在各地發展黨員。向忠發加入的漢口市黨部，正是由加入國民黨的中共黨員組織的。在介紹漢口市黨部之前，有必要對國共合作前後湖北的情況作一簡要回顧。

在國民黨一全大會召開之前，國民黨兩黨對彼此合作的問題已取得初步共識。部分中共黨員已根據1923年中共三大的決議，以個人身份加入國民黨，在湖北和湖南等地協助國民黨建立基層組織。[32]在湖北，這份差事就落到了包惠僧領導的中共武漢區委頭上。據包惠僧回憶，「我們的中央在名義上是指定李隆郅負責武漢國民黨改組工作，實際李隆郅在湖北人事不熟悉，又加以國民黨右派分子如張桓久、雷大同從中作祟，李隆郅（李立三）對這一工作是一籌莫展。」[33]然而，在國民黨一全大會湖北代表的選舉結果中，中共黨員包辦了超半數的名額。包惠僧的說法，顯然是低估了中共黨員的本事。

在選舉辦法中，國民黨中央規定各省推派六名代表，其中三位由孫中山指定，三位由地方推選，這個規定，就是確保許多重要人物得以參會，包括孫中山親信（如廣東的廖仲愷、鄧澤如，浙江的戴傳賢，陝西的于右任，四川的謝持）、地方軍頭（湖南的譚延闓和程潛），以及重要的中共黨員（安徽的陳獨秀，北京的李大釗）。這一定律，在湖北省和漢口的代表名單中更是顯露無疑——孫中山指派了劉成禺、詹大悲、夏聲三人為湖北省代表，又指派居正、李法、彭介石為漢口特別區代表，六人全是孫中山的親信。[34] 由於國民黨是第一次召開全國代表大會，代表選舉辦法、選舉方式規定不清，因此各省選舉糾紛層出不窮，一省有兩派當選人的怪事時常發生。[35] 在湖北，選舉過程並未發生太多糾紛，結果是：湖北省選出了劉伯垂、張知本、孫鏡三人，漢口特別區則是李能至（李立三）和廖乾五兩人。

國民黨一全大會閉幕後，選出了中央執行委員24人，接着外派至各地工作。北京執行部得到了李大釗、石瑛、于樹德、王法勤、丁惟汾、恩克巴圖六人；上海執行部分到了胡漢民、汪精衛、葉楚傖、于右任、張靜江五人，都是國共兩黨的重要人物。相較於北京和上海執行部，漢口執行部則顯得「星光黯淡」，僅分配到了中央和候補中央執行委員各一名，分別是覃振和張知本。[36] 覃振是湖南代表，是國民黨湖南黨務的最高負責人，由此可見，漢口執行部在當時國民黨的發展佈局中，地位遠不如北京和上海兩個執行部重要。

漢口執行部管轄省份包括湖北、湖南、陝西三省。這段時間，向忠發在漢冶萍工會任職，並未加入漢口執行部。與此同時，向忠發的領路人許白昊，已和李立三與項英一道參加漢口執行部，推行工人運動，林祖涵甚至自願請辭中央農民部長一職，參加漢口執行部。[37] 在工作初期，國民黨左右兩派就因發展策略不同而產生分歧，左派主張發展工人運動，右派則力主發展學生運動，兩派各執己見，互不妥協，迫使張知本在4月向中央提出辭職，但遭到慰留。[38] 5月初，再度提出辭職，又獲慰留，中央答覆的理由是：「再函慰留，告以各方面均非常推重，非就不可，無論如何，均須任勞任怨。」[39] 5月底，張知本第三次提出辭職，仍獲慰留。[40] 對於漢口執行部派系紛爭的現象，張知本在晚年回憶道：「漢口執行部中有左派人參加，與國民黨一派人士同床異夢，內鬨不已，焉能有所作為。」[41]

5月下旬，在一場工人運動中，劉伯垂、李立三、許白昊遭吳佩孚逮捕。[42] 同在漢口執行部的國民黨員，早就厭倦中共黨員的作為，故趁此機會提議結束漢口執行部。6月17日，覃振致信國民黨中央，提議停止漢口執行部。[43] 25日，張知本進一步提出，將陝西黨務移交北京執行部，兩湖黨務移交上海執行部。[44] 相對於國民黨員的心灰意冷，中共黨員則是充滿熱忱，要求恢復漢口執行部。[45] 國民黨中央最後決定，取消漢口執行部，但同意組織漢口特別區黨部。[46]

漢口市黨部就在這場左右兩派的博弈中誕生了。在漢口特別區黨部成立之前，湖北省黨部已於 1924 年 4 月 6 日成立，漢口特別區黨部則改由漢口特別市黨部之名成立，5 月 21 日成立臨時執行委員會。兩個黨部同在湖北，彼此關係異常複雜，最簡單的劃分方法，就是漢口市黨部主管漢口和漢陽兩地，湖北省的其他地方，包括武昌，全數劃歸湖北省黨部管理。在工人運動方面，湖北的工人悉數集中在武漢三鎮，又以漢口為重，如一份湖北省黨部的報告指出「武漢雖為工業區域，而工人群眾多在漢口方面」，[47] 還有一份報告指出「武漢之一帶工運，均由漢口特別市黨部指揮，省部只居於贊助地位，詳情可不具報」。[48] 因此，漢口特別市黨部，實際上控制了湖北全省的工人運動。

直到 1925 年 12 月 28 日，漢口市黨部執行委員會才正式成立。向忠發擔任黨部執行委員，並兼任工人部部長。關於這段經歷，他在口供中說道：「當漢口市黨部成立時與劉百川（劉伯垂）等負責工作，我擔任工人部長，曾出席國民黨第二次代表大會代表。」關於漢口市黨部的具體人士安排，可見於《漢口特別市黨部報告（秘密）》一文：

（一）本部暫無公開通信處，秘密通信處暫為「銀行公會劉一華（只收信）」及「同豐里德昌莊朱孔陽」，俟覓得妥善地址後，再行函告。

（二）本部管轄二十九區分部，九區九黨部，同志總數為九百零七人。

（三）本黨部之執行委員為劉一華、許子楨、劉伯垂、陳定一、黃立三、向忠發、崔文煥、劉蔚如、秦怡君九人，劉一華、許子楨、劉伯垂為常務委員，陳定一為組織部長，黃立三為宣傳部長，向忠發為工人部長，崔文煥為商人部長，劉蔚如為青年部長，秦怡君為婦女部長。

（四）本部臨時執行委員會於本年五月二十一日，正式執行委員會於十二月二十八日始成立，內部工作尚未十分達於完善之地位，然開會、服從紀律、研究主義之情形均甚好。

（五）本部之預算案中央尚未批准，現純係借債度日。

（六）內部十分之九為革命者，現尚無左右派之分化。

（七）以工人商人為多。

中國國民黨漢口特別市黨部[49]

據漢口市黨部提交給國民黨中央的《漢口特別市黨部經過概況》，黨員成分「工人最多，次為青年商人，知識分子較少」。[50] 由此可見，漢口市黨部的黨員基礎，悉數來自過去幾年中共在湖北發展的工人黨員。執行委員會成立後，在國民黨於 12 月 31 日舉行的第 131 次中央執行委員會會議上，「特派漢口特別市黨部籌備員劉伯垂」報告黨務工作：

漢口特別市黨部黨務報告（自十四年五月至同年十一月）

伯垂於本年五月間奉 中央委任籌備漢口特別市黨部，遵即邀集同志籌備進行，辦法幸賴各同志之努力，於五月二十一日成立臨時黨部，其有各職員分擔工作情形，當時曾經詳報 中央在案，茲將數月來黨務工作綜合報告如左

一

漢口特別市臨時黨部系本年五月二十一日成立，因交通及工作關係，漢陽及武昌的徐家湖都劃歸漢口範圍，在這幾月之間，已經成了四個區黨部、三十個區分部，黨員總額七百三十七（作者註：六九九）人，黨員成分工人佔百分之九十，商人次之，知識階級最少，茲分記如左

第一區黨部

第一區分部

黨員名額 二十八人
黨員成分 工人佔大多數

第二區分部

黨員名額 二十五人
黨員成分 工人佔大多數

第三區分部

黨員名額 十九人
黨員成分 工人佔大多數

第四區分部

黨員名額 二十九人
黨員成分 工人佔大多數

第五區分部

黨員名額 二十一人
黨員成分 商人佔大多數

第六區分部

黨員名額 二十人
黨員成分 工人佔大多數

第七區分部

黨員名額 二十一人
黨員成分 工人佔大多數

以上七個區分部黨員名額共一百六十三人

第二區黨部 花樓上

第一區分部

黨員名額 二十四人
黨員成分 商人佔大多數

第二區分部

黨員名額 二十六人
黨員成分 商人佔大多數

第三區分部

黨員名額 十八人
黨員成分 完全商人

第四區分部

黨員名額 二十二人
黨員成分 工人佔大多數

第五區分部

黨員名額 八人
黨員成分 完全商人

以上五個區分部黨員名額共九十八人

第三區黨部

第一區分部

黨員名額 十三人
黨員成分 工人佔大多數

第二區分部

黨員名額 二十七人
黨員成分 工人佔大多數

第三區分部

黨員名額 二十五人
黨員成分 工人佔大多數

第四區分部

黨員名額 十六人
黨員成分 工人佔大多數

以上四個區分部黨員名額共八十一人

第四區 陳家大路以上

第一區分部

黨員名額 二十四人
黨員成分 學生佔多數

第二區分部

黨員名額 十九人
黨員成分 工人佔大多數

以上二個區分部黨員名額四十三人

第五區 江岸

第一區分部

黨員名額 十四人
黨員成分 完全工人

以上一個區分部黨員名額十四人

第六區黨部漢陽

第一區分部

黨員名額 四十一人
黨員成分 完全工人

第二區分部

黨員名額 四十三人
黨員成分 完全工人

第三區分部

黨員名額 三十九人
黨員成分 完全工人

第四區分部

黨員名額 三十四人
黨員成分 完全工人

第五區分部

黨員名額 三十三人
黨員成分 完全工人

第六區分部

黨員名額 四十二人
黨員成分 完全工人

第七區分部

黨員名額 五十六人
黨員成分 完全商人

以上七個區分部黨員名額共三百二十六人（作者註：二八八）

第七區 徐家棚

第一區分部

黨員名額 七人
黨員成分 完全工人

第二區分部

黨員名額 五人
黨員成分 完全工人

以上二個區分部黨員名額十二人

以上七區已成立四個區黨部三十個區分部黨員名額總計七百三十七（作者註：六九九）人

工作性質的分類報告共有工人運動、商人運動、青年運動、宣傳工作、其他活動五項，其中工人運動的報告如下：

> 漢口為楊子江流域之經濟的和政治的中心地，工廠很多，所以我們對於此地的工人運動用力較多，在二七流血以前，工人已自動的組織一湖北全省工團聯合會，自二七屠殺案發生以後，不但工團聯合會被強迫解散，連那裏面二十一個基本公會，亦無形消滅，至去年曹吳倒後，又由沉寂而入於復興，本年四月間全省工團聯合會已經秘密恢復組織了，加入的工會現有十一個（1）人力車夫工會會員一萬二千人（2）漢冶萍總工會會員二千餘人（3）染織工會會員七千餘人（4）紗廠工會會員一萬六千餘人（5）蛋廠工會會員四千餘人（6）香煙工會會員五千餘人（7）洋火工會會員一千餘人（8）花廠工會會員六千餘人（9）碼頭工會會員二千餘人（10）鋼鐵工會會員八百餘人（11）洋務工會會員一千餘人，此外還有京漢路南段及粵漢路北段兩工會，雖不在工團聯合會範圍之內，然亦直接受本黨指揮。
>
> 以上這些工會都直接受本黨指揮，就如全省工團聯合會、漢冶萍總工會、人力車夫工會，均有本黨黨員組織黨團指揮活動，因在軍閥勢力之下，組織完全秘密，然在九七 xx 大遊巡、蘇俄革命紀念日的市民大遊巡時，都是工人站在前線奮鬥，並且用工會名義提出打倒帝國主義、廢除不平等條約、打倒媚外軍閥等等……在國民革命的運動中，只有工人的旗幟最鮮明，工人的精神最堅決，不但湖北，全中國都是如此。

> 關於工人的運動當中，我們最缺乏的就是訓練工人的機關，九月間徐家棚地方辦了一所平民夜校，但不到滿月即被官廳強迫解散，照目前情形工人的需要此為最切，如果將來籌有經費，至少非在第一特別區、礄口、漢陽、及徐家棚四處各設平民學校一所不可。[51]

這份報告中，最值得注意的是工團聯合會會員與國民黨黨員的比例。據統計，加入湖北工團聯合會的會員，共有56,000餘人，而成為國民黨員的只有699人，僅佔整體的1.2%。這一比例，說明發展工人黨員重質不重量，只有各地工會的負責人，才能成員黨員，絕大多數的基層勞工，則透過工會系統，由入黨的工會領袖加以控制。漢口市黨部的蓬勃發展，使遠在廣州的國民黨中央對其另眼相看，在國民黨中央的經費預算中，甚至為劉伯垂開列了一筆「劉芬補助款」，足見漢口市黨部的重要性。

國民黨二全大會

在國民黨一全大會上，漢口特別區得以推派六名代表參加大會。一全大會結束後，漢口特別區改為漢口特別市黨部，同樣有推派代表參加大會資格，但孫中山已於1925年3月去世，代表之推派，則完全交由地方黨部選舉決定。1925年10月20日，漢口特別市黨部致信中執會，報告選舉二大代表之方法：

……謹按中央執行委員會五月二十一日公佈之選舉法第四條乙項之規定，並照中央制定之選舉票式印刷分給各區分部，依法選定代表，經本月十八日臨時市黨部委員會之決議，限一周內辦理初選。屬部之特別情形理應呈報中央備案。[52]

11月5日，漢口特別市黨部致函國民黨中央，報告選出向忠發、劉伯垂為二大代表。[53] 24日，在國民黨第122次中央執行委員會會議上，漢口特別市黨部再次報告「選出向忠發、劉伯垂為該省出席第二次全國代表大會代表，並指派女同志譚芝仙參加會議案」。[54] 1924年1月國民黨召開一全大會時，劉伯垂是漢口特別區代表，向忠發僅是一名底層的工運分子。向忠發加入國民黨漢口市黨部不到一年時間，卻能擊敗眾多競爭者，和劉伯垂成為漢口僅有的兩位代表。這一事實，説明向忠發得到了龐大工人黨員的支持，日後向忠發能選上湖北全省總工會委員長，靠的仍然是這層關係。

12月6日，漢口特別市黨部致信國民黨中央，請求將申請的黨證「交快郵寄下以便應用，而黨印等物，則請交劉伯垂向忠發二同志帶回。」[55] 大約在12月中旬，向忠發、劉伯垂、譚芝仙三人啟程前往廣州。據國民黨二全大會記錄，劉伯垂在廣州住在廣大路二巷尾九號三樓，向忠發和譚芝仙都住在西湖街公益祥。[56] 顯然，劉伯垂的居住環境較好，值得注意的是，劉伯垂與湖北省黨部董必武的居住地址一模一樣，應為兩人事先商定，以方便聯合起來，在二全大會上為湖北省和漢口市黨部爭取權益。這一安排，説明了兩人在國民黨漢口市黨部與湖北市黨部的領導地位。27日，漢口特別市黨部代表團致信國民黨二全大會，推舉劉伯垂為代表團幹事。[57]

在國民黨二大正式召開前，共舉辦了三次代表談話會，分別在12月23日、25日和29日舉行。劉伯垂三場皆出席，向忠發則出席了第一場和第二場，第三場未參加，原因不詳。[58] 在第二場談話會上，大會起草了一份宣言，由所有參會者的名義發表，向忠發亦在其中。[59] 向忠發在大會上的號碼是40號。[60] 然而，大會開始後，向忠發卻遭到了冷落。工人運動報告審查委員會共有王平、劉重民、劉芬、郭春濤、劉爾嵩五人，卻無向忠發。到了工人運動決議案，審查委員會委員有張國燾、羅介夫、高語罕、廖劃平、蔣先雲、唐際盛六人，照樣沒有向忠發。[61] 這一事實，着實令人費解。上述十一人，領導工人運動成績能和向忠發相提並論的，只有張國燾、劉伯垂和劉爾嵩三人，蔣先雲是安源罷工的大人物，但考入黃埔一期後，已和工人運動漸行漸遠，其他七人，相較於向忠發可謂外行。以高語罕為例，學運起家，後到黃埔軍校任政治教官，毫無工運經驗。劉重民同樣是學運出身，完全不懂工人運動。郭春濤曾到法國勤工儉學，被遣送回國後，回到北京大學外國文學系就讀，和工人運動更是毫不沾邊。廖劃平是共青團出身，唯一的工運經驗是在五卅慘案後援會工作。

以向忠發在漢口卓越的成績，卻只能在二全大會上坐冷板凳，或許有兩個原因可以解釋。一是此刻北伐仍未開始，漢口的重要性仍未如廣州重要，故漢口方面由劉伯垂一人做代表即可。二是向忠發的文化水平較低，工人運動報告無法下筆，更無能力參與決議案審查。相較之下，劉伯垂卻身兼多職，除了進入工人運動報告審查委員會，還入選了中央黨務報告審查委員會。緊接着二大召開的二屆一中全會上，劉伯垂當上了秘書處書記長。[62] 由於當時國民黨中央仍在廣州，1925 年的省港大罷工浪潮未退，同時期漢口的工人運動儘管進步明顯，但在風頭上仍矮廣東不少。然而，隨着同年北伐的進展，漢口工人運動，正有迎頭趕上之勢。

國民黨二大結束後，向忠發回到漢口，繼續領導工人運動。2 月份的工作重點為「組織工人：指揮武漢工人代表會之活動；組織工人請願團在省議會旁聽，及組織工人運動委員會」和「指導工人：參加第五、六、七區各分部會議，發出為本省政治問題告工人傳單，吳佩孚圖像告工人傳單」。[63] 3 月 20 日，漢口市黨部工人部致信國民黨中央工人部，報告二全大會結束後，漢口工人運動的發展情況。信中說：「最近武漢工人運動自元月二十號漢陽洗馬口三十三號事變以後，雖略受影響，然原省之各工會不久即恢復原狀並成立武漢工人代表會，均以代表會為最高機關，最近有漢陽南岸嘴駁船工會已於日前成立。」除了有郵電、水廠、麵粉等行業正着手成立工會外，已成立的

17個工會有：兵工廠工會4,546人、洋碼頭運輸工會108人、漢陽鐵廠工會314人、鸚鵡洲工人互助會719人、漢冶萍輪駁工會2,916人、武漢電話工會445人、武漢紡紗總工會27,462人、粵漢鐵路徐家棚工會1,004人、京漢鐵路工會1,049人、香煙廠工會2,744人、漢口人力車工會9,461人、漢陽南岸嘴駁船工會264人、大碼頭運輸工會124人、花廠工會2,309人、礄口香煙廠工會1,007人、大冶廠礦工會1,156人、大王廟運輸工會109人。[64]

4月，漢口市黨部工人部再度致信中央工人部，介紹了新成立工會的情況，包括：武漢泥匠工會224人、漢陽森森碼頭運輸工會215人、漢陽鸚鵡洲鋸業工會210人、武漢行業工會182人、漢口租借洋務工會284人、漢口礄口骨廠工會230人。在行動方面，工人部共組織了援助漢陽鸚鵡洲鋸業工會罷工、促成漢陽兵工廠工人4月2日罷工、促成兵工廠學藝研究會成立、全體參加總理逝世周年大會與北京殉難烈士追悼大會、援助航業工會被航業公會欺騙、改組漢冶萍輪駁工會、援助漢冶萍輪駁工會工友加薪運動、整頓並擴大漢陽碼頭工會、解決漢口人力車夫工會內訌風潮。

在宣傳問題上，信中寫道：「以上各工會均由工團小組結合而成，另分化有區分部每星期開常會或聯席會議解釋理論，報告實際問題與最近政治經濟狀況，宣傳品之《武漢工人》周刊由武漢工人代表會出版，在礄口附近設有平民學校與夜校加緊訓練麪廠水廠電廠之工友。」這封信最突出的地方，在於信中最後談到的工人思想問題：

> 在上面之結論組織中有幾點須加說明者，碼頭工人、鋸業工人完全是苦力腦筋裏充滿宗法社會之思想，僅有最簡單的經濟要求，兵工廠工人工本之享受比任何工廠都豐富，談不上經濟鬥爭，惟待遇刻薄，行動極感不自由，因此特別注意於政治鬥爭，在各組織成分中，成年工人佔最多數，青年工人以兵工廠為最多，女工以礄口煙廠為最多，有普通知識受過普通教育者，惟兵工廠工人佔多數。[65]

向忠發此時已敏銳地觀察到，不同行業工人的訴求完全不同，因此領導方法也不能一成不變。苦力行業固然可透過經濟上的鬥爭加以領導，而薪資較高的兵工廠工人，則須從政治思想入手，發動鬥爭。此外，向忠發特別強調了兵工廠的重要性，指出有最多的青年工人與較高的教育程度。事後的發展，果不其然如向忠發所料，漢陽兵工廠在北伐期間的工人運動中，扮演了舉足輕重的角色。

國民黨二全大會以來，漢口市黨部的黨員數量依然穩定的成長着，唯工人成分減少許多。據 5 月漢口市黨部的報告，黨員共有 1,124 名，工人佔了 710 名，為總數的六成。儘管如此，工人運動仍是漢口市黨部的重心，據報告：

> 工人運動佔漢口黨務的第一位，工人部特組織一工人運動委員會專司其事。數月以來，或將從前被軍閥封閉之工會恢復，或運動組織新工會，計已恢復

> 或成立之工會共23個，會員共有57,082。此刻正在接洽中，不久即可成立者，尚不止此數。行動方面，或為援助加增工資之運動，或為調解工會內部紛爭，或救濟工友之被捕等事，不下20餘次，然均為規模甚小者。工人運動之經常宣傳品，則為《武漢工人》周刊。[66]

漢口市黨部的黨員人數，一路從1925年10月的620人、12月的699人，發展到1926年5月的1,124人。其中絕大多數不僅是工人，還是具有龐大動員能力的工會領袖，實則控制工人數量，則有近60,000名。[67] 在宣傳方面，《武漢工人》已出版至第20期，湖北工人從過去只知道的經濟抗爭，逐步開始接受政治上的鬥爭，並粗淺領略了北伐的重要性。儘管向忠發的工作成績，很大程度上是和同樣為工人運動出身的劉伯垂相互合作的結果，但向忠發畢竟是工人部部長，故在漢口工人圈中最受認可，日後湖北全省總工會委員長的選舉，更是證明了這一點。

註釋

1. 夏言，《桂洲詩集》（上海：上海古籍出版社，2002）。
2. 對於這位漢川歷史上的大人物，《漢川縣志》一書中並未記載向忠發的早年生活，僅在1928年的漢川大事年表中，提及中共在莫斯科召開六大，「會上漢川籍代表向忠發當選為中央委員會總書記（後在上海被捕叛變）」，見湖北省漢川縣地方志編纂委員會，《漢川縣志》（北京：中國城市出版社，1992），頁14；該書將向忠發收入人物傳，並未稱其為叛徒，這在大陸官方出版的著作中極為少見，見同書，頁698–699。有趣的是，在書中附錄的漢川烈士英名中，向忠發亦未在列，說明該書既未認定向忠發為叛徒，又不承認他是烈士。
3. 陳玉堂，《中國近現代人物名號大辭典》（杭州：浙江古籍出版社，1993），頁172。
4. 武漢地方志編纂委員會，《武漢市志・人物志》（武漢：武漢大學出版社，1999），頁297。
5. 湖北省漢川縣地方志編纂委員會，《漢川縣志》，頁698。
6. 〈民國人物小傳〉，《傳記文學》，第50卷第3期，頁141。
7. 據統計，瞿秋白有英文筆名9個，中文筆名超過40個。見張起厚，〈中共政治、文藝人物筆名、化名、別名／原名研究（初編）（上）〉，《共黨問題研究》，第10卷第7期。
8. 湖北省漢川縣地方志編纂委員會，《漢川縣志》，頁698。
9. 武漢地方志編纂委員會，《武漢市志・人物志》，頁297。
10. 〈民國人物小傳〉，《傳記文學》，第50卷第3期，頁141。
11. 〈匪黨中央總書記向忠發的自述及供白〉，收入中華民國開國文獻編纂委員會、國立政治大學國際關係研究中心編印，《共匪禍國史料彙編》（台北：中華民國開國文獻編纂委員會、國立政治大學國際關係研究中心，1976），第二冊，頁546。

12. 同樣以這份口供介紹向忠發早年身世的著作，列舉數例如下：楊奎松，〈向忠發是怎樣一個總書記？〉；中國現代史辭典編輯委員會編，《中國現代史詞典——人物部分》（台北：近代中國出版社，1985），頁86；日本學者波多野乾一主編的中共黨史叢書提及向忠發為漢陽兵工廠出身，但後續介紹則錯誤百出，包括誤認向忠發曾在1925年赴蘇聯留學等。見波多野乾一編，《資料集成中國共產黨史》（東京：時事通信社，1961），第1卷，頁561。西方文獻中，一本共產國際的人名字典較詳細地介紹了向忠發的生平，但仍有錯誤，如誤認向忠發參加了中共三大。見Branko Lazitch, *Biographical Dictionary of the Comintern* (STanford: Hoover Institution Press, 1986), p. 186.

13. 湖北省漢川縣地方志編纂委員會，《漢川縣志》，頁698。

14. 向家台今日在中國大陸的行政區域劃分為湖北省孝感市漢川市城隍鎮向家台。

15. 武漢地方志編纂委員會辦公室編，《武漢民國初期史料》（武漢：武漢出版社，2012），頁253。

16. 武漢市總工會工運史研究室編，《武漢工人運動史，1863–1949》（武漢：武漢出版社，2012），頁43–44。

17. 武漢市總工會工運史研究室編，《武漢工人運動史，1863–1949》，頁46。

18. 〈匪黨中央總書記向忠發的自述及供白〉，收入中華民國開國文獻編纂委員會、國立政治大學國際關係研究中心編印，《共匪禍國史料彙編》，第二冊，頁547。1928年，許白昊任職上海總工會黨團書記時，遭國民黨逮捕處決，故向忠發說「此人已死」；彭澤湘是中共最早一批赴俄留學的學生，在中共國際派王明掌權後，遭到排擠，於1931年1月遭開除黨籍，向忠發於五個月後被捕，故其口供說彭澤湘「現已開除」。這些細節，皆為向忠發口供的真實性與可靠性，提供了有利的佐證。

19. 王健英，《中共中央機關歷史演變考實（1921–1949）》（北京：中共黨史出版社，2005），頁 25。

20. 平一，〈「二七」紀念中我們的任務〉，《中國工人》，第 6 期，頁 19。

21. 包惠僧，《包惠僧回憶錄》（北京：人民出版社，1983），頁 103。

22. 吳汝銘，〈「二七」罷工的意義與教訓〉，《中國工人》，第 6 期，頁 44。

23. 〈我們死者的榮哀——「二七」慘案之經過告全國同胞書〉，收入中央檔案館、湖北省檔案館編，《湖北革命歷史文件匯集，一九二二—一九二四年》（湖北：湖北人民出版社，1987），頁 60。

24. 吳汝銘，〈「二七」罷工的意義與教訓〉，《中國工人》，第 6 期，頁 45。

25. 吳汝銘，〈「二七」罷工的意義與教訓〉，《中國工人》，第 6 期，頁 51。

26. 調查局藏，《為追悼革命領袖向忠發同志告工友》（館藏號：556.282.810）。

27. 中共中央組織部、中共中央黨史研究室、中央檔案館編，《中國共產黨組織史資料》（北京：中共黨史出版社，2000），第 1 卷，頁 495–497。

28. 中共中央黨史研究室第一研究部編，《中共六大代表回憶錄》（北京：中共黨史出版社，2014），頁 80。

29. 中共中央組織部、中共中央黨史研究室、中央檔案館編，《中國共產黨組織史資料》，第 1 卷，頁 504–505。

30. 《申報》，1925 年 8 月 14 日。

31. 中共中央組織部、中共中央黨史研究室、中央檔案館編，《中國共產黨組織史資料》，第 1 卷，頁 506–507。

32. 據中共 1923 年三大召開後的〈國民運動推行計劃決議案〉，「國民黨無組織之地方，最重要的如哈爾濱，奉天，北京，天津，南京，安徽，湖北，湖南，浙江，福建等處，同志們為之創設」。見中共中央文獻研究室、中央檔案館編，《建黨以來重要文獻選編》，第 1 冊，頁 348。

33. 包惠僧，《包惠僧回憶錄》，頁 402。包惠僧所說的張桓久，實為張懷九，為國民黨元老張知本的字號。

34. 湖北的選區劃分方式相當特殊，除了有湖北省執行委員會，還有單獨一個漢口特別區，如同廣東有執行委員會，還有一個廣州特別區。在國民黨設有根據地的省份裏，只有湖北廣東兩省，同時有省級的執行委員會和一特別區。

35. 其中，湖南的狀況極為特殊，爭議不斷，最終迫使孫中山將名額擴充一倍，共有 12 人代表湖南參會。見李戡，〈毛澤東參加國民黨一大經過探析〉，《東吳歷史學報》，第 34 期，頁 91–109。

36. 中央委員會秘書處編，《中國國民黨第一屆中央執行委員會會議紀錄彙編》（台北：中央委員會秘書處，1954），頁 2。

37. 中央委員會秘書處編，《中國國民黨第一屆中央執行委員會會議紀錄彙編》，頁 43。

38. 中央委員會秘書處編，《中國國民黨第一屆中央執行委員會會議紀錄彙編》，頁 45。

39. 中央委員會秘書處編，《中國國民黨第一屆中央執行委員會會議紀錄彙編》，頁 59。

40. 中央委員會秘書處編，《中國國民黨第一屆中央執行委員會會議紀錄彙編》，頁 63。

41. 沈雲龍訪問，《張知本先生訪問記錄》（台北：中央研究院近代史研究所，1996），頁 58。

42.《上海民國日報》，1924 年 5 月 20 日。包惠僧，《包惠僧回憶錄》，頁 15–16。

43. 國民黨黨史館藏，〈覃振上中執會呈〉（館藏號：漢 0283）。

44. 國民黨黨史館藏，〈覃振張知本向中執會會議提案〉（館藏號：漢 4813）。

45. 國民黨黨史館藏，〈中執會令湖北省黨部改組委員會稿〉（館藏號：漢 0266.2）。提案委員包括劉蔚如、丁覺群、劉一華、李實藩、楊文煒五人。

46. 國民黨黨史館藏，〈中執會令湖北省黨部改組委員會稿〉（館藏號：漢 0266.1）。

47. 武漢地方志編纂委員會辦公室編，《武漢民國初期史料》，頁 42。

48. 武漢地方志編纂委員會辦公室編，《武漢民國初期史料》，頁 57。

49. 國民黨黨史館藏，〈漢口特別市黨部報告〉（館藏號：部 11275）。

50. 作者藏，〈中國國民黨第 118 次中執會會議記錄〉。

51. 作者藏，〈漢口特別市黨部黨務報告——自十四年五月至同年十一月〉。

52. 國民黨黨史館藏，〈漢口特別市黨部執委會上中執會呈〉（館藏號：漢 0275）。

53. 國民黨黨史館藏，〈漢口特別市黨部致中執會函〉（館藏號：漢 2626）。

54. 作者藏，〈中國國民黨第 122 次中執會會議記錄〉。

55. 國民黨黨史館藏，〈漢口市特別黨部上中執會函〉（館藏號：漢 6807）。

56. 國民黨黨史館藏，〈二全大會代表姓名寓所等一覽表〉（館藏號：漢4956）。

57. 國民黨黨史館藏，〈漢口特別市黨部致二全大會秘書處函〉（館藏號：漢2627）。

58. 國民黨黨史館藏，〈二全大會第一次談話會紀錄〉（館藏號：漢5316）；〈二全大會第二次談話會紀錄〉（館藏號：漢5322）；〈二全大會第三次談話會紀錄〉（館藏號：漢5327）。

59. 國民黨黨史館藏，〈二全大會第二次談話會紀錄〉（館藏號：漢5322）。

60. 國民黨黨史館藏，〈二全大會名單〉（館藏號：漢12802）。

61. 黃修榮，《國共關係史》，上卷，頁317。

62. 黃修榮，《國共關係史》，上卷，頁322。

63. 武漢地方志編纂委員會工作室編，《武漢民國初期史料》，頁62。

64. 國民黨黨史館藏，〈漢口市工人部致中央工人部函〉（館藏號：部12206）。

65. 國民黨黨史館藏，〈漢口工人部致中央工人部函〉（館藏號：部0785）。

66. 武漢地方志編纂委員會工作室編，《武漢民國初期史料》，頁50–51。

67. 有一說為10月底共有黨員699人，可能將10月與12月混淆。見國民黨黨史館藏，〈漢口特別市黨部致代表資格審查委員會函〉（館藏號：漢5336.1）。

第二章

湖北全省總工會

自 1927 年開始，解決英日租界失業工人的生計問題，成了向忠發的工作重點。與此同時，還得處理五花八門的衝突，這些衝突，有工會之間的、勞資之間的、學工之間的、兵工之間的，即便連遠在廣州的衝突，向忠發仍得負責處理。

自 1927 年初收回英租界起，向忠發不斷地在為失業工人收拾善後。然而，一波未平一波又起，帝國主義者的反制與國民黨內部的寧漢分裂，又加劇了武漢的經濟恐慌。向忠發作了最大努力，試圖緩解武漢的失業潮，顯然無濟於事。

「過火」的工人運動

漢口的工人運動，自從1923年京漢大罷工失敗後，即不能公開活動，工會悉數遭到封閉。儘管漢口市黨部成立後，工人運動稍有起色，但並未發起大型罷工，而是已招募黨員和恢復舊有工會為主。據1926年5月漢口市黨部的報告，共恢復了23個工會，但向忠發在1927年第四次全國勞動大會上的報告中，指出北伐軍來到湖北前，只有13個工會，表示北伐戰爭期間，又有10個工會遭到封閉。[1]直到北伐軍克服漢口後，漢口的工人運動才浮上枱面，並且逐漸失控，引發了一連串的內政、外交問題。

1926年9月6日，北伐軍收復漢口，「舊有之太古碼頭工會、人力車夫工會、漢冶萍工會、輪駁工會及煙廠工會等，立即恢復，從事活動。而新組之漢口火柴工會、黃包車夫工會、五金工人會、郵務工會及洋務工會等，亦加緊籌備，刻期組成。」[2] 9月14日，漢口舉行工界懇親會，議決三項內容：（一）懲辦「工賊」，（二）催促各工廠從速開工，（三）武漢工人代表會改組為武漢總工會。9月20日，工人代表會召開會議，決議（一）促成反英運動與國民會議，（二）鼓勵工會與黨、政聯絡，（三）倡導經濟鬥爭。[3]

9月17日，中華全國總工會在漢口設立駐漢辦事處，李立三任主任，劉少奇為秘書長，項英為宣傳部主任，負責指揮湖北、湖南、河南、安徽、四川、江西的工人運動。[4] 為了專注於湖北的工人運動、在辦事處的安排下，湖北全省總工會於10月10日成立，並發表成立大會宣言。關於成立當天的情形，張國燾回憶道：

> 當天廣大的工人群眾首先參加盛大的國慶紀念會；接着舉行總工會成立會；發佈成立宣言；選舉向忠發為總工會委員長，李立三、劉少奇、項英為副委員長，分任總務組織宣傳處長，許白昊為秘書長。總工會之下，還設有工人糾察隊，其盛況不亞於廣州的省港罷工委員會。那天又適逢武昌克復，消息傳來，會場工人群眾更是歡欣若狂。[5]

總工會委員長的選舉結果，反映了向忠發在漢口工人群眾中的驚人勢力。論資歷，李立三、劉少奇、項英與許白昊都在向忠發之上，許白昊甚至還是向忠發的入黨介紹人，四人卻在選舉中全輸給了向忠發。選舉背後更深層的含義是，湖北工人運動具有獨特的地域性。湖北工人受向忠發領導已久，面對忽然空降漢口的兩名湖南人李立三和劉少奇，自然抱有一定程度的戒心。儘管李立三在1923年曾在漢口工作，但如李立三自己所言，「沒多大成績，只是恢復了一些支部」，[6] 何況中間四年又周轉各地，實際上已與漢口工人脱離聯繫。然而，李立三憑着極高的工人運動才華，只花了數個月，又迅速掌握了工人運動的領導權。曾參加北伐的國民黨上將萬耀煌回憶道：「一切的運動皆由總工會發動領導，向忠發原是在漢口划渡船的船夫，竟當了總工會的委員長，湖南平江人李立三在幕後操控一切。在總工會的發動下，什麼鐵路工會、馬車工會、碼頭工會、人力車工會統統都組織起來了。另外黨部又組織了婦女會、兒童會，幾乎無人不入會，無日不開會。」這番評論，可謂十分貼切。[7]

1927年1月1日至10日，湖北全省總工會召開第一次代表大會，改選了工會領導，委員長一職，本來是李立三獲選，但因李立三忙於處理英租界的外交工作，委員長一職，仍由向忠發擔任。[8] 2月，中華全國總工會遷至武漢，湖北的工人運動，實際上由全總直接指揮，而向忠發的湖北全省總工會，實質上擔負起收拾善後的工作。4月16日，向忠發參加了武漢三鎮市政府成立大會，以政府名義，主持善後工作。[9] 在特定場合，兩個工會則聯合起來，如5月17日在漢口舉行的歡迎太平洋勞動大會代表活動，主席團由向忠發、劉少奇、李立三三人，向忠發任主席，[10] 5月30日在漢口舉行的紀念五卅事件會上，向忠發與李立三為主席團成員，李立三任主席。[11] 這個分工體系，大體上主導着1927年以來的湖北工人運動。

自向忠發出任湖北全省總工會委員長後，漢口市黨部工人部部長一職由丁覺群取代。向忠發的工作重點，從發展工人入黨，改為組織成立各類工會。據統計，北伐軍收復武漢時，全市只有17個工人團體；一周後，增加至30幾個，多數是舊有工會的恢復。湖北全省總工會成立後，新工會如雨後春筍般相繼成立。三個月內，工人團體增加至274個，會員增加到30多萬人。成立工會的目的，顯然是為了發動罷工，自總工會成立後到1927年4月，武漢共發生了300多次罷工，平均每天1.5次。[12] 由此可見，漢口的工人運動受壓抑已久，忽然得到解放，立刻如脱韁野馬般，不受控制。對於這種情形，一位親歷者回憶道：「農民協會以外，還成立一些什麼工會，如木工會、瓦工會、理髮工會、縫紉工會、洋務工會、店員工會、婦女會、兒童團。今日罷工，明日開會，此地集合，那地遊行。」[13] 類似的描述，也可見於《李宗仁回憶錄》中：

> 工會組織遍地皆是，罷工日有所聞，但是這種罷工多數為不合理的聚眾要挾。工人要求增加工資已致資方完全不能負擔的程度。然各工會的要求仍是有加無已，以致武漢工廠、商舖很多被迫歇業。連挑水、賣菜的都有工會組織，時時罷工以圖增加收入。武漢三鎮克復不到數月，竟至市況蕭條，百業倒閉，市上甚至有時連蔬菜也不易買到。而工人店員等則在各級黨部指導之下，終日開會遊行，無所事事。呈現出一種狂熱奔放，但是卻十分不合理的怪現象。[14]

以往的工人運動，都是在軍閥和列強統治區域發動，往往以失敗告終。然而，漢口工人運動卻是頭一次在自己政府的控制地盤上發動的，因此各工會毫無顧忌，百花齊放。至於罷工的原因，不外乎以下五種：物價高漲、銀價低落、工時太長、待遇惡劣、過分剝削。[15] 然而，這些問題存在已久，並非一朝一夕即能解決。國民黨中央剛遷都武漢，忙着與南昌的蔣介石談判，一時間解決不了經濟問題，又不願鎮壓自己同志發動的罷工。[16] 縱容罷工的結果，使工人得寸進尺，所提條件跟着水漲船高，薪水不斷增加，工時則不斷縮減，對城市經濟的運作構成了極大的負擔。有些國民黨左派要人到達武漢時，一時看不到工人運動的潛在後果，甚至還予以讚揚，如張發奎回憶：「我對武漢的工人運動印象甚好。武漢是中國擁有大型工廠與大量工人的少數幾個城市之一。我常常見到湖北工人聯合會主席向忠發。我知道他是共產黨員。我也常常見到蘇兆征。」[17]

正因為吃定了武漢政府不敢動手，工運分子的膽量愈來愈大，狂熱程度也愈來愈不受約束。火上加油的是，史太林同時推出了新的政策，要求加強工人運動，在城市裏不斷發起罷工；與此同時，在農村中推動土地革命，工農運動遙相呼應，無疑助長了漢口工人運動的氣焰。對於這種情形，不少國民黨左派人士感到憂心忡忡，例如李宗仁曾質問支持罷工的鄧演達：

> 我問鄧演達說：「你說工人罷工就叫做革命，為什麼同志們不到敵人的後方去策動罷工呢？為什麼偏要在我們革命軍後方越軌鬧事，鬧得我們菜也沒得吃呢？」
>
> 鄧說：「這個革命時期的幼稚病，終歸無法避免的，將來必能逐步改正。」
>
> 我說：「你們何不在這方面多致點力，而偏要搞打倒主帥的大題目呢？」[18]

然而，工人運動不僅沒像鄧演達所想的逐步改正，反而日趨嚴重，使城市因罷工而完全癱瘓。然而，絲毫不懂中國國情、只憑自己意志胡亂發號施令的史太林，再度於1926年年底下達命令，堅決執行他的勞工政策，使情況急劇惡化。1927年初，中共黨員利用武漢政府的招牌，通過《審判土豪劣紳委員會暫行條例》，[19] 成立「土豪劣紳懲治委員會」，[20] 讓人民直接審判所謂的土豪劣紳，使整個武漢陷於恐慌之中。原先的罷工政策，至多讓城市運作機制停擺，但暴民主導的審判土豪劣紳政策，則引起了國民黨左派人士極大的不安，7月的武漢分共，正是過火的工運政策的必然結果。

英租界與日租界

1926年10月湖北全省總工會成立後，工人運動仍在復甦階段，此時期的工人運動，仍着重於透過罷工而改善工人的經濟條件。然而，共產國際指導中共的罷工，絕非僅僅為了改善工人的權益，背後更大的目標仍是通過工人罷工，推翻帝國主義與資本主義，完成社會主義革命。因此，當漢口工人運動稍具規模以後，工作重點就轉移到反抗帝國主義的鬥爭上。這個方針，對1927發生在中國的一系列反帝國主義運動中，起到了很大的推波助瀾的作用。

漢口英租界事件，將湖北工人運動推上了新一波高潮。漢口英租界設立於1861年，其法理根據，源自1858年簽訂的《天津條約》。[21] 英租界設立後，俄國、法國、德國和日本租借緊鄰彼此相繼成立。一位英國外交官曾生動地回憶這道獨特的風景線：

> 半小時內，你可以從中國居民區綿密的小巷中，漫步到整齊的英租界，行經散發濃郁香味的俄國製茶廠，再穿過法租借和充滿洛可可帝國風情的德租借，最後抵達空蕩蕩的日租界。放眼望去，四處都是佈滿沼澤和田野的鄉村，只有一兩座工廠豎立其中。[22]

英租界的位置，正好卡在其他四國租借與中國人居住的漢界中間。因此，每當漢口發生排外抗爭時，英租界往往首當其衝，如一位英國外交官回憶：「由於其所在位置，加上湖北人惡名昭彰的狂暴性格，漢口英租界往往成為排外糾紛中的風暴中心。」[23] 1917年，德國在第一次世界大戰中戰敗，隨之放棄漢口租借。同時，新成立的蘇維埃政府為了籠絡中國民心，也放棄俄國在漢口的租借。[24] 此後，漢口的外國租借只剩下英、法、日三國，其中以英國勢力最大。在1920年代共產國際反帝國主義的運動中，英國已被鎖定為頭號目標。在中國，中共領導了一系列的反英運動，最著名的是1925年在上海的五卅運動與長達16個月的省港大罷工。此外，英國不僅是反帝國主義的對象，更因為其在中國支持孫傳芳與吳佩孚，又罪加一等，成了反軍閥的目標之一。

英國自知國共兩黨對其充滿敵意，因而北伐開始後，英國當局倍感壓力，如一位英國外交官所言：「對外國人來說，國民黨從一個討厭鬼變成了一個威脅。」[25] 起初，英國當局欲改善與國民黨的關係，曾提出貸款修建廣州港口的要求，但遭到拒絕。[26] 自國民革命軍抵達武漢後，中英關係即日趨緊張。11 月 19 日，國民革命軍穿行漢口英租界，英國駐漢口總領事立即發函國民政府抗議。[27] 一周後，國民政府外交部秘書長高承元以陳友仁名義回函，表示「漢口租借章程，本來係處於中國主權准許之下一種自治法規;主權者之行為，對於其所准許或曾經准許之法規，本來不生違法之問題。」[28] 為了緩解與國民政府的僵局，英國派新任駐華公使蘭浦生到武漢與陳友仁談判。談論話題，主要圍繞在承認國民政府與廢除不平等條約上。英方秉持觀望態度，認為國民政府尚未統一全國，故不急着談承認國民政府與廢除不平等條約。陳友仁則主張國民政府統一全國是遲早的事，並暗示「英國在華之主要利益，實集中於國民政府統治之南方及長江流域」，力勸英國為自身利益着想，應盡早承認國民政府。[29]

儘管此時國民黨左派與中共黨員仍為盟友，但兩派在對英態度上立場南轅北轍。當國民黨左派寄望透過和平談判解決外交問題時，鮑羅廷卻要求中共發動反英宣傳。11 月 23 日，國民黨天津黨部 15 名職員被英法租界巡捕逮捕，並被引渡給張作霖。北伐軍總司令部在給中央的呈文中寫道:「天津黨部被英帝國主義封閉，捕去同志十五人引渡於奉張，蔑視公法莫此為甚，請嚴重交涉，並請以經濟援助被僱之宵族，以鼓勵各方同志繼續奮鬥」，[30] 顯然欲透過合法程序解決問題。然而，鮑羅廷則不放過發動武裝衝突的機會，在12月12日的武漢臨時聯席會議中提出一系列反英辦法。26日，工人團體組織大規模抗爭，動員十萬群眾在閱馬場集會，抗議英帝國主義暴行。[31]這類集會，幾乎天天在漢口街頭上上演，直到1927年1月3日，英國水兵登岸與民眾發生衝突，始演變成一場大規模的外交衝突。[32]眼見中國群眾來勢洶洶，英國領事只得請求武漢政府派兵保護，並將租借內英國市民全數撤離。英國居民離開後，湖北總工會立即認定「自動收回英租界之壯舉，即於一月五日實現」。[33]接下來數個星期，陳友仁代表國民政府，與英方代表展開談判，再經歷一連串波折後，最終在2月19日簽訂協定，將英租界收歸中國領土。[34]

以國民政府當時的處境，能從英國當局收回租借，確實是一場得來不易的「外交勝利」。[35]客觀的說，若沒有中共發起激進的工人運動，進而造成群眾衝入租借的既成事實，武漢當局要在短時間內，透過和平談判收復英租界，幾乎是不可能的事。然而，儘管工人運動看似取得了省港罷工後最大的勝利，其衍生的經濟危機卻同時浮上枱面。正當湖北總工會忙着慶祝1月5日收回租借的「壯舉」時，他們顯然沒想到之後的複雜局勢——漢口工人成功地驅逐了英帝國主義，但同時也嚇跑了英租界的企業主，使得一大批在英租界工作的中國工人失業。1月5日，在國民黨湖北省黨部與漢口市黨部招待工人代表的晚宴上，向忠發演説「工人向來是努力革命，在歷史的過程上，是看得出來的，但是生活問題，不得良好的解決，革命工作不免發生妨礙，希望大家加以注意」。[36]

對向忠發而言，眼前最大的工人生活問題，來自因英租界而失業的工人。1月5日，漢口《民國日報》刊登了英國煙廠「無故停工，工人們饑寒交迫」的消息。起初，漢口各民眾團體仍願意捐款幫助失業工人，但隨着工人數量大幅增加，民間募捐已無法解決問題，救濟工人的工作，仍須政府出面解決。在中英談判期間，向忠發開始領導善後工作，處理工人的失業問題，並被任命為英租界管理委員會委員。[37] 1月15日，向忠發致信國民政府臨時聯席會議主席徐謙：

> 敬啟者，查自英租界收歸政府管理後，所有前在英租界工作各工友暗受打擊，現已陷於失業地位，迭據武漢碼頭總工會、武漢洋務工會、漢口花廠工會報告，工友失業饑寒交迫，工友無法謀生，蠢蠢欲動，若不設法救濟，則工友既不能甘於餓莩，勢必發生重大變化，外交利益、社會安全難保不受影響，情勢急迫，請示辦法等情。到會業經敝會派員調查實查得碼頭工友失業者一萬餘人，花廠工友失業者近五千人，洋務工友失業者三千餘人，綜計失業工友不下二萬餘人，敝會以工友失業問題重大，偶一救濟乖方即足貽害黨國，不得不積極設法維持，以救目前之急煞。敝會係屬無產階級之組合，即經常費用，尚屬異常緊迫，對於此項特別救濟，實無力可資應付，現在為時已久，情勢緊張。敝會既不能坐視不救，致令發生變

化貽政府以隱憂，復無法恢復工作，俾得納於軌物無暴動之實現，前途莽莽，險象滋懼，為此函達 主席，請准提出大會討論，速予設法救濟以資善後實級至誼此致

中央執行委員
國民政府委員 臨時聯席會議主席徐

執行委員長向忠發[38]

據湖北總工會的調查，受英租界停擺影響而失業的工人，竟達到兩萬名。如此龐大的失業潮，難道中共在策動反英運動時，沒有預先想到安置方法？答案很可能是否定的，因為工人運動歷來都是走一步算一步，造成事實後，再想解決辦法。這個特徵，在向忠發提出的建議中展現得一覽無遺。向忠發的提議是，國民政府應出錢救濟這兩萬名失業工人，同時語帶要脅的表示，若不救濟，「工友既不能甘於餓莩，勢必發生重大變化，外交利益、社會安全難保不受影響」。[39]這個策略，向忠發屢試不爽，在日後寫給國民黨中央的多封信函中，經常可見到這類語帶要脅的口氣。

同日，向忠發再度致信徐謙，提出了新的辦法：

敬啟者，關於前在英租界工作之工人失業一案，業經函請 主席提出聯席會議討論設法救濟在卷，茲查有劉逆玉春存米四百石，前經碼頭工友楊松記等報，經敝會交湖北逆產清理處查封提取，為日未久，此項米石現尚存在，可否撥給救濟目前失業工人，應請主

席准予提出會議決定令飭湖北逆產清理處從速撥給，以資救濟實級至誼，此致

中央執行委員

國民政府委員臨時聯席會議主席徐

執行委員長向忠發[40]

向忠發一日兩次致信徐謙，證明救濟失業工人的急迫性。所謂逆產，就是反革命分子私藏的財產。信中所指的劉玉春，為直系軍閥大將，北伐戰爭期間，擔任吳佩孚的「討賊聯軍第八路總司令」，在汀泗橋、賀勝橋兩戰役失敗後，退守武昌城，後被交由國民政府成立的人民審判委員會審判，卻逃過一劫。[41]所謂湖北逆產清理處，即為查封收繳「反革命」財產之單位，處長為陳銘樞。[42]照向忠發的提議，若將400石米分給兩萬人吃，每個人只能分到一小口，這點數量的米，都需要從速撥給，足見當時救濟失業工人的工作，已到了十萬火急的程度。

接下來數個月中，安置這批龐大的失業工人，始終是向忠發的重點工作。在這批工人中，最受關注的是英國煙廠的3,800名失業工人，自工廠停工後，失業工人一度計劃自動收回煙廠。[43]儘管英租界不復存在，多數英國工廠仍被准許恢復生產，部分工人得以恢復工作。遲遲未復工的工廠之工人，則仰賴政府出面，請託英國工廠盡快復工，甚至好言相勸「此次失業之工人，庶國貨亦可藉此而增進」。[44]剩下的工人，只得依靠國民政府救濟，或是領取英國工廠提供的津貼。在領取英國工廠的津貼時，因津

貼數額過少而引發的爭議時有所聞，如英美煙廠失業工人代表在報紙上刊登公開信，質問捲煙稅局局長張肇元是否在袒護英美煙廠，信中寫道「先生向我們代表說，向全省總工會執行委員長向忠發說『現在英美煙公司可以發給工人工資五成，我可以負責交涉六成……』以前先生可以交涉發六成，現在何以六成不能負責，五成能負責，此很明顯先生立在英美方而說話……」[45]

當津貼停發之時，就得輪到國民政府接手，如7月25日向忠發呈給國民黨中央的信函：

> 敬呈者案，據漢口煙廠總工會函稱，哈德門香煙上市南洋公司對於工友救濟費工時也要停頓，這個原因在以前的報告及昨日的呈文都明顯的呈報鈞會了，現在勿須我們在嘵舌，我們為服從外交部命令，已將派出之檢查英煙隊員完全撤回，於是英煙更加踴躍，堆滿舖 X 了。究竟政府對英政策怎樣？哈德門香煙應否抵制？三千八百煙廠工人如何救濟？我們不知道，請速示辦法以憑告知工友，等語到會查英美煙廠停止已閱八月之久，該廠工友三千八百餘人之救濟純恃南洋公司之津貼，現在哈德門煙上市南洋公司久不再予救濟，使該廠工友完全陷於生機斷絕之地位。究竟政府對英政策若何？哈德門香煙應否抵制？該工廠工友生活問題如何解決？為此函懇 大會察核示覆俾憑轉知是為致禱，此呈
>
> 中國國民黨中央執行委員會
>
> 湖北全省總工會執行委員長向忠發[46]

由上述三封信函可知，向忠發在收復漢口英租界的行動中，負責最為辛苦的善後工作。對工人運動領導者而言，動員工人發動抗爭十分容易，但若抗爭的結果是失業而非增加工資，工人又將對廠主的不滿轉嫁到領導者頭上，此時，安撫工人情緒與善後工作，確是艱難備至。收回英租界引發的後續問題，給國民政府敲響了警鐘。因此，當 1927 年 4 月漢口日租界同樣發生軍民糾紛時，國民政府的處理方式變得謹慎許多。

4 月 3 日，漢口日租界發生群眾與日本水兵衝突事件，十餘名群眾遭槍殺。有了英租界的前車之鑒，國民黨中央不願再讓情勢失控，事變發生當日，立即派遣糾察隊到現場維持秩序，不讓群眾擅自闖入日租界。[47] 湖北總工會也在當天發表佈告「派遣軍警及糾察隊維持秩序，靜候政府交涉，萬勿聚眾騷動，擾亂秩序，墮反動派之奸計，予日人以口實，致礙交涉之進行。」[48] 5 日，又發佈通告「現在政府已派兵前往維持秩序，請大家同胞萬勿騷動，(一) 不要打日本人的窗戶，(二) 不要打日本人，聽候國民政府嚴重交涉及總工會辦法……」[49] 8 日，湖北全省總工會下屬的工人糾察隊將六日以來的開支報告呈給向忠發：

> 敝部於四月三日下午四時接到本會訓令前往日界維持秩序，當即通令所屬工會糾察隊前來總部集合，編為若干大隊前往英德日三租借及華清街一帶輪流警戒，總計人數為八百壹十六名各隊員名冊另造具表冊一份以資查閱。

敝部以此次日兵肇禍，關係重大稍一不慎，即可引起國際交涉，當即通令各隊員，除令一部分作為預備隊外，其餘概不得擅離職守，如有無故違紀者，即行解部處辦。

惟此次集合各工會糾察隊各隊長員均因公缺工，生活極為困難，是此決定每隊員每日給生活費洋五角以資體恤，並每日每人發給草鞋一雙，另購雨傘稻草以備休息及天雨時之用，其數目俱列於左：

4月3日

糾察隊長員點心	816名	122元4角（大洋）
草鞋	816雙	27元9角8分
稻草	4300	86元
交通費（汽車）		28元
洋燭費		3元

4月4日

糾察隊長員	816名	408元（每名五角）（大洋）
草鞋	816雙	27元9角8分
洋燭		3元
交通費		4元

4月5日

雨傘	400把	200元6角
糾察隊長員	816名	408元（大洋）
草鞋	816雙	27元9角8分
洋燭		3元
交通費		5元

4月6日

糾察隊長員	816名	400元（大洋）
草鞋	816雙	27元5角8分
交通費		5元
洋燭費		3元

4月7日

糾察隊長員	800名	405元（大洋）
草鞋費		27元9角8分
交通費		5元
洋燭費		3元

4月8日

糾察隊長員	816名	400元（大洋）
草鞋費		27元9角8分
交通費		4元
洋燭費		3元

以上自四月三日起至四月八日止，統共開支大洋貳千陸百玖拾四元八角八分正到

（附註）八日以後一切開支再行報告

湖北全省總工會工人糾察隊總部 呈[50]

8日，向忠發致信國民黨中央政治委員會：

敬啟者：

「四三」事件發生，敝會工人糾察隊，以中央黨部的命令和各團體的要求，派往日界附近，維持秩序，所有糾察隊長員火食雜用，自三日至八日共用去

洋貳千六百玖拾四元八角八分，除八日以後所需費用商待支給外，茲將三日至八日隊長員服務人數和雜用數目，開具名冊清單，送請查核，應請即予撥款歸墊為荷。此致

中央政治委員會

計送清單一份名冊一份

湖北全省總工會執行委員長向忠發[51]

向忠發對1月貿然收回英租界引發的失業問題深有體會，因此在日租界衝突發生後，不惜代價派遣糾察隊維持秩序，就是為了避免衝突擴大後引發更多失業問題。在4月4日的各工會宣傳聯席會議上，湖北總工會即提出「日廠不得藉故封閉，辭退工人」的要求。[52]然而，派遣糾察隊仍然防止不了一波波的失業潮。8日，劉少奇代表湖北總工會向武漢政府報告失業情形：

今（八）日情形：下午三時，日水兵更加增多，與中國界接近，沙包越推越多，直到中日交界為止，與民眾相隔咫尺。……失業問題：日本所有工廠皆停閉，計工廠工人、碼頭工人、洋務工人，失業有一萬四千九百四十一人。此問題甚大，其工廠皆不給工錢，或有契約，而不履行，有債務者，皆行潛逃。現日人之機器、貨物、衣服、行李，皆不令其搬出。碼頭工人停工一日，即無以為生，亟應救濟。日紗廠有二千八百工人，由日領向外交部允許，工錢可以照發。如能履行，此等工人，不成問題。惟其他尚有一萬一千四百人是有問題的。曾與陳友仁同志談話，據

云已交政治委員會辦理。現請：一、中央對日提出抗議；二、撥款救濟工人；三、日人已走，可否將所存貨物約值一百五十萬暫時保留，如不解決，則實行扣貨；四、日人工廠雖是停工，但原料、機器皆有，可否由中央及各團體令繼續開工？如募捐以每人日須三角計，月須十萬八千元救濟費……工人糾察隊與前次對英不同，對英僅有一日紛亂，現在自三日起至今已有四日，且形勢日趨嚴重。糾察隊服務，究至何日底止？如住房、食料，皆未預備，支持長久時間，殊覺困難。現在應否撤回？且糾察隊立於民眾與日人之間，萬一衝突，即首當其衝。[53]

劉少奇提出由政府救濟失業的工人方案，使國民黨左派要人十分不滿，如孫科說「完全靠政府救濟，沒有這個財力。」徐謙說：「工人說是一天只用兩角，何以成為三角？……由政府募捐，那成什麼話！」[54]既然失業問題無法避免，湖北總工會只得盡全力維持秩序，減少失業人數。僅隔一日，向忠發要求的所有款項全數照發，糾察隊則持續留在租借附近警戒。12日，武漢人民對日委員會議決透過全國募捐、挨戶募捐、抽所得捐等方式，救濟失業工人，同時決議「慰勞維持租借之工人糾察隊及士兵」。[55] 4月21日，向忠發致信國民黨中央，要求為糾察隊購置軍毯：

敬啟者案據敝會工人糾察隊總部報稱竊屬部此次奉令維持日界秩序之糾察隊員均為攜帶被蓋，雖經敝部迭次催促各隊員自備，但仍屬寥寥，考其原因，實各隊員無力購置，即或有之，又因家中需用，不能攜出，以致多數隊員發生疾病，用特呈請轉請中央黨部發給津貼洋若干元備置軍毯四百床（每二人共一床）以資應用而示體恤，等情前來查該部所呈各節確係實在情形，敝會經濟困窘，經常支出尚屬不敷，實無力製備此項軍毯，而各糾察隊員又因公勤苦實，不忍令其露宿，致使其疾病橫生，據報前情相應之函，請貴會察核准予撥給津貼以資製備而示體恤並希

見覆為荷此致

中國國民黨中央執行委員會

執行委員長向忠發[56]

有了英租界的教訓，國民黨中央對四三事件引發的民眾仇日情緒極為關注。四三事件之後，湖北宜昌縣總工會擅自扣留了一艘日本輪船，國民黨政治委員會親自下達指令，透過湖北總工會轉達宜昌總工會，要求立刻放人。5月2日，武漢政府交通部長孫科接到報告：

據報告：「航行宜昌、重慶間的福川輪船，到宜昌時被工會扣留。」從前有幾十條船上下，現在只有一兩條，他們還要扣留，弄得四川的貨不能下來，湖北的貨不能上去，不消外國人來封鎖我們，自己先封鎖住了。應由中央通知總工會轉令宜昌工會，不得扣留船舶，有礙交通。就是有什麼問題，也應該報告中央，不得這樣自由行動。[57]

9日，向忠發報告情況：

> 敬復者，關於宜昌縣總工會扣留福川輪一案，前奉 中央政治委員會函，已電飭宜昌總工會釋放去矣，此呈
>
> 中國國民黨中央執行委員會
>
> 執行委員長向忠發[58]

在四三慘案發生時，中共指望仿效一三事件的策略，發動群眾運動，一舉收回日租界。然而，此舉使國民黨左派極為不安，因此在國民黨內部的會議上，汪精衛明白地告訴蘇兆征「我們覺得反帝國主義的運動太自由了，適足以逼得他們形成一條聯合戰線」，孫科也說「這簡直是自殺！把一些工廠都逼得關了門，政府又沒有幾多錢來救濟，試問他們吃什麼？」，故下命令給蘇兆征，要工人「不得故意同外國人為難」。[59] 工人糾察隊得以堅持數周時間，並得到財力支持，正是遵從這一指令的體現。在國民黨左派領袖的考量中，收回日租界不僅將造成更嚴重的失業問題，更會動搖武漢政府的根基。對他們而言，武漢經濟的穩定，遠比多收回一個租借來得更重要。國民黨左派和中共對群眾運動截然不同的態度，最終無可避免的導致了兩派的分裂。

處理糾紛

自湖北總工會成立後，解決勞資糾紛成為當務之急，各類糾紛層出不窮。在有些情況下，向忠發也不袒護工友犯錯的事實，如3月3日呈給國民黨中執會的信：

> 逕啟者案准，貴會函開逕啟者現據工人胡玉庭李漢卿等呈訴要求不遂，被廠主壓迫糾察拘押，出獄後又被廠主開除工作，請代宣佈冤抑等情前來案關勞資糾紛，特檢同原呈函請查明實情妥為調處等情准此查該胡玉庭、李漢卿等勾結資本家私自開會，違犯工會紀律，業經敝會審查屬實，解送公安局法辦在案，敝會認為該工人等工作有開除之必要，准函前因顯係要求未遂、無理取鬧相應，函達 貴會，請煩查核為荷，此致
>
> 中國國民黨中央執行委員會
>
> 執行委員長向忠發[60]

自1927年開始，解決英日租界失業工人的生計問題，成了向忠發的工作重點。與此同時，還得處理五花八門的衝突，這些衝突，有工會之間的、勞資之間的、學工之間的、兵工之間的，即便連遠在廣州的衝突，向忠發仍得負責處理。例如，1927年1月3日，由「工蠹」把持的廣東機器工會攜帶武器攻擊廣三鐵路總工會。[61] 1月13日，向忠發致信中執會臨時聯席會議主席徐謙，要求徐謙致電廣東政府懲辦兇手：

敬啟者頃准中華全國鐵路總工會廣東辦事處虞電開廣東機器工會於冬早四時率匪徒百餘名用手槍炸彈圍攻粵漢鐵路總工會，旋於江早五時復圍攻廣三鐵路總工會，擊傷工友炸毀軋輛房屋，現雖散去，但其殘暴行為仍未稍改，各工友以其殘害工人擾亂後方破壞革命基礎群情憤激乞迅電制止嚴辦等，因准此相應函請 主席煩為查照迅電廣東政府嚴令制止並嚴辦兇手以肅紀律實紉至誼 此致

中央執行委員臨時聯席會議徐主席
國民政府委員

執行委員長向忠發[62]

學生與工人，本應屬於統一戰線，但因誤會引起的衝突仍在所難免。3月10日，中央軍事政治學校幾名學生到血花世界開黨員大會，[63]恰逢湖北總工會在現場開會，會場上傳來「打倒軍事獨裁！」等口號 ，學生誤以為工人為反革命分子，於是私自闖入會場拘捕四名工人，押送公安局被拒收後，只得將工人帶回學校。[64] 3月11日，向忠發致信國民黨三中全會抗議：

敬呈並頃奉

中國國民黨中央執行委員會第三次全體會議訓令略謂引起中央軍事政治學校武漢分校少數學生與工人宣傳隊發生衝突，致有毆傷並捕人之事等，因奉此查，昨下午一時余會宣傳隊全體會議時實有中央軍事政治學校武漢分校學生百餘人闖入毆打隊員，並捕去隊員四人傷十餘人，失蹤者數人並失去宣傳員物錢物

零件不計其數（尚在調查中）此種情形余全隊員處於被毆捕損失的地位並未有若何抵抗之表現，全係該校少數反動學生暴動，絕非衝突之可比應懇 主席團查明事實勿加誤會以表白工人階級受壓之事實……該校學生捕去余會之宣傳隊員四人迄未釋放，有發生命危險尚難逆料並懇主席團嚴令該校刻即釋放則一切交涉余會自可向工人階級（群眾）解釋靜候 主席團辦理若再不釋放則當使工人群眾憤激異常之際，若一發生重大變化，余會實難演究合併 此呈

中國國民黨中央執行委員會第三次全體會議主席

湖北全省總工會執行委員長向忠發[65]

學生擅自拘捕工人，並帶回學校拘禁一事，在中央軍事政治學校引起極大震動。10號當天，立刻討論善後辦法，大致結論如下：拘捕工人為少數學生行為、以全校名義派代表到總工會道歉、全體歡送被拘捕工友出校、調查處分肇事同學等。[66]儘管此事最終得以和平解決，但也突顯了數個月來國民革命軍陣營分裂的隱憂。工人喊出「打倒軍事獨裁！」口號，對象正是蔣介石，他們受到中共影響，反對遲遲不肯遷都武漢的蔣介石。另一方面，擅自拘捕工人的學生，只曉得蔣介石不僅是軍校校長，還是國民革命軍總司令，工人反對蔣介石，就是反對武漢政權，因此直接將工人拘捕。然而，持有此想法的學生畢竟是少數，多數學生已在中共控制的總政治部的教育下，對蔣介石逐漸產生敵視的態度。這種心態，從多數學生支持工人並認為「蔣介石同志，是革命軍總司令，縱令民眾對蔣有

所批評，也是站在人民的地位，監督蔣總司令」一事上，已展露無遺。[67]

學生與工人衝突，屬於十分罕見的個案；然而，軍人與工人的衝突，卻層出不窮。3月5日，向忠發致信國民黨中執會，報告了一則軍人開槍射死工人的案件：

> 逕啟者案，據中華海員工業聯合會漢口分會函稱，逕啟者頃准敝會服務分部函稱為報告事，頃查行駛蕪漢間之美達汽輪於三月二日由無蔡開漢，行經皇經堂地方，突有兵士三人坐一小劃吹笛喊叫該輪停車，該輪當即鳴喊停車，然水勢湧流，雖經停車，亦稍隨流蕩走，該兵士竟不問情由開槍射擊，致彈傷屬部服務工友胡家坤當仆地氣息奄奄，其彈係從腰部透過，當仍候該兵士上船，詢其開槍者，係第十五軍獨立混成團第十七團部護兵韓崑珊，是仍由同行兵士手中奪槍苗射者，乃將其留在船上隨由該團團長交夏口廳看押，又將中彈工友抬送普愛醫院診治，甫經進院，即已斃命，查該工友上有祖母母親，妻在妙齡，兒尚襁抱，端賴一人仰事俯蓄，今無故遭該軍護兵韓崑珊開槍射死，慘不忍言，革命乃有如是舉動，實為革命前途痛心，為此據情呈報大會鑒情作主，速予提出交涉，務得死者安葬生者撫恤，並將該行兇兵士處以相當刑懲不勝迫切悲切待命之至等因准此查此事關人命，敝會未能擅專，理合轉呈鈞會，請代為嚴重交涉是盼等情據此查該兇手韓崑珊係屬第十五軍獨立混成第十七團團部護兵，該慘死工友胡家坤，家有祖母八十餘，母親五十餘，妻女各一人，闔家老小待哺嗷嗷，身後負擔伊誰是託？且該少數不法兵士肆意行

兇，於革命軍紀亦所不容，自非請求嚴懲兇手，撫恤死者家屬，不足以安全存歿而肅軍紀，據情前情相應函達 貴會，煩為查照嚴懲撫恤以安存歿並希將辦理情形見覆為荷，此致

中國國民黨中央執行委員會

執行委員長向忠發[68]

信中所說的第十五軍，軍長為劉佐龍，是吳佩孚委派的湖北省省長，北伐軍攻克武漢後，劉佐龍部被收編進國民革命軍第十五軍。這些新收編的雜牌軍，不僅軍紀渙散，又因過去屬於直系部隊，無法理解國民革命軍聯合農工的做法，故經常與工農團體起衝突。[69]然而，不僅新加入的雜牌軍無法與工農群眾和平共處，即便是北伐軍的核心班底，也隨着工農運動的日趨激烈，逐漸將工農群眾視為敵人。

漢陽兵工廠

在中共的官方史書中，為了突出無產階級革命，經常誇大工人運動的成果，強調工人對北伐戰爭的貢獻。事實上，工人運動確實在部分的北伐戰場起到了策應的作用，以攻佔上海為例，城內工人發動內應，使北伐軍兵不血刃佔領上海。然而，武漢則是完全靠北伐軍自己打下來的，工人對北伐軍最大的幫助，是在吳佩孚敗相已露時，在漢陽兵工廠發起了一場為期一個月的罷工。[70]然而，在吳佩

孚主政時期，工人們「屈服於吳賊權威之下，含羞忍痛，敢怒而不敢言」，待北伐軍即將攻克武漢時，工人才「宣佈總罷工，再不為吳賊造槍械以攻打我們革命的戰士」。[71] 可見當張發奎率領麾下的「鐵軍」在汀泗橋與吳佩孚激戰時，漢陽兵工廠的工人們正在「含羞忍痛」地為吳佩孚製造槍火。[72] 不論如何，當北伐軍抵達武漢時，兵工廠工人們「立即復工，加班加點，趕造槍炮，支援北伐軍」。[73] 包惠僧也回憶道：

> 漢陽兵工廠是吳佩孚的武庫，是吳佩孚武力統一的一注重要本錢，一九二六年八月初，漢陽兵工廠的工人在共產黨的領導之下舉行總罷工，一直到北伐軍克復武漢才復工。這一罷工運動，不僅是減少了吳佩孚的軍火生產，尤其是動搖了北洋軍隊的軍心，瓦解了北洋軍隊的士氣。[74]

9 月 7 號，漢陽兵工廠復工，距離唐生智率領第八軍收復漢陽，只過了一天。[75] 據李宗仁回憶，蔣介石雖身為統帥，卻在軍中大小事務上，偏袒其下屬的第一軍，使其他軍長群起效尤。因此，唐生智收復漢陽後，收繳大量地方武器，取得漢陽兵工廠的管理權，並派遣第八軍第二團駐防兵工廠，[76]「聲威不可一世」。[77] 漢陽兵工廠生產的彈藥，為後續的北伐行動提供了有力的支持。向忠發曾在 1926 年 4 月的報告中，評估兵工廠工人「工本之享受比任何工廠都豐富，談不上經濟鬥爭，惟待遇刻薄，行動極感不自由，因此特別注意於政治鬥爭」。然而，隨着北伐軍克復武漢後經濟形勢的惡化，工人開始談上經濟鬥爭了。

1927年3月29日，向忠發致信國民黨中執會，轉達兵工廠工會的訴求：

據漢陽兵工廠工會呈稱呈為呈請加薪事案，據近來百物高漲薪桂米珠工人生活日陷於不能維持之境步，屬會工友在去年十月間雖有一度之經濟要求，但以杯水車薪無裨於事，現在生活程度超前數倍，而屬會工友所得工資，每月最高僅獲十六元，其餘七元九元者更佔多數，值此生活程度高漲之時，其何以贍家口？且屬會工友為擁護國民政府及製造殺敵武器工作之勤奮，較其他廠格外努力，以一日工作十五小時勞動之結果，縱不敢希冀生活優裕或稍有餘蓄，但於最低限度生活之必需品能獲勉強維持，實非過分之要求，政府財政困難，工人等非不知加以體念，祇以生計所迫，不能忍饑，將事為此提出最低條件十三條，俯懇鈞會即日轉函廠方予以援助，使此次條件得能圓滿解決，庶屬會工人等得免饑餓之恐慌而努力於軍用品之製造，工人甚幸，革命前途甚幸，謹呈等情附條件一份到會，查該廠工人在革命軍事上實居重要地位，感於生活困難迫不得已提出要求，此中苦衷想獲政府諒解，為此抄同條件函送 貴會，煩為查照接受該廠工人意見，准予依照原案答覆，實級至誼，此致

中國國民黨中央執行委員會

計抄送條件一份

執行委員長向忠發[78]

向忠發開的13條計抄條件，列舉了13個不同職務的加薪要求，如「點工老工匠每月一律加洋六元」等。[79] 然

而，13 個條件之後，卻出現一行字「外附屬會碼頭職員支部條件另一紙」，接着又是碼頭支部開的條件 11 條，職員支部 8 條。碼頭職員支部一事，向忠發在信中未曾提及，只對黨中央曉以大義，論述工人的艱難處境與其對國民革命的重要性，開完條件後，立刻坐地起價，再加碼 19 個條件，此為申請經費時經常採用的策略。隨着前線戰況日益激烈，北伐軍對兵工廠出品彈藥的需要與日俱增，從 5 月起，向忠發多次致信國民黨中執會，報告兵工廠的生產情形。5 月 11 日，汪精衛、孫科、譚延闓視察漢陽兵工廠並相繼發表演説，汪精衛先讚美工人的辛勞「與前敵將士的是一樣的，勤勞是應該換到利益的。我們要國民革命，也是要給一般勞苦民眾的幸福。」接着指出工人當下得不到利益的原因，是被「帝國主義、帝國主義的老走狗張作霖、帝國主義的蔣介石」搶去了，因此汪精衛鼓勵工人持續努力，待北伐完成後，即可「得到最後的勝利，增加勞苦民眾無量的幸福」。[80] 汪精衛的演説，以維持工人對北伐信心為主，相比之下，譚延闓的演講直白許多：「我希望要三個月出的東西，一個月把他（做）出來……諸位要忍痛做工，加倍努力，只要子彈的供給不愁，前方將士鼓着勇氣，我們便可以很快的把敵人消滅完。」[81] 然而，不耐工時長久、遲遲得不到北伐勝利而開小差的，已為數不少，譚延闓加倍製造槍炮的要求，更是難以實現，對於這種情形，向忠發在 5 月 13 日致國民黨中執會的信函中，有如下説明：

敬呈者案據漢陽兵工廠工會呈稱呈為呈請增加工作時間填補工人名額以利出品事，近來政局十分緊張，前方需要軍火異常迫切，所以日前政府特招屬會職員談話，責以增加出品須負全責，即前次汪精衛先生來廠參觀時，亦重以此事相期屬會自接受此項命令後，即督促各工友努力工作，但各廠工友因早前受軍閥的壓迫，自行辭職者頗不乏人，所以現在工作人員較前頗有缺額，一致出品數量不能盡量增加，雖在槍彈廠近來每日能增出品至十七八萬，但槍廠是簡直沒有辦法。昨天屬會特派人與槍廠鄧課長定諾商量而該課長對設法增加出品事既置不理，復暗中阻撓，工會曾為增加出品受廠長託介紹工人二十餘人入廠，而該課長拒絕不用。在五月四日即要該課長擬定每日加出步槍一百枝的計劃，但至現在尚未擬出、多方推委，謂無法增加出品，實屬故意延阻，屬會以事關重大，特用呈達鈞會仰乞轉呈政府對補人和增加工作時間事，即日批准且槍廠生活多屬色工，工資是以出品的數量為標準，並非以人的數量為標準，至於增加時間也是一樣與廠方並無防礙也。此外屬會還預定由廠長廠政治部特別黨部工會及總工會組織增加生產委員會，宗旨為督促全體工友努力工作，並調查廠內一切缺陷，酌量呈報以便改良而利出品，是否照准，亦請批示，以便進行為荷等情到會查，現值繼續北伐時期軍械生產關係重大，該工會請求增加工作時間，填補工人名額，以求增加出品，理由甚屬正當，該鄧課長如此阻撓是否合法，而增加生產委員會是否可准組織，為此函請 貴會即煩迅予核示見復為荷，此呈

中國國民黨中央執行委員會

執行委員長向忠發[82]

自從汪精衛到訪後，漢陽兵工廠的待遇得到提高。5月16日，漢陽兵工廠政治指導員辦公廳成立，宗旨為領導廠內工人「武裝起來參加革命」。[83] 17日，召開漢陽兵工廠工為生討論會，替工人「設法子保障健康，使他們工作能力增高，革命更容易成功」，決議修改廁所和水溝、增加茶爐、裝設天窗、搭建臨時飯所、澡堂、水台、設立醫院等。[84] 6月8日，向忠發致信國民黨中執會，報告兵工廠原料短缺情形：

> 敬呈者本日據漢陽兵工廠工會呈稱呈為呈請事謹呈者，廠方屢次缺乏材料，以致阻礙生產，前曾呈報在案，查自昨晚起彈夾原料又已告峻，昨晚做彈夾的工友祗得停止工作，因此影響生產不小，現在最緊急者，銅殼廠自昨日晚已無煙影響，今日槍彈廠檢驗課銅殼等廠多部分停止不能做工，似此防害工作不能生產，咎究在誰？一月以來，廠方屢次發生缺乏材料的恐慌，屬會隨時呈催廠方充分預備，昨日後又發生缺少槍彈夾及煙煤等材料之危險，今日下午將有一千餘工友無工可做，如此重大影響戰事之事件，屬會不知究應如何處理。特據實呈報告鈞會，懇即轉呈軍事委員會示明辦法為禱，等情到會查兵工廠原料缺乏，妨礙生產關係至重且大，為此函請大會察核，迅予設法救濟為禱，此呈
>
> 中國國民黨中央執行委員會
>
> 湖北全省總工會執行委員長向忠發[85]

在二次北伐期間，漢陽兵工廠持續為前線軍隊供應槍炮。為了維持兵工廠工人士氣，國民黨中央多次派人前

往慰問與鼓勵。6月1日，唐生智與馮玉祥部隊在鄭州會師，為二次北伐的重要勝利。17日，于右任前往兵工廠發表演說，「各位工友同志所負的責任，非常重大——是要將完成國民革命和世界革命的擔子擔起來的」。[86] 同日，向忠發致信國民黨中執會：

敬呈者：

本月十五日據漢陽兵工廠工會報告：今天槍廠出槍二百枝，彈廠出彈拾七萬六千壹百二十四粒，檢驗課對此出品亦完全做出。製彈頭的白銅和製銅殼的黃銅均不適用，雖然子彈還在照樣的增加，但是模子和舂頭已經是損壞得加倍的多了，槍廠的砂布和各種銼刀均缺乏，兩分圓的槍料鋼，並且已經沒有了。槍彈廠病時症者十二人，傷者七人，均准假修養，曠工者二十九名，銅殼廠病三人，一時症，二癆傷，槍廠准病假者十人，曠工者二百人，檢驗課傷四人，病五人，曠工者十二人， 銅廠連日前一起病二十一人。今天上午十點鐘，因中央委員來廠慰勞全體工友，所以停二小時在廠內開全體大會，這次會裏面，工友的精神表現得很好，雖在大雨傾盆的時候，猶屹立聽講，秩序不亂，並且還通過了兩個決議案（1）呈請中央明令討伐許克祥（2）兵工廠工人努力生產完成革命工作。此議案通過後即將呈文和決議當場交中央代表帶去了。等語到會為此函呈

大會察核此呈

中國國民黨中央執行委員會

執行委員長向忠發[87]

向忠發信中所說的兩個決議案，在隔日的漢口報紙上有更確切的說明：

一、大會聽了黃五一同志報告以後，對於湖南等地反革命派之屠殺工農及革命群眾，非常悲憤痛恨之至，自蔣逆叛變以來勾結夏斗寅許克祥等擾亂後方屠殺民眾危害革命何堪設想，大會一致決議擁護湖南請願團所提之辦法，請中央黨部及國民政府即下令申討剿滅許克祥蔣介石等一切反革命派，庶兵工廠工人努力生產，完成革命，始有意義。

二、努力生產的決議案，兵工廠工人犧牲一切努力生產是為完成中國革命解放被壓迫階級之痛苦，對於中央黨部之慰勞誠懇感受致決議繼續努力生產以完成革命工作。[88]

簡言之，兵工廠生產的彈藥是二次北伐成功與否的關鍵，改善衞生條件、增加工資、設立政治指導員辦公廳，乃至派中央委員慰問，目的皆為確保兵工廠的正常運轉。然而，增加工資與改善衞生條件的承諾，卻有跳票的時候。就在于右任到訪後一周，6月23日向忠發再度致信國民黨中執會：

敬呈者：

本月二十一日，據漢陽兵工廠工會報告，槍廠出槍二百枝，彈廠出子彈十六萬有零。檢驗課只檢出子彈十四萬，槍已完全檢驗出來了。全廠今日共准病假者一百零六人。吐血者佔十分之一，腰痛和肺病者約佔八分之一，眼痛和頭痛者佔大多數。砲廠缺乏砲銅料，鎔銅缺乏食鹽（鎔銅爐用的），建築缺乏木料。最近廠內關餉發了國庫券，市面不能流通，工友非常感受困難，此事工會已向政府交涉數次，結果，今天領了一萬元「中國」紙幣來廠兑換，但因中國紙幣過少，所以兑不來，沒人只暫拿兩元以濟眉急。聽説政府還預備拿輔幣券來對此國庫券，此券不知是否能流通市面？如能夠通行，則工人尚覺便利，因輔幣券的數目均在一元與幾角之間故也。今天廠內又發生了一個問題：廠方出佈告，對於所有點工，以前增加的星期日工資（此工資已拿兩次了），現在須一律免除，此事在全體點工工友甚不満意，就是在廠方的手續上，也不宜如此的反復無常，在兩三日內不免要發生交涉了。關於各廠的衛生問題，早前廠方雖允趕緊辦理，但近來除已辦少數的風筒外，其餘如浴堂飯廳之類，均未顧及。等語到會為此函呈 大會察核此呈

中國國民黨中央執行委員會

湖北全省總工會執行委員長向忠發[89]

6月28日，鄧演存將兵工廠困難情形，呈報軍事委員會，軍事委員會決議成立整理委員會整頓，並派鄧演存為主席。[90]在二次北伐期間，維持漢陽兵工廠的正常運作，是北伐軍對工人運動的最高期許。在讚揚工人對北伐的貢獻時，也往往以漢陽兵工廠的工人為例，如郭沫若在一場演講上説「工友也可説是勞苦功高，漢陽兵工廠中的工友，一日一夜，造十八萬子彈，運往前方應用，這是何等的功勞呵」。[91]除此之外，北伐軍還透過工會組織代募運夫。5月19日，湖北總工會給第十一軍第二十四師、中央

軍政學校入伍生隊和第八軍代募320名運夫，支援前線作戰。[92]然而，絕大多數工人對充當運夫的意願低落，向忠發在5月22日致國民黨中央的信中說明了有關情況：

目前前方軍事吃緊，運送軍實，專賴運夫，迭准各軍事機關紛紛函請代募運夫，供給輸送，動輒需要千名，經敝會號令碼頭車工泥木總工會，盡力募送……供不應求，而武漢工友，以前軍閥時代飽受運輸不給工資反受毆辱和其家庭生活艱難之種種痛苦，都視當夫為畏途……敝會為供給軍事運輸以免貽誤戎機起見，決定每工友一人，願去當夫者，由敝會給予安家費洋五元，自本月十六日起至本日止，共代募運夫一千五百餘人，計共給予大洋捌千餘元，敝會經濟奇窘，對於此項例外之損失……墊付之款急待設法歸還……工友則陳述痛苦不願當夫，敝會則力竭聲嘶，無補實際，而軍事方面之運輸又屬繼續不斷，長此以往，不獨於軍事上大有妨礙……

加以武漢目前受帝國主義經濟的封鎖，各種工廠店舖，均形成動搖局勢，今日在外面造謠，謂總工會代募運夫影響生產營業，明日在政府機關報告，謂總工會強迫募夫影響營業，一般奸商廠主，蜚短流長，謂招募運夫為脅迫工友當兵，以致政府機關群相責難，敝會對於此項代募運夫時間，在社會上幾引起大多數的懷疑和責難，在軍事上又難滿足運輸的要求，獲得前敵武裝同志的諒解，而經濟上的損失，更屬難於賠累，進退維谷，因此敝會有下列之請求：

一、請求各軍事機關，派人分向各縣招募長夫。

二、請求衛戍司令部和公安局代募運夫，敝會盡力協助。

三、請求各軍事機關，於必要時在武漢可以拉夫。

四、請求政府設法津貼敝會已墊付給予應募各工友之安家費，敝會當造具清冊費請核示……

此致

武漢衛戍司令部
漢口市公安局
武昌公安局
國民政府軍事委員會總政治部
中央獨立師司令部
第四方面軍前敵總指揮部政治部

執行委員長向忠發[93]

在湖北總工會5月23日的工作報告上，同樣指出「敝會費盡無窮之力，勉強募送一千餘人，其結果（一）各工廠店舖造謠：謂總工會招募運夫，影響生產和營業，同時引起社會上一班人責難。(二）給予安家費損失太鉅。(三）各軍事機關需夫甚多，繼續不斷，急如星火有供不應求之苦。(四）碼頭和車工感受前此軍閥時代拉差之痛苦，視當夫為畏途，不願應募。」[94]這份報告中，最值得注意的應是第四點。自國民革命軍克復武漢以來，工會組織無不大力教育工人分清北伐軍與吳佩孚的不同，以鼓勵工人支持武漢政府。然而，從工人對擔任運夫的反應來看，北伐軍在他們的認知中，似乎與吳佩孚沒有兩樣。事實上，從吳佩孚時代兵工廠工人「含羞忍痛」地製造槍炮，到國民黨時代不願支援北伐軍出征，可見工人群體存在着一種自保的心態，他們不在乎北伐的理想，只在乎自己能否從中得到利益。因此，當國民黨在武漢開放工人運動初期，工人確實能響應鬥爭資本家與帝國主義的號召，以圖提高自身待遇。然而，一遇到上戰場的苦差事，除非為了安家費，多數人的態度都是敬而遠之。在很大程度上，中共高估了工人群體對革命的理想，在這個錯誤的假設下，中共制定了一連串的工人運動策略，卻一步步的將國共合作推向了分裂的邊緣。

經濟恐慌

漢口英租界與日租界接二連三的衝突，已使帝國主義者對武漢逐步展開經濟封鎖，4 月 12 日蔣介石在上海發動清黨後，寧漢關係正式決裂，南京對武漢同樣展開經濟封鎖。內外夾擊下，武漢的交通遭到嚴重干擾，進出口貿易幾近停滯，一度出現了嚴重的米慌。在此局勢下，一貫主張激進的農工政策的鮑羅廷，也不得不改變態度，以「戰略退卻」為名，推行較為緩和的策略，包括解決失業工人問題與規定銅元及一切必需品的最高價格，以穩定經濟秩序。[95] 在恢復經濟秩序的過程中，武漢政府面對的第一個問題，即是解決米糧減少引發的群眾恐慌。[96] 這項工作，落到了向忠發領導的湖北全省總工會頭上。4 月 27 日，向忠發致信國民黨中央政治委員會，要求派人到湖南採購大量食米，以救濟工農：

敬呈者查武漢米糧素來仰給湘省連年，湖南米禁森繁，穀米不能出口，以致武漢糧食之需要轉而仰給於江浙，革命勢力未進展到江浙以前，航運不通，來源中斷，革命軍既克復江浙以後，又統治在反動勢力之下，航運未能恢復，糧食無法運輸，因此武漢食糧陷於枯缺地位，而武漢奸商乘機操縱糧價飛漲（最近一星期每石米漲價四元）數十萬工農生活因之大起恐慌，困苦顛連情形至堪憫惻，在此繼續北伐時期，後防秩序關係重大，民食一起恐慌，社會上將更形成不安之現象，甚至發生變化亦屬意中之事，而軍糧上因此將大受打擊，若不先事預備，誠恐貽害黨國。敝會為接濟工農糧食起見，擬請 政府召集黨部政府及工農團體組織糧食供給委員會，製發護照撥借大宗款項，遴派專員赴湖南內地採運大批食米到漢，專以接濟工農之日食，並一面請電令湖南省黨部、省政府、省農民協會、省總工會轉飭所屬各級黨部、縣政府、工農團體一律協助辦理，一面令飭各釐金米禁局卡免除釐捐，放行預期食米早日到漢，俾濟工農糧食而固革命根基實級至誼此致

中央政治委員會

湖北全省總工會執行委員長向忠發[97]

28日，漢口特別市黨部也致電湖南省黨部，請求設法輸送米糧到漢口。[98] 在找湖南求援的同時，向忠發還派人調查故意謊報產量，囤積穀米的情形。5月19日，向忠發召集武漢糧食業總工會，「速令全體工友，一致調查和收集所有穀米雜糧供給武漢民食」、「調查所存穀米多少數量，

每日報告本會查考」。[99] 5月22日，向忠發致信國民黨中央：

> 敬啟者頃處武漢糧食業總工會函稱，敬啟者屬會第一分會調查機器米廠韓口漢陽共存米壹仟二百碩，共存穀約三萬碩，以穀折米祇有壹萬餘碩，照每日銷數約六千碩，一天僅供數日之糧，此乃實情非敢故意謊報屬會，除已派出多數宣傳秘查至各地勸導……

米慌更進一步引起了各糧食號囤積貨物與拒絕兑換銅元的現象，「紙幣信用一落千丈」。[100] 鑒於這種情形，向忠發於5月初下令工人暫緩對資本家的鬥爭。[101] 5月19日，下達命令給武漢店員總工會，「轉令各錢業店員切實調查如錢莊所存銅元數量，限制各錢商依照前三日內價格兑換銅元，並不得拒絕中央紙幣。如有奸商操縱錢價者，拒絕票幣者，准指名報請中央黨部懲辦」。[102] 同日，又致信漢口總商會：

> 逕啟者本日武漢各商店拒絕兑換銅元，抵制中央紙幣，各糧食行號實行閉糶，致引起市面恐慌，在此局勢嚴重繼續北伐時期，後防秩序極關重要，各商店行號應當竭誠擁護政府政策，維持後防秩序，以保障已得之勝利乃各該商店行號輕聽浮言，自相驚擾，故予政治和社會以不利，如此擾亂市面不獨表現商界同胞對社會對政府大不負責，並且將引起一般貧苦者之意外行為。
>
> 貴會領導商人維持有責，應請嚴飭各商店行號一律照常安心營業，不得再有拒絕抵制高價閉糶諸情事

發生，倘猶事姑宕，則群眾之生活所困，勢必鋌而走險，北方後防革命利益影響破壞，咎誰與歸，此應請貴會顧念時艱，切實保障擔負相當責任者也，為此函達 貴會煩為查找辦理，並希見覆為荷，此致

漢口總商會 特別市商民協會
武昌商會 市商民協會
漢陽商會 市商民協會

執行委員長向忠發[103]

為了遏制商人私藏銅元的風氣，向忠發除了致信總商會好言相勸，一方面又派遣糾察隊到各店舖檢查，遇有私自搬運銅元者，則要求立即運回原處。遇到私藏銅元者，處置辦法多為「面責將銅元應市面兑」，並將其店舖名和所犯事實，公佈在報紙上，以儆效尤。[104]同時，向忠發派人到湖南採購米糧的策略，也收到了效果。5月底，湖南全省共籌集40萬石米糧給武漢，並分批運往武漢。[105]在向忠發軟硬兼施的強制管控下，武漢的經濟恐慌，在5月下旬得到解決，「鈔票行使兑換，已無阻礙，每張實價可換三串一百文。各糧食店亦無前日之擁擠。市面謠言平息，人心安定、全無以前驚惶現象。」[106] 6月中旬，「武漢食米燃料均可無憂」。[107]

武漢米慌暫時解決後，向忠發仍不敢怠慢，在6月7日主持武漢糧食供給委員會會議，為防備日後米糧缺乏，決議「派員赴贛採辦米糧」，並請汪精衛與孫科電告江西銀行「先墊出五萬元」，又請武漢政府派兵保護運糧船

隻。[108] 在特殊情況下，還得處理旗下工會互相搶奪糧食的情形，6月3日，向忠發致信國民黨中執會：

敬呈者頃據武穴市總工會江電稱東電悉屬會並未扣米特覆等語到會查此案前奉 大會令飭制止業經敝會於東日嚴電該會放行在案據電前情為此函達 大會即乞察照為荷此呈

中國國民黨中央執行委員會

湖北全省總工會執行委員長向忠發 [109]

然而，龐大的失業工人，並未因武漢經濟情況的好轉而恢復工作。在北伐軍攻打武漢前後，已有萬餘名紡紗廠、製造業員工因戰亂失業，一萬名建築工因工程終止而失業，武漢政府盡全力協助工人復業。自1927年伊始，從收回英租界到之後引發的經濟封鎖，又使得失業人數大幅上升，總計此時武漢的失業工人數量，已達到14萬人，其中有30,000人為帝國主義經濟封鎖導致的進出口停頓、洋行歇業和貨物運輸減少所累，四三事件後，又有15,000人隨之失業。[110] 如此龐大的失業人數，迫使向忠發提出了救濟失業工人的辦法，據4月26日向忠發給國民黨中央的公文：「……竊自革命軍克復武漢帝國主義經濟封鎖以來，工人失業者幾達十餘萬人……非有徹底救濟辦法，不足以維生計而安社會。」向忠發接着重點列舉了土木建築業、碼頭工人、車工的失業情況，主張設立失業局，救濟失業工人。值得注意的是，向忠發再次使用了

「餓莩」策略，有技巧地指出，如國民黨當局不立刻解決問題，龐大的失業工人將對北伐造成重大危害：

……當此外交緊張又值繼續北伐出師之際，後防秩序關係至重且大，對於此項廣大的失業工人，若不早為之，所倘反動派乘機煽動，發生變化，適足以危害革命基礎，破壞政府外交政策，群眾麻醉危險堪虞，為擁護政府外交政策，及鞏固北伐後防起見，應請……[111]

4月27日，中共中央在漢口召開中共五大，會上通過的《職工運動議決案》中，關於處理失業問題一段，基本援引了向忠發救濟失業工人的辦法。甚至在用字上，都與前一日向忠發的公文有不少相似之處：

現在全國各處都有廣大的失業工人，尤其是被帝國主義封鎖的武漢，差不多有十萬以上的失業，還有繼續增長的趨勢，如果我們不為失業的恐慌而爭鬥，可以影響整個的職工運動。第一，在武漢政府之下，應即刻要求社會保險制度之實施，救濟失業工人，同時須加速大產業國有及國營的經濟政策的實現，才可以挽救失業的恐慌。第二，應該使失業工人完全在工會組織之下去爭鬥，在可能的地方，應該在工會內設立職業介紹所及互濟會等組織，總之無論如何要使失業工人不離開工會的影響，而為資本家或其他反動派所利用。[112]

29日，向忠發呈報國民黨中央，請求設立失業局，國民黨中央撥款三萬元，「建築大棚三所容納碼頭散工」。[113]

5月12日，失業工人救濟局成立，「已經撥發大批款項，擬建大的房舍，以安工人之居，每日按人發給生活費，以資維持。」[114] 16日，向忠發再度發函給中央政治委員會：

敬啟者查武漢失業工人為數達十餘萬前經將詳細情形函請大會設法救濟已荷核准撥給三萬元建築碼頭工人寄宿舍容納碼頭散工在卷，惟目前帝國主義實施其經濟封鎖政策，工廠停工，洋行閉門，廣大的失業工人已屬深以為慮，而政府繼續北伐，後防空虛，若無法救濟失業安插工人，實足以影響社會秩序，敝會詳加攷慮，對於救濟失業工人，擬設立失業救濟局，請求政府設法實施大規模之救濟以拯救此十餘萬奄奄垂斃之工人而維持北伐後防之秩序，為此擬具救濟和安插失業工人計劃，繕請大會審核。

A. 救濟計劃

(一) 失業救濟局刻日開始辦公，先從事失業工人之調查統計，並同時開始救濟。

(二) 救濟費每人每日給洋二角。

(三) 由政府每月撥款十萬元作救濟費。

(四) 由政府收回武漢各種公共財產，如祠堂、廟宇、善堂等以其收入作失業救濟費（武漢有四十八善堂財產在一百萬以上，平日施米施粥施菜救濟貧人，現在該善堂協會願將財產移交總工會救濟失業工人）。

(五) 由政府命令各工廠店鋪抽收失業救濟金，其辦法或每人每月加工資一元或加工資百分之十，即以此項所加工資作失業救濟金，每月可共籌十餘萬至二十萬元。

（六）由政府在各種稅捐或紙煙捐、房捐內附加失業救濟金若干。

（七）在武漢未經建築房屋之空地一律實行抽捐作失業救濟金。

B. 安插失業工人計劃

（一）在武漢各損壞待修之房屋由市政府令飭刻日修理。

（二）劉歆生財產二千萬元，除還債三百萬元及養老金一百萬元外，願全部捐給政府，即由政府以此項財產抵押發行公債一千萬元作修築馬路、拆卸城牆及補助各停工工廠開工之經費。

（三）市政府已計劃修築馬路五條，即日開工修築。

（四）武昌城牆即日開工拆卸。

（五）由政府沒收之工廠及廠主棄廠潛逃停工之工廠，請政府收回，即日開工或招商承辦。

（六）各商家待建房屋之空地，由政府飭令建築房屋或由政府貸款若干建築，以房屋及地皮作抵押。

（七）由政府沒收之逆黨地皮招商建築房屋。

上項救濟和安插失業工人計劃是否有當，務請大會剋日提出核議施行，仍候見復為禱，此呈

中央政治委員會

執行委員長 向忠發[115]

失業局成立後，對緩解失業工人局勢起到了不少效果，到了6月初，「不易謀生者尚有六七萬人」，說明14萬失業工人有半數得到安置。[116] 經濟恐慌的連鎖反應，使向忠發一改過去縱容工人的態度。面對工人提出不合情理的訴求，向忠發開始強硬制止，如5月31日致信國民黨中執會，報告制止一家麪粉廠工人訴求的經過：

敬啟者：

案據敝會礄口特派員周伯敏報告：礄口福新麪粉廠，有麥子壹千五百石，廠主方面要工人將此項麥子，磨成麪粉救濟武漢市面，工人恐廠方賣出後即脫逃，致使全廠工人失業，請設法防止，並要求繼續開工等語到會，查該廠將麥子磨成麪粉，救濟市面，於理自屬至當，工人絕無干涉之餘地，除飭該工會工友即日開工外，應請大會煩為查核辦理，可否由政府負責督促該廠繼續開工以維工人生計，仍希見復為荷，此呈

中國國民黨中央執行委員會

執行委員長 向忠發 [117]

有時，向忠發也採用暗示的文句，讓國民黨中央想辦法籌措經費，如4月29日向忠發給國民黨中執會的公函：

敬復者案准

貴會函開敬啟者茲據駐漢上海聯保保險公司經理林詠池呈稱房屋被佔，基金失障、信用搖動影響業務，懇請飭令湖北總工會轉飭聯保里所住各房工會照章繳租或遷移退屋以重產權而保基金等情，前來相應

錄由，並檢同原呈函達，即希查明此事妥為具復以憑核辦等因，附送原呈一件下會查此案前據該公司呈報前來業經函飭聯保里各工會遵照繳納去後，旋據各該工會以經費奇窘，一時難於籌付，呈復到會，並經敝會轉函該公司查照在卷，准函前因除再通告各該工會辦理外，相應函復貴會煩為查照轉知為荷，此致

中央執行委員會

執行委員長 向忠發[118]

自1927年初收回英租界起，向忠發不斷地在為失業工人收拾善後。然而，一波未平一波又起，帝國主義者的反制與國民黨內部的寧漢分裂，又加劇了武漢的經濟恐慌。向忠發作了最大努力，試圖緩解武漢的失業潮，顯然無濟於事。據武漢分共後中共發佈的《中央對於武漢反動時局之通告》，直到7月底，武漢失業工人仍「在十萬以上」[119]，其真實數字，或許不止如此。即便此數目為真，也與收回英租界後失業工人數目一致，可見半年來向忠發空忙一場。武漢分共後，失業工人的爛攤子固然留給了國民黨政府，但中共也失去了數年來辛苦建立的龐大工人支持群體。當三年後中共再次寄望於武漢工人，配合中共發動暴動時，獲得的響應，更是寥寥無幾。

反工賊案

所謂工賊，即為破壞工會、摧殘工友的反革命分子。湖北總工會於1926年10月成立後，開始不斷四處尋找

工賊，予以逮捕和審判。負責逮捕工賊的，正是直屬湖北總工會的糾察隊。當時的武漢衞戍司令陳銘樞，曾向蔣介石報告「近來湖北總工會私擅逮捕人民，送部懲辦，此種舉動，不獨能犯刑章，且與他人自由、地方治安，均有妨害。」湖北總工會遂於 **11** 月致信武漢衞戍司令部，予以反駁：

> ……貴司領系革命軍人，當然了解國民黨扶助工農之意義，其違反工人利益、破壞工人團體、摧殘工人運動之工賊，即屬反革命分子。是工賊固為工人之敵，亦即黨員與革命軍人之敵。此種公敵若不予以肅清，革命前途影響實大。敝會根據黨意，俯順輿情，對於工會扭送之工賊，轉送政府懲辦，在手續上並無有不當，在革命上切位必要之行為，安能視為擅自逮捕、不法行為？ ……[120]

從湖北總工會的回信可以得知，懲辦工賊儘管無法律規定，但是有其他依據。所謂「黨意」，就是中共所謂的扶助農工政策；所謂「輿情」，則是群眾受資本家壓榨與吳佩孚政權壓迫的報復心理。從中共的立場，真正的工賊確實妨害了工人運動，應當予以懲處。但由於工賊定義太過寬泛，所逮捕的工賊，經常真假難分，多數是工人打擊報復的犧牲品。至於懲辦過程，的確如信中所說，將工賊們送交政府開庭審理。然而，名義上是由政府負責，實際上負責審判的「審判員」，悉數由中共控制的群眾團體選出。如當時在武漢參與工人運動的張鐵君生動回憶道：

> 武漢工會及糾察隊，真的是無法無天，他們竟提出「工人的事，由工人自己解決」的口號，工會負責人竟有審判工會中所謂工賊及反革命分子的權力。那時湖北全省總工會是設在漢口的友益街，全國總工會就在湖北省總工會的隔壁，祇隔一堵牆。這地方據説原是寇英傑的公館，被他們佔用。有一天，我偶然走過友益街工會看到許多工人圍繞在一個大廳中，正面有一張大辦公棹，正在審判工人，好像過去縣官審判犯人的樣兒，上面坐着的就是劉少奇。他真像是一個騎在工人頭上的大老爺了。工會已代替了司法機關。[121]

儘管陳銘樞警告了亂逮工賊的危險，工賊審判案卻接二連三的上演，顯示了此時武漢政府仍以鄧演達派的意見佔多數，他們依然對中共的行為予以容忍，認為審判工賊是無可避免的左傾幼稚浪潮。事實上，除了鄧演達，支持中共過火行為的，還有徐謙，徐謙本人甚至是湖北人民審判委員會主席委員。[122] 此外，向忠發和李立三被湖北總工會推派為漢口市法院陪審員，向忠發任主席，李立三為總指揮。[123] 據一名武漢政府下屬的最高法院委員回憶，「曾見李立三提監所押犯，擅行鎗斃。」[124] 在層出不窮的審判案中，以一件發生在 1927 年 4 月審判「二七慘案」工賊的案件最為轟動：

> 一件「人民審判」案
>
> 湖北全省總工會，先後捕獲之工賊郭聘伯等八名。十三日午後一時，經湖北人民審判委員會在漢口法院開審，其詳情如下：

(一)審判員：國民政府代表、中央黨部代表、省政府代表、全國總工會代表、省農協代表、省黨部代表、婦女協會代表、全國學生總會代表、全省學生會代表、全省總工會代表（向忠發）、漢口特別市黨部代表（丁覺群、宛希儼）

(二)主席委員：郝繩祖。

(三)書記官：李善政、魯昌炘。

(四)記錄：黃琴父、成桂周。

(五)受審人：郭聘伯、袁子英、張纛、徐瑞和、盧士英、劉伯勛、劉秋生、張國春等。

(六)秩序：一、各委員就職，二、書記官就職，三、諭告代表就職，四、恭讀遺囑，五、提被告人，六、旁聽人就席，七、書記官宣佈開始審訊。

(七)各犯供詞及代表質詢：

(1) 郭聘伯　供年卅九歲，宜昌人，家有妻一子一，曾辦真報，以宣傳勞工運動為宗旨。前曾入過國民黨，在滿清時，初則入高小讀書，後轉入鐵路學校，畢業後，組織學生軍。後退伍充京漢路工人，因此感覺工人力量之大，故辦真報從事鼓吹。向忠發質問：(一) 辦真報款項何來，是否親赴四川借軍閥聲勢，劫人煙土來的？辦真報是否為擁護自己利益，而利用工人力量，抑為工人謀利益，而犧牲自己利益？(二) 住上海借二七慘案名義，號召慈善家捐款援助，烈士家屬曾否得着分文？(三) 破壞南洋煙草公司罷工，得南洋公司洋五萬。(四) 去年總理紀念，你收買袁告臣等，設立機關，拆散車夫工會。三月十二過江，你又收買流氓，喊警抓人，說是共產黨。（五）工會代表會為了你不能公開，你向軍閥告密，使許白昊、劉伯垂被捕。你們並組織偽工會於江岸二十三號。丁覺群質詢：（一）你在上海說，你組織右派攻打共產黨，（二）聯席會議議決案，並未派你籌備市黨部，係派許伯昊、劉伯垂等籌備。供：當民五時曾做過南田稅局長，在此所有的款，盡充一排報之費。我是很同情革命的，並且是提倡工人運動的，吳逆（佩孚）是軍閥，人民恨之剌骨，我焉有與之勾結之理。民黨改組時回漢口法租界，請項英、許白昊到家談話，他與伯垂被捕，在周天元後，如我告密，我怎與他們談話。那時我被法租界說我赤化，不能出租借一步，許、劉被捕後，尚與談話。如係我告密，何以請他們到我家。問：你不必強辯，你在本黨改組時破壞本黨，陷害同志，此罪一；總理周年紀念時，你率保衛團到會場捕人，此罪二；「二七」慘案時以募捐援助工人為名，到上海捐款，塞之腰包，此罪三；辦真報是接收軍閥的款子，此罪四；民國十三年七月在上海率領流氓搗中央黨部，邵力子同志曾被打傷，此罪五；偵探工人秘密機關到軍閥處去告發，此罪六；破壞南洋煙草公司工友罷工，此罪七。你是黨員，依黨的紀律說來，你是叛黨；依革命的觀點說來，你是反革命。

(2) 張纛　供三十六歲，夏口人，先在軍隊，後由四川回漢口，做洋傘骨生意。後組織工團聯合會，在工會辦農工技術研究所，款由會出。工聯合會係代表制，我亦代表一分子。煙廠罷工，來聯會請願援助，我與楊德甫，擔任交涉；要求廠方賠償損失，卒失敗。以後我就因病辭職。向忠發質詢：工聯會你是副主席，你祗謀自己利益，不顧罷工工友，假冒名義，亂刻圖章，在武勝關身帶盒子炮，打殺工友是誰？供：報上説：楊德甫「二七」以前，便不在工聯會了。我並（未）當過密探。十三年十月時，組織與（？）公記渡輪公司。許伯昊、劉伯垂被捕，我已知道，我實在沒有主張這個。我未曾當過吳佩孚的密探。宛希儼質詢：你登過報，説什麼「我幫吳佩孚做了許多事情，現在解散了……」問：從前煙廠工人罷工，你勾結廠主出來破壞，廠主曾贈你金牌，以表你忠於廠主之功績。後充吳佩孚之旅長，在武勝關屠殺工人。當時施洋同志被害，即你所告密，所以你做吳佩孚之旅長，為軍閥做走狗，破壞工人罷工，屠殺工人，皆你的罪狀。

（3）張國春　供三十五歲，天津人，家有小孩六人，父母俱全，在粵漢鐵路充當司機工人，在長沙時，組織俱樂部，後改工聯會。問：吳佩孚退長沙時，你曾將火車頭六架機關拆毀，藏之鐵路局長家之地板下，以妨礙黨軍之進追。「二七」時曾組織工賊陷害工人，這些都是你的罪狀。

（4）劉伯勛　供四十七歲，湘陰人，家有一妻一女。在夏口當團長，曾住南京，後返湖北。民四後作小生意，從未入過黨。惟光緒時曾入同盟會。民七組工會，以我稍識字，舉我維持會務。後在蕭耀南處當差遣，因不發薪，即辭職。施、林之死，當時我不知奥，至四月才知道。我未入黨，不知黨紀。問：你被蕭耀南僱為密探和差遣，在軍閥處告密，陷害施洋、林祥謙等同志，這是人人知道的。你的罪狀，就是附逆，破壞工會，陷害同志。

（5）袁子英　供三十歲，光化縣人，在東京入過共產黨。民十一年五月來漢口，在昊、垂被捕時，尚未入共產黨，後來做「證明陳獨秀答戴季陶的一封信的狡辯」一書，這個錯誤，我自己承認，但我不想推翻本黨。問：在國民黨改組時，你與郭聘伯一同勾結軍閥，並做「證明陳獨秀答戴季陶的一封信的狡辯」一書，以共產黨員而著此書，又入孫文學會，在黨紀上為叛黨，在行動上為反革命。

(6) 徐瑞和　供五十七歲，寧波人，在洋船上做工三十餘年，未入何黨。在海員工會參入五卅罷工。不認識李徵五。在五卅當總指揮，不知道自衛團。問：你在五卅運動時，勾結奉天軍閥，破壞工人。上海總商會救濟罷工費六千元，吞沒淨盡。上海總工會開代表大會時，你充自衛團長，向警廳告密，拘捕代表十一人，得運動費千餘元。來漢又誘海員工會委員朱寶廷，欲置之死地，這些都是反革命的罪狀。

(7) 劉秋生　供三十歲，衡山人。妻跟人，子打死。前在紡織廠入過黨，在水口山作過工，未當過工會代表。水口山工會成立已久，湘趙（恆惕）在時，被賓步程解散，那時在場，我先出來，冬生姪後出來，我並沒有陷害他。問：你充鑛工會代表，屢與趙恆惕勾結，陷害工人領袖，破壞工會，將姪劉冬生（水口工會委員長）陷入獄中，劉少奇由滬回湘，你報告趙恆惕逮捕，幾被槍決。這些罪狀都是人人知道的。

(8) 盧士英　供三十一歲，漢陽人。家有父、妻、孩三人。曾作粵漢鐵路機器工人，當鐵路局稽查。在湖南入國民黨，辦工人學校。問：你的思想行動，都已走至反革命路上去了。你曾充吳佩孚之偵探，吞沒工會公款，又登廣告聲明脫離工會，總理逝世紀念會上，多方陷害，散發傳單及演説者，都是反革命罪的真憑實據。

(八) 判決：以上八工賊一一審問判決，處以死刑，原定在十五日召集群眾大會，後決定於十四日晨四時，執行鎗決。

(九) 罪狀：湖北人民審判委員會，於鎗決該工賊等，宣布罪狀如下：

為宣佈罪狀事。反革命工賊郭聘伯、張矗、袁子英、劉伯勛、徐瑞和、劉秋生、張國春、盧士英等八名，經湖北全省總工會先後拿獲，提交本會審判。本會於四月十三日，在漢口市法院公開審理，訊據郭聘伯等八名，供認違反革命，破壞工會，背叛黨紀，謀殺革命領袖等情不諱，依照反革命罪條例，應處死刑。除判決全文另行公布，並提該反革命工賊郭聘伯等八名，驗明正身，綁赴濟生三馬路大會場執行鎗決，以昭炯戒外，為此宣布罪狀，仰各色人等一體知悉。此布！

計開：（名單八人同上，略）

湖北省黨部
漢口特別市黨部
湖北省政府
中華全國總工會
湖北省農民協會
湖北全省總工會
中華民國十六年四月十四日

（十）省工會通告：湖北全省總工會特為此事發出通告云：

為通告事：關於懲辦工賊事。頃據湖北人民審判委員會函知，案經中國國民黨湖北省黨部、漢口特別市黨部、湖北省政府、中華全國總工會等組織湖北人民審判委員會，於四月十三日在漢口市法院開庭公開審訊，當經訊明罪證，依政府頒佈懲辦反革命條例，判決工賊郭聘伯、張囊、袁子英、劉伯勛、徐瑞和、劉秋生、張國春、盧士英等八名，處鎗決死刑，交武漢衛戍司令部執行，已於四月十四日早四時，由漢口市法院提出，驗明正身，綁赴濟生三馬路大會場，立予鎗決等情。查本案曾經本會代表大會議決，要求政府速即懲辦，並定於四月十五日向群眾大會處決等情，現此案既經湖北人民審判委員會審判處決，本會前代表大會定四月十五日舉行群眾處決工賊之要求，作為罷論。特此通告各工會，務望轉達全體工友知照。執行委員長向忠發。[125]

這場轟轟烈烈的審判工賊案，最值得關注的是郭聘伯和張囊兩人。據包惠僧回憶，在京漢工人鐵路運動期間：

第二國際的走卒湖南勞工會的頭子王光輝等勾結一些流氓政客郭聘伯、袁正道、郭寄生等，工賊張囊、盧士英、張德惠等妄想同共產黨爭奪工人運動的領導權，他們千方百計地挑撥京漢鐵路失業工人動搖分子楊德甫、羅海澄、周天元、黃子堅等同共產黨的感情，離間京漢鐵路工人同共產黨的關係……一九二六年，北伐軍到達武漢，工人運動得到蓬勃的發展。工賊張囊、郭聘伯等妄想勾結第八軍政治部主任劉文島，同共產黨爭奪工人運動的領導權。武漢工人糾察隊將張纛、郭聘伯等捕獲，在漢口群眾大會上進行公審，把這幾個工賊宣告死刑，當場執行槍決。[126]

照共產黨的説法，郭聘伯是頭號工賊，並指控他私吞二七慘案撫恤金。然而，國民黨工人運動領袖馬超俊，卻説是共產黨侵吞了撫恤金：「中國共產黨遂假借『二七』慘案向蘇俄騙取鉅款，但分毫不分發或撫恤路工及罹難者家屬。嗣經郭聘白烈士在滬將此黑幕揭發，迫使陳獨秀交出三萬元分恤死傷工友家屬。」[127] 究竟兩派説法，何者為真，現已無法考證。然而，二七慘案後，郭聘伯擔任湖北省工團聯合會刊物《真報》社長。[128] 若他確實是中共所説的工賊，豈有待在湖北束手就擒，甚至同共產黨爭奪工人運動領導權之道理？ 再者，從庭審紀錄來看，所謂的審判流程，可謂鬧劇一場。審判官不負責斷定案件，而是先預設罪名，名義上給被告一次辯護機會，在被告發言時，審判官竟可插話「你不必強辯」，並即刻交付槍決。這個現象，與時任共產國際主席布哈林（Nikolai Bukharin）在《共產主義ABC》一書中主張的「法官只從工人群眾中選出，而剝削階級在法庭上只剩下被審判的權利」的觀點，頗有雷同之處。[129] 這個案例，更顯示了所謂「審判工賊」，在絕大多數情況下已淪為工人打擊報復、抒發不滿的途徑。

層出不窮的反工賊案，打擊對象為無還手之力的「工賊分子」，一旦遇到手握兵權的狠角色，湖北總工會仍得請求國民黨出面解決。最典型的例子，為國民革命軍第一師黨代表倪弼槍決贛州總工會委員長一事。陳贊賢原為國民革命軍第二軍第五師政治部黨務科長，收復贛州後，以特派員名義組織贛州總工會，擾民衝突情形層出不窮，國民黨中央派員查辦未果後，倪弼下令拘捕和擊斃陳贊賢。[130] 3月21日，向忠發將此經過呈報國民黨中央：

> 逕啟者案准陳贊賢慘案委員會函開敝省贛州總工會委員長陳贊賢同志被駐贛新編第一師黨代表倪弼秘書胡啟儒、省黨部特派員賀其燊等槍斃，工會被倪等解散，此違反農工政策之黨代表非嚴加懲辦不足以維黨紀，敝會茲派遣代表向貴會詳陳顛末，務希充分援助以期達到懲兇目的，以維黨紀等，因准此查倪弼、胡啟儒、賀其燊等慘殺陳贊賢一案，迭經敝會函請（貴會），嚴促解送懲處並經漢口市民請願，早日槍斃各在案准，函前因相應函達 貴會請再嚴電催解來漢，早日懲處，以除黨蠹而雪沉冤是荷，此致
>
> 中國國民黨中央執行委員會
>
> 執行委員長向忠發[131]

3月29日，國民黨漢口特別市第一區黨員大會致電國民黨中央：「新編第一師黨代表倪弼，慘殺贛州總工會委員長陳贊賢，並勾結流氓，搗毀九江市黨部與第六軍政治部，以及逮捕工會會員，種種暴行，軍閥尚不敢為，不料青天白日旗幟之下，軍事領袖坐鎮之區，竟演此昏天黑地之慘劇，消息傳來，群情憤激，應請鈞會速將肇事負責人員，及一切叛黨分子，盡法懲治，以維黨紀。」[132] 由於倪

弼為蔣介石所任命，中共遂利用此次事件，成立「陳贊賢慘案委員會」大力反蔣，同時在中國訪問的國際工人代表團，也對此事予以極高關注。[133] 然而，懲辦倪弼的要求，最後仍不了了之，倪弼直到1958年才被以反革命罪被處決。類似的反工賊案，還可見於5月12日和6月5日向忠發給國民黨中央的信函：

逕啟者案，據敝會武昌辦事處函稱，茲據工人學校第五校調查，查得大反動派李燮臣係將軍團唐克明之乾子石星川之婿，其人手下流氓百餘，反動力量非常之大，現在漢口禁煙稽查處服務，特函達敝處轉知貴會迅速查辦，不然該校調查有生命危險，特此函達等情到會相應轉達 貴部，煩為查核辦理，並希見覆為荷，此致

中國國民黨中央黨部

執行委員長向忠發 [134]

呈為呈復事案奉

鈞會函開茲據商民鄧毓章呈稱被工友戚玉成私行逮捕解押武昌公安局，懇請飭令保釋集訊究辦等情據此相應檢同原呈，請貴會查明見復等因並附原呈一件奉此職會比經派員赴武昌公安局調查，旋據報稱該局以鄧毓章具有反動嫌疑業經檢同全券並證據轉送軍事裁判所訊辦，矣奉函前因理合將調查情形備文呈請

鈞會鑒核 謹呈

中國國黨中央執行委員會

湖北全省總工會執行委員長向忠發 [135]

中共在兩湖地區領導的工農運動，大力提倡以激烈手段對付工賊與土豪劣紳，以此爭取工人與農民的支持。同時成立湖北人民審判委員會與審判土豪劣紳的委員會，前者着重審判工賊，後者審判欺壓農民的土豪劣紳，兩者各司其職，遙相呼應，濫捕濫審的風潮，一路從城市蔓延到了鄉村。對於反工賊的過火現象，李立三事後也承認：「至於所謂偏差問題，確實發生過一些事情，如罷工期間工人扣留工賊或商店、工廠老闆，拉他們遊街，高喊『打倒工賊』等等，這是工人群眾自下而上的自發行為。當廣大群眾投入革命運動之中，這類現象幾乎是不可避免的。」[136] 李立三的說法，與北伐軍攻克武漢初期鄧演達為工人運動緩頰時的說法一致。在中共眼裏，特別是李立三、向忠發等組織工人運動起家的領導人的觀念中，工人運動始終是共產主義的靈魂，他們堅信工人運動的重要性在農民運動之上。不論前者條件多麼艱苦，後者潛力如何龐大，他們仍頑強地將工人運動奉為圭臬，這個特性，很大程度上主導了日後向忠發、李立三兩人統治中共的路線。

註釋

1.《漢口民國日報》，1927年6月27日。

2. 王建民，《中國共產黨史》（台北：漢京，1988），第一編，頁400。

3. 王建民，《中國共產黨史》，第一編，頁400–401。

4. 唐純良，《李立三全傳》（合肥：安徽人民出版社，1999），頁92；武漢市總工會工運史研究室編，《武漢工人運動史，1863–1949》（瀋陽：遼寧人民出版社，1987），頁81。

5. 張國燾，《我的回憶》（香港：明報月刊出版社，1971），第二冊，頁557。

6. 唐純良，《李立三全傳》，頁62。

7. 沈雲龍訪問，《萬耀煌先生訪問紀錄》（台北：中央研究院近代史研究所，1993），頁172。

8.《漢口民國日報》，1927年1月16日。

9.《漢口民國日報》，1927年4月17日。

10.《漢口民國日報》，1927年5月18日。

11.《漢口民國日報》，1927年5月31日。

12. 國民黨黨史館藏，〈工人部李士豪報告書〉（館藏號：漢13095）；陳永發，《中國共產革命七十年》（台北：聯經出版社，2001），頁188–189。

13. 梅浩然，《七十年回憶錄》（台北：台灣書店印刷廠，1962），頁28。

14. 李宗仁、唐德剛，《李宗仁回憶錄》（台北：遠流出版社，2010），上冊，頁394。

15.《漢聲週報》，1926年12月8日。

16. 北伐軍克服湖北後，廣州離前線遙遠，已不適合作為中央黨部與國民政府所在地，遷都在所必然。然而，國民黨此時分化為兩派意見，一派是以多數國民黨中央委員為首，主張遷都武漢，另一派則以北伐軍最高統帥蔣介石為首，堅持遷都南昌。在協調破局後，武漢成立「聯席會議」，仍被視為國民黨中央，與南昌分庭抗禮。

17. 張發奎，《張發奎口述自傳：國民黨陸軍總司令回憶錄》（北京：當代中國出版社，2012），頁 73。

18. 李宗仁口述、唐德剛撰，《李宗仁回憶錄》，上冊，頁 396–397。

19. Hans van de Ven, *From Friend to Comrade* (Berkeley: University of California Press, 1991), p. 189.

20. 《漢口民國日報》，1927 年 3 月 6 日。

21. William T. Rowe, *Hankow: Commerce and Society in a Chinese City, 1796–1889* (Stanford: Stanford University Press, 1984), p. 43.

22. Eric Teichman, *Affairs of China: A Survey of the Recent History and Present Circumstances of the Republic of China* (London: Methuen, 1938), p. 142.

23. 同上註。

24. 據美國記者 Hallett Abend 的觀察，在省港罷工期間，相較於英法等國，德俄兩國受到廣東百姓尊重，許多生意甚至指派給德國企業，原因正是因為兩國放棄了治外法權等特權的影響。見 Hallett Abend, *Canton Now: Notes on what the Canton Leaders are trying to do* (Peking: Leader Press, 1926), p. 14.

25. Eric Teichman, *Affairs of China*, p. 12.

26. Akira Iriye, *After Imperialism: The Search for a New Order in the Far East, 1921–1931* (Cambridge: Harvard University Press, 1965), p. 98.

27. 高承元編,《廣州武漢革命外交文獻》(上海:神州國光社,1930),頁37–38.

28. 高承元編,《廣州武漢革命外交文獻》,頁37。

29. 蔣永敬,《鮑羅廷與武漢政權》(台北:中國學術著作獎助委員會,1963),頁89–90。

30. 國民黨黨史館藏,〈總司令部憲兵團部致中央黨部等電〉(館藏號:漢14897)。

31. 蔣永敬,《鮑羅廷與武漢政權》,頁95–96。

32. 由於1月3日的衝突對此後的中英談判起到了決定性的影響,西方著作無不強調是「中國暴民」先動手,以塑造英國當局被迫撤離居民並歸還租借的「寬大」與「無奈」。類似的論述可見於 Eric Teichman, *Affairs of China*, p. 143; Martin C. Wilbur, *The Nationalist Revolution in China, 1923–1928*, p. 74; L. Ethan Ellis, *Frank B. Kellogg and American Foreign Relations, 1925–1929* (New Brunswick, N.J.: Rutgers University Press, 1961), p. 127; T. C. Woo, *The Kuomintang and the Future of the Chinese Revolution* (London: George Allen & Unwin, 1928), p. 224.

33. 〈湖北全省總工會第一次代表大會宣言〉,收入中華全國總工會中國職工運動史研究室編,《中國工會歷史文獻》(北京:工人出版社,1958),第一冊,頁340;《漢口民國日報》,1927年1月23日。

34. 關於中英兩方的具體交涉過程,見蔣永敬,《鮑羅廷與武漢政權》,頁103–109;呂芳上,〈北伐時期英國增兵上海與對華外交的演變〉,《民國史論》(台北:臺灣商務印書館,2013),頁967–969。

35. Arthur N, Holcombe, *The Chinese Revolution: A Phase in the Regeneration of a World Power* (Cambridge, Mass: Harvard University Press, 1930), p. 208.

36. 《漢口民國日報》,1927年1月6日。

37.〈李立三自述〉，李莎，《我的中國緣分：李立三夫人李莎回憶錄》（北京：外語教學與研究出版社，2009），頁 375。

38. 國民黨黨史館藏，〈向忠發致中央國府聯席會議徐主席函〉（館藏號：漢 16411）。

39. 所謂「餓莩」，指的是餓死之人，孟子在與梁惠王的談話中說：「塗有餓莩而不知發」，指路上躺着餓死的人，政府也不知道打開穀倉，拿存糧救濟饑民。見《孟子》，〈梁惠王上〉。

40. 國民黨黨史館藏，〈向忠發致徐蘇中函〉（館藏號：漢 7421）。

41. 劉玉春於 1927 年 2 月 10 日遭到審判，徐謙任審判委員會主席，向忠發為審判委員之一。見《漢口民國日報》，1927 年 2 月 11 日。武漢分共後，唐生智將劉玉春開釋，編入第四集團軍總司令部，見《漢口民國日報》，1927 年 7 月 25 日。關於審判劉玉春案的探討，見王奇生，〈「革命」與「反革命」：1920 年代中國三大政黨的黨際互動〉，收入中國社會科學院近代史研究所民國史研究室，四川師範大學歷史文化學院編，《一九二〇年代的中國》（北京：社會科學文獻出版社，2005），頁 34。

42. 陳銘樞於 1926 年 12 月 25 日卸任處長，見〈陳銘樞啟事〉，《漢口民國日報》，1927 年 1 月 24 日。

43.《漢口民國日報》，1927 年 2 月 14 日。

44.《漢口民國日報》，1927 年 3 月 6 日。

45.《漢口民國日報》，1927 年 3 月 29 日。

46. 國民黨黨史館藏，〈湖北全省總工會向忠發上中執會呈〉（館藏號：漢 16685）。漢口煙廠總工會成立於 1927 年 3 月 6 日，向忠發代表湖北全省總工會參加成立大會並發表演說，見《漢口民國日報》，1927 年 3 月 7 日。

47. 據董顯光回憶，鮑羅廷在漢口向其透露，陳友仁「因佔據英租界成功拍大了膽子，最近決心要對日本租借如法炮製」。此計劃後遭鮑羅廷與武漢政府阻止。見董顯光，《董顯光自傳：報人、外交家與傳道者的傳奇》（台北：獨立作家，2014），頁77。

48.《漢口民國日報》，1927年4月4日。

49.《漢口民國日報》，1927年4月5日。

50. 國民黨黨史館藏，〈湖北全省總工會上中央政委會函〉（館藏號：漢7237）。

51. 國民黨黨史館藏，〈湖北全省總工會上中央政委會函〉（館藏號：漢7237）。

52.《漢口民國日報》，1927年4月5日。

53. 蔣永敬，《鮑羅廷與武漢政權》，頁143–144。

54. 蔣永敬，《鮑羅廷與武漢政權》，頁145。

55.《漢口民國日報》，1927年4月13日。

56. 國民黨黨史館藏，〈湖北省總工會上中執會呈〉（館藏號：漢7240）。

57. 蔣永敬，《鮑羅廷與武漢政權》，頁189。

58. 國民黨黨史館藏，〈向忠發上中執會呈〉（館藏號：漢11770）。

59. 蔣永敬，《鮑羅廷與武漢政權》，頁153。H. Owen Chapman, *The Chinese Revolution 1926–27: A Record of the Period Under Communist Control as Seen from the Nationalist Capital, Hankow* (London: Constable & Co Ltd, 1928), pp. 134–135.

60. 國民黨黨史館藏，〈向忠發上中執會公函〉（館藏號：漢8713）。

61.《漢口民國日報》，1927年2月14日。

62. 國民黨黨史館藏，〈湖北全省總工會上中央國府聯席會議函〉（館藏號：漢11441）湖北總工會另外將此事告知國民黨漢口市黨部，漢口市黨部開會決議與湖北省黨部一同致信廣東政府，要求懲兇。見《漢口民國日報》，1927年1月17日。

63. 血花世界為當時武漢三鎮著名的政治集會場地，一名親歷者回憶道：「遇有革命紀念日或重大事件，漢口或者武漢三鎮的群眾來到血花世界集會時，劉少奇、宛希儼、向忠發等領導人都在雍和廳後廣場陽台上對群眾講過話。」見李之驥，〈血花世界與新海軍社——回憶大革命時期李之龍在武漢的二三事〉，收入中國人民政治協商會議湖北省委員會學習文史資料研究委員會編，《湖北文史資料》（武漢：湖北人民出版社，1982），第五輯，頁57。

64. 據林伯渠當天日記記載：「午後三時血花世界內工友與軍校生衝突事，余與陳公博奉派往查。」見林伯渠，《林伯渠日記：一九二六年七月—一九二七年六月》（北京：中共中央黨校出版社，1981），頁85。事變經過，見周佛海，〈逃出了赤都武漢〉，收入中華民國開國五十年文獻編纂委員會、國立政治大學國際關係研究中心編印，《共匪禍國史料彙編》，第一冊，頁333–335。

65. 國民黨黨史館藏，〈湖北全省總工會執委致三中全會函〉（館藏號：漢10783）。

66. 《漢口民國日報》，1927年3月14日。據蔣永敬研究，「共黨分子惲代英藉此事件擴大為『清校運動』，被迫害的官長及學生達一一四人。三月二十二日由吳玉章在武漢中央提議將該校改為委員制。實由其中委員之一惲代英把持該校。」見蔣永敬，《鮑羅廷與武漢政權》，頁213。

67. 《漢口民國日報》，1927年3月14日。

68. 國民黨黨史館藏，〈湖北全省總工會執委長向忠發致中執會函〉（館藏號：漢8609）。

69. 在1927年2月15日，第十五軍炮兵團二營兵士毆打漢陽兵工廠工人，致四人重傷，多人輕傷，見《漢口民國日報》，1927

年2月23日；4月3日，又發生十五軍兵士毒打工友案，見《漢口民國日報》，1927年4月4日。

70. Donald A. Jordan, *The Northern Expedition: China's National Revolution of 1926–1928* (Honolulu: University of Hawaii Press, 1976), p. 200.

71. 〈漢陽兵工廠工友罷工響應革命軍通電〉，《上海民國日報》，1926年9月1日；劉明逵、唐玉良主編，《中國近代工人階級和工人運動》（北京：中共中央黨校出版社，2002），頁35–36。

72. 據統計，漢陽兵工廠為吳佩孚製造的軍火數量，為北伐軍的三倍。見Donald A. Jordan, *The Northern Expedition: China's National Revolution of 1926–1928*, p. 21.

73. 中華全國總工會編，《中華全國總工會七十年》（北京：中國工人出版社，1995），頁93。

74. 包惠僧，《包惠僧回憶錄》，頁274–275。

75. 〈武漢工人代表會為漢陽兵工廠復工告全體工友〉，收入劉明逵、唐玉良主編，《中國近代工人階級和工人運動》，第6冊，頁36–37。

76. 《漢口民國日報》，1927年5月27日。

77. 李宗仁口述、唐德剛撰，《李宗仁回憶錄》，上冊，頁382。

78. 國民黨黨史館藏，〈湖北總工會執委致中執會函〉（館藏號：漢8313）。

79. 漢陽兵工廠提出的加薪要求，同樣可見於《漢口民國日報》，1927年3月29日。

80. 《漢口民國日報》，1927年5月11日。

81. 《漢口民國日報》，1927年5月13日。

82. 國民黨黨史館藏，〈湖北全省總工會執委長向忠發上中執會呈〉（館藏號：漢 17724）；〈湖北全省總工會執委長向忠發致中執會函〉（館藏號：漢 8612.1）。兩者實為同一封文件。

83.《漢口民國日報》，1927 年 5 月 18 日。

84.《漢口民國日報》，1927 年 5 月 21 日。

85. 國民黨黨史館藏，〈湖北全省總工會執委長向忠發上中執會呈〉（館藏號：漢 17882.1）。

86.《漢口民國日報》，1927 年 6 月 18 日。

87. 國民黨黨史館藏，〈湖北全省總工會執委長向忠發上中執會呈〉（館藏號：漢 13140）。

88.《漢口民國日報》，1927 年 6 月 18 日。

89. 國民黨黨史館藏，〈湖北全省總工會執委長向忠發上中執會呈〉（館藏號：漢 17739）。

90.《漢口民國日報》，1927 年 6 月 29 日。同日，何鍵發表反共宣言，中共工會組織與兵工廠的聯繫從此斷絕。

91.《漢口民國日報》，1927 年 6 月 21 日。

92.《漢口民國日報》，1927 年 5 月 22 日。

93. 國民黨黨史館藏，〈向忠發致武漢衞戍司令部等函〉（館藏號：漢 14233.4）。

94.《漢口民國日報》，1927 年 5 月 24 日。

95. 李雲漢，《從容共到清黨》（台北：中國學術著作獎助委員會，1966），下冊，頁 682。「戰略退卻（Strategic Retreat）」的說法源自蘇聯共產黨在 1921 年因應經濟低迷推行的「新經濟政策（New Economic Policy, NEP）」，該政策內容與共產主義理念背道而馳，但又不得不採用此策略，故列寧使用「戰略退卻」一詞，多少有些自圓其說的意味。

96. 早在3月初，《漢口民國日報》已刊登文章，警告漢口即將發生米慌的三大原因：「一、税卡不肖員司，任意增加税率以致米商裹足不前，二、產米縣分某會，為維持常地生活計，阻止出境，三武長路應付軍輸，客車暫停，以致湘米不能來漢」。見《漢口民國日報》，1927年3月7日。

97. 國民黨黨史館藏，〈鄂全省總工會執委長向忠發致中政會函〉（館藏號：漢13822.1）。

98.《漢口民國日報》，1927年4月30日。

99.《漢口民國日報》，1927年5月22日。

100. 羅敦偉，〈牢獄之災〉，《傳記文學》，第2卷第3期，頁20。

101. Harold R. Isaacs, *The Tragedy of the Chinese Revolution*, p. 183.

102.《漢口民國日報》，1927年5月22日。

103. 國民黨黨史館藏，〈向忠發致漢口總商會等函〉（館藏號：漢13087.3）。

104.《漢口民國日報》，1927年5月23日。

105.《漢口民國日報》，1927年5月24日、1927年5月29日。

106.《漢口民國日報》，1927年5月22日。

107.《漢口民國日報》，1927年6月19日。

108.《漢口民國日報》，1927年6月8日。

109. 國民黨黨史館藏，〈湖北全省總工會執委長向忠發上中執會呈〉（館藏號：漢17731.1）。

110.《漢口民國日報》，1927年5月19日。

111. 國民黨黨史館藏，〈向忠發上中執會呈〉（館藏號：漢7435.1）。

112.〈職工運動議決案〉，收入中共中央文獻研究室、中央檔案館編，《建黨以來重要文獻選編》，第4冊，頁202。

113.《漢口民國日報》，1927年4月30日。

114.《漢口民國日報》，1927年5月15日。

115. 國民黨黨史館藏，〈湖北總工會向忠發上中政會呈〉（館藏號：漢12718.1）。

116.《漢口民國日報》，1927年6月6日。

117. 國民黨黨史館藏，〈湖北全省總工會執委向忠發上中執會呈〉（館藏號：漢12442.1）。

118. 國民黨黨史館藏，〈湖北全省總工會執委長向忠發致中執會函〉（館藏號：漢11897.2）。

119.〈中央對於武漢反動時局之通告〉，收入中共中央黨史研究室、中央檔案館編，《建黨以來重要文獻選編》，第4冊，頁364–365。

120. 中國全國總工會中國職工運動史研究室編，《中國工會歷史文獻》，第1冊，頁306。

121. 張鐵君，《蘧然夢覺錄》（台北：阿波羅出版社，1972），頁144。

122.《漢口民國日報》，1927年2月10日。

123.《漢口民國日報》，1927年2月23日。

124. 馬壽華，《服務司法界六十一年》（台北：馬氏思上書屋，1988），頁43。

125. 王建民，《中國共產黨史》，第1卷，頁406–409。審判當日，報紙登出〈被捕工賊由各團體會審〉報道，見《漢口民國日報》，1927年4月13日。

126. 包惠僧，《包惠僧回憶錄》，頁123–124。

127. 馬超俊，《我的革命奮鬥紀實》（台北：馬超俊發行，1973），頁79；李雲漢，《從容共到清黨》，下冊，頁569。

128. 楊奎松，《國民黨的聯共與反共》（北京：社會科學文獻出版社，2008），頁 187。

129. N. Bukharin and E. Preobrazhensky, *The ABC of Communism*, trans. by E. and C. Paul (London: Pelican, 1969), p. 272.

130. 李雲漢，《從容共到清黨》，下冊，頁 565–568。

131. 國民黨黨史館藏，〈向忠發致中執會函〉（館藏號：漢 10280）。

132.《漢口民國日報》，1927 年 3 月 29 日。

133. Sydor Stoler, "Reaction in Kiangsi", in *Chinese Correspondence*, vol. 2, no. 8, p. 14–17.

134. 國民黨黨史館藏，〈向忠發致中央黨部函〉（館藏號：漢 11775.1）。

135. 國民黨黨史館藏，〈湖北全省總工會執委致中執會函〉（館藏號：漢 12444.2）。

136.〈李立三自述〉，李莎，《我的中國緣分：李立三夫人李莎回憶錄》，頁 379。

第三章

崛起

在六大會上，共組織了政治、組織、職工運動、蘇維埃運動、宣傳、青年、婦女、財政審查、軍事、農民土地問題、湖南問題、湖北問題、南昌暴動、廣州暴動等 14 個委員會。向忠發進入了其中 10 個，分別是政治、組織、職工運動、蘇維埃、軍事、婦女、財政審查委員會、湖南問題、湖北問題、廣州暴動問題委員會中，並兼任職工運動會、湖南問題、湖北問題三個委員會的召集人。向忠發身兼三個委員會的召集人，充分顯示了共產國際對他的信任。

武漢分共前夕的湖北總工會

國民黨左派與中共，自北伐軍攻佔武漢後，尚能維持合作關係。然而，1927年4月蔣介石在上海發動清黨後，中共接受史太林指示採取更左的工農政策，使武漢陣營產生嚴重分歧，最終導致7月15日武漢分共，結束了四年的國共合作。湖北總工會作為工人運動指導體系的中樞，見證了這段時期國民黨左派態度的變化，與工人政策的演變。考察向忠發給武漢中央的電報，以及湖北總工會發佈的通告，大致可以看出工人運動發展的軌跡。

自北伐軍攻克武漢後，國民黨左派與中共尚能和平共處，左派人士對工人運動也採取了容忍的態度。在當時的局勢下，武漢政府的首要任務為向河南繼續北伐，並要求蔣介石遷都武漢。兩件事上，中共黨員都展現了高度配合，以湖北總工會為例，向忠發多次致信國民黨中央，呈報漢陽兵工廠的生產情況，並在2月16日發表通告，「代表全省三十萬工人，一致請求中央黨部，和政府立即遷鄂，無再遲疑，致使民眾失望，有損國際威信。」[1]向忠發同樣積極籠絡國民黨左派要人，如曾邀請譚延闓參加群眾大會。[2]然而，國民黨左派與中共的分歧，在4月12日蔣介石在上海發動清黨後，逐步浮上枱面。4月21日，為了鞏固自身權威，史太林發表文章，堅持中國共產黨應繼續與武漢政府合作，以徹底打垮主張國共分家的托洛斯基。[3]根據共產國際對革命的預言公式，「第一階段」為民族資產階級和無產階級聯合起來對抗帝國主義，「第二階段」則是工農聯合起來主導革命，史太林援引了這段公式，將蔣介石在上海清黨之舉，自圓其說地解釋成資產階級離開了革命隊伍，順帶將中國革命推到了第二階段。因此，中共應繼續與武漢的國民黨左派合作，並將武漢政府改組為代表「無產階級和農民的革命民主專政機關」。[4]

國民黨左派不少人已對日益激烈的工人運動頗有微詞，一獲悉中共打算將武漢政府改組為無產階級和農民的政權後，更是忍無可忍。在國民黨左派中，如同李宗仁不受武漢政府制約的軍頭大有人在，有些人已不待政府同意，私下展開了鎮壓行動，唯此時尚未採用暴力制裁的手段，其中一例，可見於4月17日向忠發致國民黨中執會的信：

> 敬啟者，頃接有由漢郵寄之中國國民黨救黨運動同盟會函，內有命令一件，稱該工會為少數判（叛）逆所把持，不能代表工人利益，着即解散聽候改組，倘敢抗違，定予嚴懲不貸，此令湖北全省總工會，總指揮陳銘樞，中華民國十六年四月十七日下午十一時等語，命令上蓋有中國國民黨救黨運動軍總指揮之印四方大印陳銘樞印、四方小私章各一，又騎縫大印半邊信封上黏郵花一分，書有本埠湖北全省總工會啟，印有中國國民黨救黨運動同盟會緘字樣，查此種反革命派竟敢在 中央黨部國民政府首都之武漢發號施令，竟敢向敝會挑釁，當有準備，若不徹底剷除，終必影響黨國，為此函報 貴會，煩為查核辦理為荷，此致
>
> 中國國民黨中央執行委員會
>
> 執行委員長向忠發[5]

在北伐期間，陳銘樞為第四軍下屬的第十師師長，克復漢口後，升為第十一軍軍長，並兼任武漢衞戍司令，直到 1927 年 3 月被唐生智驅逐，改投靠南京任國民革命軍總司令部總政治部副主任。[6] 陳銘樞在武漢期間，曾是同情中共的左派分子，其本人甚至擔任過逆產清理處處長一職，顯示在一定程度上認同中共的理念。陳銘樞對待工人運動立場的轉變，正是許多左派軍頭的寫照。他們認同孫中山聯俄容共的政策，卻無法苟同中共依據共產國際的指令，一步步的將國民黨改造成無產階級的政黨。陳銘樞的作法，開啟了實力派軍人反對工農運動的浪潮。蔣介石於 4 月 12 日在上海清黨後，其在反共將領的聲望中大大提高。[7] 5 月 17 日，夏斗寅響應蔣介石南京清黨，率軍從宜昌攻打武漢，引起了武漢方面警覺。18 日，向忠發在武漢店員總工會非常大會上演講，要求大會同志「須負起維持武漢安寧的責任，革命的根據地鞏固起來，中國的革命才有把握」。[8] 19 日，向忠發、陳公博、蘇兆征、劉少奇在漢口參加武漢三鎮舉行的「討夏大會」，要求討伐夏斗寅。[9]

然而，真正以武力鎮壓工農運動者，為何鍵所率第三十五軍於兩湖地區鎮壓中共發動的農民運動，5 月 21 日，第三十三團團長許克祥在何鍵授意下，聯合三十五軍下屬其他四個團，發動「馬日事變」，大量屠殺中共黨員。[10] 此事傳回武漢政府後，國民黨左派領袖支持軍隊，中共堅持依法懲處軍官，最終，鮑羅廷與陳獨秀只得妥協，譴責毛澤東領導的群眾運動為過火行為。陳獨秀在鮑羅廷家中召開緊急會議，決議解散糾察隊，編入張發奎的第四軍。25日，中共政治局通過《工人政治行動議決案》，規定「工會無政府命令不得拘捕非工人、工會得拘捕工賊及反革命條例之工人等」。[11] 既然中共下達了妥協指令，向忠發只得一改要求嚴懲陳銘樞的強硬立場，在5月26日給國民黨中執會的信中，軟化了態度：

> 敬呈者案奉 大會訓令內開為訓令事，國民革命之同盟者為農民工人與工商業者，國民黨領導中國革命之國民革命，不但解放農工之痛苦，更須解放工商業者之痛苦，故工人於參加國民革命中取得其本身之利益同時，須要不忘其同盟者工商業者之利益，否則工商業者將離國民革命之戰線而使其本身與農工兩敗俱傷，危及革命之前途，旦際此軍事及交緊迫時期，本黨為集中執行革命紀律之力量以鞏固黨的權威及革命同盟之戰線而注全力於打倒帝國主義及打倒軍閥之工作起見，茲特訓令該工會執行以下之決議（一）工人有違反紀律者，該工會得加以裁制（二）違反紀律之工人加情節重大時，仍應交政府機關辦理（三）除工人以外，工會不得有逮捕罰鍰及其他壓迫之情事，右之決議該工會應即切實執行，並應通令各級工會不得違反此令等因奉此，除根據大會訓令意旨規定辦法，五次命令各級工會支部糾察隊童子團並轉令全體會員團員一體遵照不得違反外，為此檢同命令三份呈報 大會察核備案謹呈
>
> 中國國民黨中央執行委員會
>
> 計附賚命令三份
>
> 湖北全省總工會執行委員長向忠發[12]

向忠發此時急欲約束工人過火的行為，喊出「工商聯合」的口號，並組織多場商會、商人和資本家的會議，緩和工商之間的緊張關係。[13] 在一場手工業代表大會上，劉少奇進一步指出「非工商共同聯合，向共同的敵人進攻不可」，向忠發做結論時說明「歡迎北伐軍之手續」，急欲向左派軍人示好。[14] 然而濫捕濫審的風潮已起，光憑一份決議使風潮急轉，顯然徒勞無功。除了約束群眾運動，中共仍寄望透過發動群眾團體擁護武漢政府，緩和國民黨左派軍頭對中共的敵意。6 月 5 日，武漢各團體共七千餘人在漢口召開大會，推舉向忠發為主席，向忠發宣佈開會的兩大意義：「（一）請湖南代表報告長沙事變，長沙之事變是蔣逆介石勾結許克祥搗亂後方。（二）第二次北伐死傷官兵甚多，我們應該作積極慰勞和救濟。」[15] 事實上，從夏斗寅到許克祥的反共行動，完全是左派軍頭對毛澤東在湖南領導農民運動的報復，並非蔣介石授意而為。將許克祥歸類為蔣介石一派，顯然是不願進一步刺激國民黨左派將領。然而，此舉已是亡羊補牢，即便仍然同情中共的左派軍頭，在軍隊部屬一再的抗議下，也不得不與中共劃清界限。5 月 29 日，第三軍軍長朱培德將其下屬的 142 名政工人員遣送出境，6 月 5 日，又將江西境內重要中共黨員「禮送」出境。6 月 12 日，向忠發致信國民黨中央：

敬呈者：

目前反動的少數軍隊，已經公開背叛黨國，摧殘革命民眾，在鄂西之夏斗寅、長沙之許克祥，都給以十足的證明，業經各方面一再請求政府堅決的明令討伐削平反革命，以免危害革命前途各在案，X夏許之叛變尚未剿滅，江西主軍長驅逐革命民眾團體領袖出境，停止工人運動之惡耗又來，似此反革命勢力囂張，若政府稍一優容，則上海南京重慶長沙之事實，不難再見於江西，因此國民黨的歷史，國民黨的主義，國民黨的黨綱，總理的政策，都將根本推翻，湖北工人階級，對此深滋疑懼，為顧念革命利益及民眾生命計，不得不請求鈞會迅速行動，以資鎮壓，為此呈請鈞會立刻嚴令朱軍長立即回復被驅逐革命民眾團體領袖，保護工農運動，並加以申斥，以免效尤，若政令罔效，鈞會應嚴申黨紀，免職查辦，不勝迫切待命之至，謹呈

中國國民黨中央執行委員會

湖北全省總工會執行委員長向忠發[16]

向忠發的信並未立即起到作用，然而在中共不停抗議之下，6月底陳公博被派往南昌恢復中共組織與工農運動。此時，中共仍寄望武漢政府與偏袒中共的將領持續維持兩黨合作。6月15日，中共在漢口大張旗鼓歡迎征討河南的北伐將士凱旋，湖北總工會下令除了「電話電報郵政及其他必要工作人外」，武漢所有工人一律罷工一日，參加歡迎大會。向忠發等人更率領遊行隊伍，前往國民政府請願，要求討伐蔣介石、懲辦許克祥和要求朱培德收回

命令，吳玉章代表國民政府欣然應允。[17] 乍看之下，武漢中央與中共的緊張局勢正在逐日緩和，中共甚至在6月中旬召開第四次全國勞動代表大會，樂觀的策劃未來的工人運動。

6月18日，大會召開預備會，向忠發和李立三皆入選大會主席團和政治委員會。[18] 22日，向忠發任值日主席團成員之一，汪精衛與陳獨秀前往現場演講，兩人皆主張工農與小資產階級須聯合起來，以鞏固革命聯合戰線。[19] 23日，湖北省總工會和農民協會聯合為勞動大會代表召開歡迎晚會，開會前「李立三、劉少奇、何葆珍、向忠發、蔡以忱、劉貫之、俄國代表，及上海、廣東、福建、四川、山東各地代表先後唱國際歌、國民革命歌，及各地含有革命性之歌謠，均足以聯絡彼此親情，激發革命情緒，鼓掌之聲，雷澈雲霄」，隨後向忠發在會上介紹蔡以忱致辭，宣告「工農的血永遠流在一塊」。[20] 25日，向忠發作輪值主席，報告當日議程為上海代表報告。[21] 26日，向忠發代表湖北代表團在大會上報告職工運動發展經過，並讚揚工人糾察隊的勇氣。[22]

正當中共對未來的革命局勢感到樂觀之際，另一場反共行動徹底擊垮了中共的希望。27日，駐紮在武漢的第三十五軍軍長何鍵發表宣言反共，明確要求汪精衛與唐生智等人與共產黨分離，此時汪精衛已抵擋不住各派軍頭反共的聲浪，遂實行和平分共，要求中共黨員退出武漢政府。28日一早，向忠發和劉少奇向譚延闓報告此事，據《譚延闓日記》，兩人「來報告謠言，下氣卑辭，使人惻然。」[23] 顯然中共此時對工人運動已方寸大亂。同日，陳獨秀召開中共中央政治局緊急會議，決議解散工人糾察隊。[24] 湖北總工會只得發表解散工人糾察隊的佈告：「現在武漢反動派企圖挑撥工兵之感情，製造種種謠言，中傷本會糾察隊，以至飛短流長，淆亂外間聞聽，影響工兵聯合戰線。本會為避免反動派藉口武裝糾察造謠起見，業於本月28日將糾察隊全體解散，所有前領槍彈，並經交存政府。一面仍請政府派兵保護工會。深恐外間不明真相，以滋疑竇，為此佈告，仰各界人等一體知照。」[25] 此外，湖北總工會還致信國民政府軍事委員會，自動解散糾察隊，並請求政府派兵保護：

> 敬啟者：現在武漢反動派企圖挑撥離間兵工之感情，於是製造種種謠言，對於敝會糾察隊肆口中傷，飛短流長，實足淆亂聽聞，影響工兵聯合戰線。敝會為避免造謠者借口起見，決定自本月二十八日起，自動將糾察隊全體解散。所有前此領到槍彈，已交存管理漢口衞戍事宜辦公處，免滋外人疑竇；但是反動派破壞工會，幾於唯力是視，務懇准予派兵保護，並一面通令武漢各軍事長官知照，無任盼禱，並俟見復。此致
>
> 國民政府軍事委員會[26]

工人糾察隊一經解散，第八軍軍長兼武漢衞戍司令李品仙即在當日派兵佔領全國總工會。29日，何鍵下令解散一切工會、工人糾察隊與勞動童子軍，拘捕中共黨員與工

會成員。向忠發此時仍率領湖北總工會作最後掙扎，30日通告各工會派出宣傳隊，向群眾宣傳工會幫助北伐勝利、慰勞北伐軍和慰勞受傷士兵的事蹟，以圖扭轉民意。[27]同時，解釋解散工人糾察隊的原因，是為了「顧全革命利益，消滅反動派造謠的目標」，並樂觀的指出工人糾察隊人數不多，鼓勵工人「不能專靠糾察隊，必須全省五十餘萬工友一致起來奮鬥」。[28] 7月2日，湖北總工會在漢口召開代表大會，向忠發擔任主席，決議「各工會群眾應更堅固團結起來自衛，防止一切反動派之進攻。」[29]

在汪精衛和平分共的方針下，中共黨員只須退出國民政府，仍可留在民眾團體內部，但領導權須交還國民黨黨務系統。同時，何鍵捉捕中共工會成員的行動並未徹底落實，向忠發請求政府派兵保護工會，也得到批准。[30]因而向忠發領導的全省總工會，尚可公開活動。9日，向忠發致信國民黨中央，報告將各地工農團體的指揮權，交還國民黨：

> 敬呈者頃奉 鈞會通令開關於各省縣工農團體歸各省縣黨部指揮監督一案，經由屬會通告各工會一體遵照辦理，矣為此呈覆 鈞會，即懇察核為禱，此呈
>
> 中國國民黨中央執行委員會
>
> 湖北全省總工會執行委員長向忠發[31]

同日，向忠發召開全省總工會第四次總代表大會，決議向國民政府與國民黨中央請願，發動東征討伐蔣介石。

在請願書中，除了大篇幅痛斥蔣介石背叛革命的作為，並順帶批評楊森、夏斗寅、于學忠和張聯陞，卻隻字不提最近才解散中共工會的何鍵。[32] 此舉顯然是避免刺激何鍵與李品仙，並迎合武漢中央反蔣的立場，以謀取工會在武漢的生存空間。儘管盡力緩和工人運動，並不斷作出退讓，向忠發仍無法改變國共合作即將破局的趨勢。10 日，湖北省黨部召開會議，工人部報告省市黨部合組工運委員會，另聘向忠發與許白昊等人為委員，得到批准。[33] 13 日，中共遵照共產國際的指示，宣佈退出國民政府，並且公開斥責汪精衛。14 日，向忠發以湖北總工會委員長名義，致信國民黨中央工人部：

> 敬呈者，本月十四日，屬會召集武陽夏三鎮失業工人代表，假血花世界總理紀念堂開會，到者百餘人，並由鈞部暨國民政府勞工部派代表參加，討論救濟失業工人各問題，最後到會代表提議兩項，(一) 請求政府限定時期，解決失業問題，(二) 市面上之銅元和米辦法，並議決交由屬會呈請等語，為此呈報鈞部，伏乞察核，迅予設法解決，以恤工艱而維市面，此呈
>
> 中國國民黨中央執行委員會工人部
>
> 湖北全省總工會執行委員長向忠發 [34]

一直到武漢分共前的最後一刻，向忠發仍堅守湖北總工會，試圖挽回國民黨左派對工人運動的同情與支持。7 月 15 日，汪精衛宣佈分共，解散湖北全省總工會與中華全國總工會，通緝工人運動領袖，接着出台戒嚴條例，派

駐軍警進入工廠，肅清與工人中共的關係。何鍵再度派兵佔據漢口、漢陽各工會，以及漢陽兵工廠的政治部與特別黨部。[35] 中共顯然不願束手就擒，在7月24日發佈通告，仍寄望於湖北工人反對國民黨政府：

要根據現武漢中央之虛偽欺騙政策，指出武漢政府一方面頒佈保護工農及「二五」減租，一方面任由軍人摧殘屠殺工農佔據搗毀工會農會。在兩湖應積極領導工農要求工農會的自由，立即懲辦摧殘工農佔領工農會的武人，如此以揭破武漢政府之假面具而使工農認識其真面目。當政府不能接受民眾要求時，總罷工與抗稅是必要的。

要積極領導兩湖工人，反抗資本家之進攻及毀約，並應要求增加工資補償因票價低落及物價增高之損失。武漢的失業工人在十萬以上，我們要領導他們向政府要求工作及救濟，並向資本家要求失業救濟金，如此我們一方面能使他們成為反抗反動政府的一支有力軍隊，一方面可以使他們成（為）工會的擁護（者），以反抗反動派之分裂工會政策。

25日，《漢口民國日報》登出了一則署名為向忠發和許白昊的啟事：

近日外間謠傳謂鄙人等捲款潛逃，總工會亦已改組云云，實屬不值一笑，鄙人等係工人階級與湖北工人同生死共患難六七年於茲，在吳佩孚壓迫之下，尚誓死為工人利益奮鬥，均遭拘押，在此國民政府首都之下，總工會如改組，須經過正當手續依照本會章程及代表大會決議案召集全省工人代表大會決議施行，任何人不能渝（踰）越此種手續，鄙人等每日均照常在總工會工作，凡我全湖北工友務望切勿傾聽謠言，致中反動派詭計為要，恐未周知，特此啟事。[36]

這則啟事，一路從25日刊登至31日，一共7天。事實上，自7月15日武漢分共後，向忠發已失去了對湖北總工會的控制權，刊登啟事此舉顯然是垂死掙扎，試圖使工人相信湖北總工會仍照常運行。27日，國民黨中央政治委員會決議，「湖北全省總工會及各種工會，應完全受中央工人部及湖北特務委員會指導監督」。[37] 向忠發經營10個月之久的湖北總工會，就此脫離了中共的控制範圍。從汪精衛分共以後中共一連串的動作可知，中共中央始終不願接受曲終人散的事實，認為工人受中共影響數年，依然能隨時響應中共的號召，反對國民黨政府。然而，從工人角度而言，過去相信中共，是因為在國民黨政府默許下，中共能帶領他們罷工和爭取權益。既然中共在武漢已無勢力，國民黨又以嚴厲手段鎮壓罷工，工人們再也不敢冒着風險，發動罷工，對共產黨的號召也失去了信心。再者，中共過去在武漢掌握權力時，都無法解決失業問題，此刻中共喊出領導工人向政府領取救濟的口號，顯然得不到支持。工人對中共信仰的喪失，從1927年下旬多起事件中，得到了證明。

八七會議

武漢分共後，在共產國際的指示下，中共趁張發奎軍隊東征之際，在南昌發動暴動，史稱「南昌起義」。8月1號一早，中共跨黨黨員仍以國民黨名義開聯席會議，並組織「中國國民黨中央革命委員會」，委員31人，主席團主席7人，包括宋慶齡、鄧演達、譚平山、張發奎、賀龍、郭沫若和惲代英。然而，宋慶齡、鄧演達、張發奎等人根本沒有參加，只是被起義者加進名單中，以壯聲勢。[38]同樣被「盜用」名義的，還有向忠發，他雖然沒參加南昌起義，但受中共中央指派在漢口發動罷工作為策應，因而被選為委員。

自6月底何鍵武力鎮壓工會開始，向忠發深知軍隊的龐大力量，發動工人運動與之抗衡，無疑是以卵擊石。因此，當中共中央透過長江局書記羅亦農傳達發動罷工的指令時，向忠發明確表示反對，隨後遭到軟禁，以防動搖罷工士氣。8月2日，中共在漢口發動罷工，響應南昌起義，《申報》記載當日情況如下：

> 共產黨宣言退出武漢政府而不退出黨部，其理論已有所不通，然欲向民眾中求活動，又非掛起國民黨招牌不可。故共黨二三等角色，尚分散在各級黨部及工農團體，極力活躍，專做其破壞工作，其大體計劃，不外實行武陽夏總罷工與破壞國庫券信用。日前漢口人力車夫與軍警衝突，此一幕搗亂武劇當然為共黨所排演。嗣後即欲藉此事件，於一日晚間，由全省

總工會委員長向忠發密令總罷工，軍警當局得有密探報告，次晨即派武裝軍警分駐武陽夏各大工廠實行武力制止，故總罷工未得實現，僅武昌人力車夫是日未出車，然其影響甚少，人亦不重視之也。[39]

由於動員罷工的指示由湖北總工會發出，而向忠發和許白昊剛在一周前連續在報紙上刊登啟事，「吹嘘」兩人仍正常在湖北總工會上班。因此，不僅罷工參與者，就連各大報紙與國民黨當局，都認為罷工指令是由向忠發下達。如《申報》報道，8月3日「共黨藉人力車夫與軍警衝突，由向忠發密令總罷工，武昌人力車夫，二日未出車，漢陽聞有某工廠一部罷業。」[40] 向忠發在報紙上刊登的啟事，卻陰錯陽差地成為被定罪的鐵證。向忠發在湖北經營數年之久的工人運動，就以「背黑鍋」這一戲劇性的結局收場。

武漢分共後，武漢政府尚能對中共黨員採取寬容政策。然而，南昌暴動令武漢政府忍無可忍，開始轉向血腥鎮壓，按照中共的說法，7月31日這天「汪精衛屠殺漢口工人」。[41] 在武漢，國民黨開始一步步肅清中共的殘餘勢力，據《申報》報道，「鄂省黨部已由改組委員會接收完竣，武昌市黨部四日接收漢特別市黨部，五日派張鐵君接收鄂省總工會，委員長向忠發潛逃」、5號當天「衞戍司令部連日槍決共黨暴徒王芳型宋繼武李春山等數人，六日又槍決朱枕戈蕭雲卿二名，向忠發潛，決通緝」。[42] 8月5日，國民黨當局在報上刊登《中央工人部湖北特委會會派張鐵君接收省總工會》一文，痛斥向忠發的「罪行」：

湖北全省總工會偽委員長向忠發，本共產黨死徒，自盤踞總工會以來，欺騙工人，壓迫工人，無惡不作，覺悟工人早已痛心疾首，特處於高壓之下敢怒而不敢言耳，近共產黨脫離中國國民黨，背叛國民革命後，密謀搗亂，希圖搖動討伐蔣逆後方的革命根據，以製造殺人流血的大恐怖。賀龍、葉挺兩逆在南昌作亂後，向賊即密謀於上月二十八、二十九、三十等日，在武漢暴動，以為賀、葉兩逆響應。幸政府防備嚴密，逆謀乃歸於失敗，然向賊搗亂之心，終未寢息，竟於本月1日，假借湖北全省總工會名義，壓迫各工會，舉行總罷工，使交通、自來水、電力、糧食等，一概停止，此種毒辣陰謀，果不幸而實現，則武漢百餘萬民眾，不待蔣逆之鐵騎飛來，而已陷於餓食絕境矣。向賊之狼心狗肺，狠毒已極，幸武漢工友，皆深明大義，不甘受其愚惑，致蒙反革命之惡名，並使本身墜落永劫不復之深淵。同時政府方面，亦戒備周密，故向逆之毒計，終不得逞，而不能不出於潛逃之一途。中央工人部及湖北特別委員會偵悉其事，深以此等蓄謀倡亂之反革命，非嚴加制裁，則真正之革命工人及革命群眾，將不免受其禍害。特於昨日會派張鐵君前往總工會接收，同時並由該兩機關報告中央及令知總工會，暨通告各工會，茲將中央工人部及湖北特別委員會令張特派員原文志述如下：

湖北全省總工會委員長向忠發，反對國民政府，煽動罷工，繼復潛匿，茲為保護工人利益，實施本黨農工政策起見，特派張鐵君接收，繼續辦理，並切實指導工人，完成國民革命，此令，中央工人部長陳公博，湖北特別委員會孫科。[43]

6日，登出〈接受湖北省總工會經過〉一文，痛斥向忠發「本屬共產黨徒，自共產黨脫離本黨後，該向忠發竟敢公然反對本黨政府，假借湖北全省總工會名義，煽動罷工，密謀搗亂……實屬膽大妄為，現該逆已懼罪潛逃。」[44] 8日，發出對向忠發的逮捕令。[45] 9日，新上任的湖北總工會委員長張鐵君在《漢口民國日報》上刊登通告，稱向忠發為工賊，痛斥「該工賊等越弄越兇，乘我革命政府出師東征之際，竟欲煽動武漢工人罷工，推其用心，非要推翻我革命政府，引蔣介石逆軍西來」，並效仿向忠發的策略，連續登了七天的通告。[46] 在武漢政府的宣傳下，過去向忠發在武漢工人圈中建立的龐大影響力，逐漸消磨殆盡。向忠發大半生的工人運動生涯，就這麼以「工賊」的稱號戲劇性的畫下了句點。

向忠發儘管潛逃了，但並未逃出漢口。在被通緝後的第二天，向忠發在漢口出席了中共中央緊急召開的「八七會議」。三個月前，向忠發剛在中共五大上獲選為中央委員，但在黨內仍無實際權力。[47] 設立在漢口的中央職工運動委員會，委員有李立三、林育南、蘇兆征、項英、劉少奇、王荷波、許白旲，卻沒請當時湖北工人運動的核心人物向忠發加入。[48] 在很大程度上，這些工人運動的資深領袖，只把向忠發當成湖北當地的工人運動領導者。由此可見，向忠發在中共中央委員會屬於邊緣人物，他在口供中亦自承：「到國共分家以後，共黨五次大會當選中央委員，因開會通知只發給我一次，心頗不快。」[49]

南昌暴動失敗後，中共中央舉行八七會議，商討之後發展的策略。因為準備時間倉促，到會的中央委員只有10人，候補中央委員3人。[50] 有人沒收到通知，有人則因南昌暴動失敗，在逃亡途中。向忠發則是碰巧人在漢口，順道前來參會。[51] 該會的主要目的，就是將武漢分共的責任，全數推到陳獨秀頭上，用中共的術語來説，就是糾正陳獨秀為代表的「右傾投降主義錯誤」。[52] 自7月12日武漢分共前夕，至八七會議召開期間，中共中央實權掌控在張國燾、周恩來、李立三、李維漢、張太雷五人組成的「臨時中央政治局常務委員會」中。因應南昌暴動失敗，八七會議改選了臨時中央政治局委員，投票結果如下：[53]

正式委員			候補委員		
1.	蘇兆征	20 票	1.	鄧中夏	13 票
2.	向忠發	20 票	2.	周恩來	12 票
3.	瞿秋白	19 票	3.	毛澤東	12 票
4.	羅亦農	18 票	4.	彭公達	11 票
5.	顧順章	17 票	5.	張太雷	11 票
6.	王荷波	17 票	6.	張國燾	9 票
7.	李維漢	17 票	7.	李立三	7 票
8.	彭　湃	16 票			
9.	任弼時	14 票			

共產國際的懲罰意味，在這次投票中顯露無遺。不僅陳獨秀被取消一切職務，就連此前的臨時中央政治局委員，也必須為一連串的失敗負起責任，五人中有四人被貶候補委員，只有會議主持人李維漢顧全面子，保留了政治

局委員職務。向忠發從一位黨內被邊緣化的中央委員，在這次教訓意味濃厚的投票中，得到了第一高票。儘管如此，向忠發仍是空歡喜一場。在兩天後（8月9日）瞿秋白主持的第一次臨時中央政治局會議上，瞿秋白、蘇兆征、李維漢獲選為常委，向忠發依然沒有黨內實權。[54] 關於參加八七會議與之後的經歷，向忠發在口供中說道：

> 七月間在武昌蛇山開中共中央會，後因大發牢騷，中央亦未答覆。又因「八一」罷工，我不同意，雖經羅亦農說服，卻又將我送到漢口法租界一洋房中禁閉了，此時我見罷工已失敗，遂不經共黨中央的同意即私逃長沙了。到長沙後，即住鄉下一月，後共黨中央派朱鶴林帶洋一百元陪我到上海了。（在「八一」以後，我曾出席「八七」會議，組織中央政治局，我也是委員之一。）[55]

由此可見，向忠發在參加完八七會議後，極有可能因為分不到實權，或因背上武漢罷工的黑鍋而憤恨不平，故不經中央同意私逃長沙，以示抗議。中共中央此時忙於策劃各地暴動，自然無暇顧及一名違抗命令的政治局委員，若向忠發在長沙持續居住下去，他的政治生命很可能從此終結，或隨同毛澤東上井岡山，或改行在鄉下作農夫。然而，「天無絕人之路」這句話，再次應驗在向忠發身上。在他停留長沙期間，中共接到共產國際通知，要求派遣代表團前往莫斯科參加十月革命十周年紀念日。對中共而言，向忠發既是工人出身，在黨內又是政治局委員，既然向忠發留在國內對黨務起不了作用，不如派他去莫斯科參加紀念會，以達到一石二鳥之效。向忠發再次陰錯陽差的延續了他的政治生命，成了代表團的團長。[56] 11月初，向忠發率領的代表團抵達莫斯科，這一停留，就是將近一年的時間。[57]

當向忠發抵達莫斯科時，他的其他同志正在中國發動一連串的暴動。9月，毛澤東在兩湖地區發動秋收起義，但因準備時間倉促，以失敗告終。共產國際又展開新一輪的懲罰行動，開除毛澤東的政治局候補委員一職。[58] 在一連串的暴動失敗和算賬行動中，向忠發人不在國內，不用擔負任何失敗責任，故安然無事，始終保留空頭的政治局委員職位。11月14日，中共中央決議，由蘇兆征、向忠發、項英、李立三、許白昊等15人組成中共中央職工委員會，但隨即縮減人數，只由蘇兆征、李維漢、周恩來三人組成。[59] 與此同時，自向忠發離開漢口後，工人運動聲勢直線下滑。據11月共產國際內部的報告，「最近幾個月來，無論工人運動還是農民運動都沒有表現出高漲的趨向……漢口的工人們完全沒有利用南京和武漢之間的戰爭。」[60] 這份報告，顯示共產國際對中國革命局勢判斷存在嚴重偏差，工會系統既脫離中共掌控，工人運動要存在已不容易，何來高漲可能？這種對中國現狀的誤讀，同樣出現在12月3日一名人在漢口的共產國際特派員呈給加拉罕的電報：

> 最近兩三週來，特別明顯地表現出對武漢工人運動領導的軟弱。如果說在九月和十月初還能指望革命運動會發展，共產黨至少能保持工人運動的發展，

並且能迅速加深自己的影響，那麼現在在最近一個時期裏就談不上這種情況了。共產黨在這裏顯得非常軟弱，不能適應真正的、有條不紊的地下工作……近兩個月來，武昌和漢口發生了十起中國人罷工，但是工人一次也沒有取得勝利，因為沒有領導。……共產黨的進一步軟弱以及工人運動領導的軟弱將會把革命的勝利發展推得越來越遠。[61]

儘管中共對工人運動的領導變得「非常軟弱」，受八七會議下達的暴動指令的影響，中共無法間斷在漢口的工人運動。11 月底，武漢工會殘餘勢力發動最後一次大規模罷工。武漢政府此時由桂系軍人掌控，採用最嚴厲的手段對付叛亂分子，逮捕鬧事者後，審問完畢即刻槍決。[62] 詹大悲這位自同盟會時代就追隨孫中山的革命領袖，和曾參與中共一大的李漢俊，就在這場動亂中葬身武漢。[63] 詹大悲、李漢俊、胡宗鐸同屬於湖北政務委員會委員，在 1927 年共同出席多場會議，然而在國共合作破滅後，胡宗鐸毫不留情的槍決詹李二人，足見國共分家後打擊報復局面之殘酷。二人下場如此，可以想見，若向忠發此刻在武漢，同樣逃不過被槍決的命運。幸運的是，他人在歐洲，因而逃過一劫。但由於過去一年來在漢口建立巨大的工人影響力，不僅國民黨視他為一切暴動的幕後主使者，就連不明就裏的工人群眾，也以為向忠發是他們的主使。從武漢當局的審判結果，可以發現向忠發背的黑鍋：

自當局決定以嚴厲手段對付共黨後，武漢兩地連日逮捕審問者，竟達百餘人，詹李於前晚首先伏法，昨日先後槍決者共有男女十四人，震寰被捕學生之被槍決者，亦有九人，茲再錄衞戍司令部听佈罪狀如下：一、十一月二十九日，武漢市總工會函送反動分子男女學生二十三名並證據等件到部，同日復據紡織總工會報，馬紅等捕獲之次日，又有自稱群眾大會男女學生工人千餘人，聲稱向忠發命令槍殺雷漢卿等五人，並將裕華震寰兩分會搗毀一空等情，十二月一日，復准湖北黨務整理委員會函請，將被捕共匪二十三名，從嚴辦理，以清亂源等因。又據武昌公安局報稱，馬紅、許蘊達、梅玉科、紀李華等，組織反動宣傳團，闖入紗廠勒令停車，次日復有持旗民眾大會千餘人，男女八人武裝領導前行，擁至工會，槍殺雷漢卿五人等情，本部復在他處搜獲共黨之印刷品議決案多種，所有二十八九等日暴動行兇，均屬該共黨原定計劃，受首魁向忠發所指使，希圖假借援助剪髮女工，乘機暴動。本部迭經審訊，該馬紅、梅玉科、紀李華、許蘊達、田常、許白池、吳夐、陳夢蘭、李子芳等九名，確係當日聚眾領導者，希圖背叛黨國，造成大屠殺之赤色恐怖，均屬證據確鑿，罪無可逭，應併處以死刑，除提該犯等驗明正身，執行槍決，以昭炯戒外，合行佈告，俾眾週知……[64]

在詹大悲與李漢俊被槍決不久，中共發動了另一場大型武裝暴動。12 月 11 日，廣州暴動爆發，武漢政府得知消息後，為了嚴防同樣事情在武漢上演，故先下手為強，四處取締共產黨在武漢的藏匿點。武漢衞戍司令部於 16 日淩晨進入法租界與蘇聯總領事館，展開搜捕行動。在武昌，搜查重點在「中大一、二、三院，及設於各校內之秘密共黨機關，共捕得百餘名及俄人數名在內，獲大量共黨證據，一時槍決頗多。」[65] 以下三則新聞報道，除了記述搜捕共黨分子的過程，甚至指出幕後主使者為向忠發：

> 新民報載，董用威向忠發等均匿日界活動，武昌中六二院為共黨總機關部，時中書社為經濟部，銑在二院拘學生八九十名，其餘百餘名留院監視候審。[66]

> 武昌共黨傳以三道街中山大學第三院為總機關，自廣州暴動發生後，軍事機關迭據報告，前湖北全省總工會執行委員長向忠發潛行來鄂，運動工人密謀舉事，亦以中大第三院為總機關部，東廠第一院、糧道街第二院，皆附屬之。[67]

> 胡宗鐸據報武昌共黨刪夜在中大二院緊急會議，與向忠發結合響應廣州，當於銑（十六）三時派第三營官兵分向東廠口中大一院三道街中二院糧道街中三院搜捕，在三院拘男女生職員約二百人及暴烈物傳單符號多種，曇花林十餘、貢院街數人、斗級營附近十餘、省婦協會數人、時中書社男女四人、鐵洋三鐵櫃、青年會二人，人證均解交衛戍部。[68]

南昌暴動隔日的武漢暴動殷鑒不遠，因此廣州暴動發生後，武漢政府想當然耳認定武漢同樣會上演一場暴動，加上錯誤的情報來源，當局始終認定向忠發在幕後主使一切。這種神經兮兮的氛圍，持續了數月之久。甚至到了1928年，武漢政府仍不敢放鬆警惕，唯恐每次調動軍隊時，中共趁機在武漢發動暴動：

近據探報，共產黨徒擬乘武漢軍隊開赴鄂南鄂西後防空虛之機會，實行暴動，並傳共黨首領賀龍於日前變裝來漢，董必武、向忠發、陸沉、陳潭秋等，均潛伏武漢多日……[69]

向忠發離開湖北全省總工會委員長崗位後，儘管在八七會議上以第一高票獲選政治局委員，但在中共黨內依然處於邊緣地位。另一方面，武漢政府對向忠發卻是倍加重視，時時恐懼着他會像拿破崙般潛逃回武漢發動暴動。然而，此時向忠發對這些國內的情勢似乎聞所未聞，當武漢政府以為他藏身武漢策劃暴動時，向忠發正在歐洲四處遊歷。關於這段經歷，他在口供中說：

我到上海之後住過一短時期，即被派赴莫斯科，同行者共十四人，我任主席。到俄後參觀各處約數月，又去比利時住了數月，再返莫斯科，出席在蘇俄召集的赤色職工國際的第四次大會，時蘇兆征為主席，我任副主席。[70]

10月15日，向忠發與李震瀛一同率領「中國工會訪問團」（又有一說為「中國工人代表團」[71]）在上海乘坐俄國遊輪「安迪吉號」前往海參崴，接着乘火車前往莫斯科。[72] 然而，向忠發一行人的旅途並非一帆風順。據莫斯科檔案顯示，向忠發一行人抵達海參崴後，共產國際高層舉行緊急商議，有人認為該代表團應該立即返回中國，不應繼續前進莫斯科，經過一番討論後，共產國際才決定讓向忠發與代表團啟程前往莫斯科。[73] 11月初，代表團抵達莫斯科，當時在莫斯科中山大學讀書的陳紹禹，被指派做代表團翻譯。[74] 這是兩人第一次見面，向忠發時年 47 歲，陳紹禹 23 歲，年齡正好是向忠發的一半。向忠發是資深的工人運動領袖，陳紹禹則是毫無實務經驗的大學生。向忠發的政治生涯就此發生了轉折，從此刻一直到被國民黨逮捕槍決，向忠發的命運和陳紹禹緊密相連，始終脱不了關係。此後，向忠發在各地參觀遊歷，11 月上旬訪問烏克蘭，時任翻譯局主席的張聞天派楊放之擔任向忠發的隨行譯員。[75] 接着，向忠發又被派到德國和比利時，出席「反對帝國主義大同盟（League Against Imperialism, LAI）」理事擴大會議。向忠發此行的任務，本是代表中國的工人團體在歐洲考察交流。然而，同時期蘇聯內部局勢的變化，使向忠發的角色逐漸改變——他從一個工人代表，因應史太林的政治需要，逐步成為了中共的代表。

結識史太林

當歷時近五年的國共合作以 1927 年 7 月武漢分共劃下句點後，國民黨召開特別委員會會議，整合南京、武漢和上海（自 1925 年即脱離廣州中央另立山頭的西山會議派）三方派系，逐步恢復了國民黨名義上的統一。中共在經歷南昌暴動、兩湖暴動和廣州暴動的接連失敗後，轉入地下，等候共產國際的下一步指示。然而，遠在萬里之外的莫斯科，仍正在為國共合作失敗一事而爭論不休。表面上，中國共產革命的挫折，只是共產國際在世界各地發動革命的其中一場敗仗。然而，由於中國革命事關重大，不僅牽涉共產國際，背後更涉及史太林與托洛斯基的長年鬥爭。自列寧於 1924 年去世後，史太林大權在握，操控共產國際對中共下達指令；作為反對派，托洛斯基始終與史太林唱反調。事實證明，托洛斯基要求中共退出國民黨的意見，在中山艦事變等一連串對中共不利的事件爆發後，逐漸佔據上風。作為反制，史太林一方面拒絕承認錯誤，以種種理由為中國革命的失敗找台階下，另一方面，則加緊清算以季諾維耶夫和托洛斯基為首的反對派（United Opposition），最終在 1927 年底召開的蘇共第 15 次大會上，徹底擊垮反對派，並開除托洛斯基黨籍。[76] 然而，史太林並非在正當辯論中打垮托洛斯基，而是以禁止托洛斯基在黨內刊物上發表文章等方式取勝。因此，在革命理論上，史太林仍欠缺說服力。此時向忠發的出現，在史太林眼中，無疑可以中國革命親歷者與中共政治局委員的身份，為自身的理論提供有力支持。作為中國工人代表團團長的向忠發，就這麼意外的捲入了莫斯科的政治鬥爭。隨後，向忠發將在史太林與布哈林為中共發展策略的決策過程中，起到了背書的作用。

在參與莫斯科高層的政治鬥爭前，向忠發先捲入了一場莫斯科東方大學的大規模學生抗議事件。[77] 莫斯科東方大學（Communist University of the Toilers of the East, KUTV）成立於 1921 年，目的為培養各國的革命人才，其設立的中國部，更是培育中國革命人才的基地。

1927年下旬，許多親歷第一次國共合作的學生進入東方大學軍事班上課，卻無法適應學校的授課模式。原因在於，這些學生在中國參與過實際革命工作，一方面看不起舊的學生，認為他們紙上談兵，另一方面，又認為所學內容全是教條，完全脫離中國實際問題，如當時在校就讀的王凡西所言，「課程大約為了要速成之故，定得非常簡陋粗淺，再經過翻譯們的七折八扣，以致學生們聽起來極其不滿意。學生中不少是學過軍事的，有的幹過軍隊工作，如今不遠萬里而來，卻聽些莫名其妙的ABC，於是很氣憤，甚至感覺到侮辱。」[78] 向校方申訴無效後，12月16日，東方大學一百多名軍事班學生到共產國際總部附近示威，要求改進教學工作。中國學生在莫斯科上街遊行之舉，觸犯了史太林的大忌，如王凡西所言，「此種請願遊行辦法，在中國很流行，但在蘇聯，至少從史太林一系掌權以來，那是絕不允許的。這事情於是弄得相當嚴重了。威嚇的流言傳開來，說主謀者可能要受嚴厲處罰。」[79]

在調查過程期間，正逢向忠發從歐洲大陸遊歷一圈，返抵莫斯科。身為中共代表，向忠發順理成章的成為調查這次事件的最佳人選。1928年1月20日，「東大衝突調解委員會」成立；23日，向忠發致信共產國際，提出解決方案：

> 鑒於東方勞動者共產主義大學目前的狀況，我認為有必要作如下聲明並提出建議：

1. 東方勞動者共產主義大學中國學員不滿和騷動的原因，不能到按照某些俄國同志的看法似乎在東大中國學員中存在的「無政府主義」和「取消主義情緒」中去尋找。

「無政府主義」、「取消主義」，這只是一些聳人聽聞的詞語，問題在於東大的中國同志早就對改進教學工作（關於中文教材、關於翻譯人員、關於分組等）和黨的工作提出了意見。幾個月來，學員們提出的所有具體意見都沒有被採納。為什麼呢？關於這個問題沒有作出相應的報告來加以解釋，學員們都不明白。簡單地説，這就導致中國同志的所謂「無政府主義」，導致他們只能集體前往共產國際執委會把自己的意見報告給黨的最高機關。這裏無疑表現出學員們的幼稚和對組織路線的不理解，但這也是學校黨支部和校長領導方面（缺乏）明確的、有力的日常黨的教育工作的結果。

在我看來，造成目前狀況的原因是東大領導人沒有及時對學員們的一些情緒作出反映，不打算通過這樣或那樣的具體措施來改進教學工作，不打算哪怕通過黨小組中增加俄國同志的辦法建立堅強的黨的積極分子核心來改進黨的工作。既然如此，顯然責任首先應在不重視教學工作和黨的工作的領導人和支部委員會身上。當然，對革命失敗時期所表現出來的無政府主義傾向和取消主義情緒是應該進行鬥爭的。但在目前情況下，不能用這種譴責（「無政府主義」、「取消主義」）來掩蓋東大中國部工作中的缺點。

2. 有人説，中共黨內有「馬哈耶夫主義」傾向，特別是在東大學員中，這是不對的。眾所周知，中國共產黨全黨現在正在進行鬥爭，反對一些大學生黨員忽視和低估提拔工人進入黨的領導機關的意義。因此，黨的領導機關「工人化」是目前加強黨的主要鬥爭口號。中共中央十一月全會的決議（見《中共中央十一月全會決議》）正號召這樣做。這個口號是完全正確的。正當必須提高工人黨員的政治水平，提拔他們進入黨的領導機關的時候，不能拋棄「反對馬哈耶夫主義」的口號，因為這可能會使「工人化」的口號黯然失色。

有人可能會反駁我們説，要知道東大的工人們有反對像安德烈耶夫和其他中國同志那樣的知識分子黨員的情緒。但問題是，儘管安德烈耶夫和其他中國同志是一些精力充沛的工作人員，但是他們官僚主義地進行工作，不善於對學員們的一些情緒作出反映。安德烈耶夫和其他中國同志無疑是有錯誤的，但責備批評這些錯誤的工人是「馬哈耶夫主義」，這是不對的。

3. 有人説中山大學裏的反對派把東方大學的中國同志敗壞了。這在我看來沒有證據。但我認為，如果我們在東大有力地開展反對反對派的經常性思想鬥爭，如果我們充分地進行黨的教育工作，那麼誰還能動搖東大的中國同志呢？

相反，我知道這樣一件事，在全體黨員大會上曾提出開出一些反對派分子的問題，但投票結果差不多一半對一半。這件事難道不是説明，東大沒有（對）反對派進行足夠的思想鬥爭，在中國部沒有進行足夠的黨的教育工作嗎？

這封信的上半段展現了向忠發圓滑的手腕，一方面批評俄國人不該以「取消主義」和「無政府主義」來罵中國學生，一方面又暗批中國學生幼稚，最後委婉的表態，責任應出在「不重視教學工作和黨的工作的領導人和支部委員會身上」。向忠發顯然透過渠道獲悉了中共在11月召開大會的消息，他清楚知道會上決議的政治意義，以及對他政治生涯的影響，在這封信中，向忠發接着說道「工人化」的口號是完全正確的。所謂「馬哈耶夫主義（Makhayevism）」是19世紀末20世紀初俄國工人運動的一個極端分支，認為知識分子以剝削工人階級為生，鼓吹工人對知識分子的極端仇視。[80] 學生出身的黨員以此名詞抨擊工人黨員，可謂敵意十足。向忠發可能從頭到尾都不知道什麼是「馬哈耶夫主義」，但他必須保護工人出身的學生，因而批評知識分子黨員不該指責工人為「馬哈耶夫主義」。最後，又四兩撥千斤，批評東大並未做好思想教育工作。向忠發接着提出解決方法：

4. 現在，如何擺脫東大目前的狀況呢？我建議：

（1）改善整個學校的領導，因為只有有了正確的和明確的領導，學校才能正常地工作，才能把全部精力投入教育工作。

（2）要特別明確地提出改善黨的領導的問題，要比過去任何時候都更多地注意黨的教育工作，要組織堅強的積極分子核心，並同他們一起進行強有力的工作。

(3) 要徹底着手改組軍政訓練班，因為目前存在的這些班，是花了大量經費挑選出來的，在派往莫斯科時又冒了很大危險，學習時間幾個月或者一年，好處很少。經驗告訴我們，這些班不能證明是有效的（見學生來信）。

為了證明這些班有效，為了使我們在武裝暴動期間在這些學員的幫助下能夠使用從敵人那裏繳獲來的武器裝備（機槍、大炮、飛機、兵工器材等），而不僅僅是步槍射擊，就必須把一部分文化程度比較高和有點軍事經驗的學員分派到軍事學校去受各種軍事技術訓練，而把其餘政治上較強的學員派到一般的政治培訓班去。

(4) 舒米亞茨基同志關於開除14名學員的提議應予以否決。因為促使他們去示威遊行的不是某種意識，某種陰謀計劃，而是一些客觀條件。只是由於沒有出路的情況，由於學校領導不切實際的安排學業和對他們缺乏關懷才促使他們採取這種無意識的「極端行為」。對於這種無意識的錯誤自然應該加以反對，但不是通過開除的辦法，因為這意味着有意識地把他們列為反革命分子，而應該通過教育、説服的辦法，向他們説明像上街遊行這類錯誤在聯共（布）作為執政黨的情況下是不能容許的。

5. 至於今後，我認為應該立即採取具體措施，具體準備在本學期結束時着手將中國學員合併到一個學校。從總的任務來看，我認為合併是完全合理和可行的。因此，應該從中選擇一個方案：或者是取消中山大學，把它合併到東方大學來；或者是把東方大學的中國部合併到中山大學來。這樣可以有以下好處：

(1) 工作人員集中；
(2) 中文教材集中；
(3) 翻譯力量集中；
(4) 機構合理；
(5) 改進工作。

為了完成這項任務，我個人認為最好把東方大學中國部合併到中山大學來，因為後者已經適應專門為中國同志做的工作，會更好地為中國學員服務。相反，如果把中山大學合併到東方大學來從而擴大東方大學的話，那麼我們將不得不花費大量的經費、過多的力量，等等。而這對共產國際來說是沒有好處的。

向忠發[81]

事實上，將東方大學中國部與中山大學合併的構想，並非來自向忠發，而是來自中山大學校長米夫（Pavel Mif）。自1927年8月以來，米夫已開始運作這個構想。照米夫的想法，東方大學中國部的中國學生以工人階級背景為主，中山大學學生則多為知識分子，隨着中國革命形勢需要，兩所學校應當合併。米夫身為中山大學校長，力主東方大學中國部併入中山大學，東方大學校長舒米亞斯基（Boris Shumyatsky）則以東方大學歷史較久為由，提出相反意見。聯共中央的宣傳鼓動部同意了米夫的提案，兩周後組織部卻決議推遲執行，留到1928年春天再討論合併問題。[82] 1928年初的東大學生示威事件，迫使兩校合併問題再度被擺上了議程。2月2日，向忠發致信共產國際東方部：

親愛的同志們：

收到關於東方勞動者共產主義大學中國部近來狀況的許多材料後，我不得不向你們再次聲明：

1. 安德烈耶夫、普列斯涅夫和中國部其他中國同志在調查不久前發生的衝突的委員會工作期間及其後，不顧宣傳鼓動部絕對禁止學生進行任何發動的禁令，仍繼續進行原先的分裂活動和鬧事。他們利用牆報——黨支部局的機關刊物，在文章中為自己的錯誤辯解並攻擊批評他們的同志，指責他們搞「派別活動」和「反黨活動」。這一情況又使我們（委員會委員們）所調查和禁止的問題變得尖銳起來，並導致學生中原先的不健康情緒重新復萌。安德烈耶夫、普列斯涅夫、奧布霍夫和伊格納季耶夫同志應對此負責。請發佈指令立即將這些同志開除出東大，並且不要把他們送往其他院校，如國際列寧學校，因為他們還會在那裏繼續鬧事，而要把他們遣送回國。

2. 舒米亞茨基同志作為學校的領導人在衝突期間及其後，未能找到解決這一迫切問題的方式，甚至在委員會對這一衝突問題作出明確決議後也未能使學生平靜下來。相反，我們看到，在他的領導下情況越來越糟，不滿情緒、不健康情緒在增長，中國部在分崩離析。我請求中央追究他的責任。要知道，中國共產黨派自己的同志到這裏來，不是為了學習如何鬧事，學習如何從事分裂活動，學習如何搗亂布爾什維克隊伍，而是為了使他們受到革命覺悟和革命經驗的鍛煉。如果發生鬧事的現象，那麼領導人的任務就是要找到消除的措施，找到解決的方法，說服並使之平息下來，而不是任其繼續蔓延和助長它。這是不能允許的。如果領導人對這種狀況不給以認真的注意，那也是不能允許的。

3. 在對不久前發生的衝突進行調查後，委員會作出了明確的決議。為了盡快地解決這一問題，我請求中央發出指示，在最近幾天內召開中國部的全體黨員大會，並派代表在全體黨員大會上作關於中國部的狀況和委員會作出的決議的報告。

關於東大中國部最近幾天的情況，如果委員會還將召開會議的話，我可以在會上作詳細匯報。

向（忠發）[83]

針對向忠發1月23日提出的將東方大學中國部與中國勞動者大學合併的問題，向忠發繼續寫道：

據我所知，關於東方大學中國部同中國勞動者大學合併的問題，原則上已由聯共（布）中央解決，迄今只等着中共中央方面的同意。

中國革命的發展最終消除了使東方大學和中國勞動者大學的任務始終有所不同的特點。如果説過去我們同國民黨有過交往，為它成立了以共產黨員為小小核心的大學，以便為它培養工作人員，那麼現在，國民黨已變成反革命力量，共產黨正與它進行浴血戰鬥，我們也就沒有這項特殊任務了。既然中國勞動者大學應該變成和正在變成共產主義的大學，目的是為中國共產黨培養工作人員，那麼同時存在東方大學中國部和中國勞動者大學就沒有必要了。否則，兩個學校同時並存，在教學和科研工作中人力分散，教材分散，以及由於這種並存會造成在教學工作和黨的教育工作方面的不一致，使一個學校與另一個學校對立起來（更不用説節省經費了）。這種情況在客觀上會造成以東方大學中國同志為一方和以中國勞動者大學學生為另一方之間的界限，並從而產生，如果可以這樣説的話，兩種類型的共產黨員。這種情況是中共絕對不願看到的。

另一方面，最近在東大學生和領導人之間發生的衝突清楚地證明，東大中國部同中國勞動者大學合併是必要的和刻不容緩的。

因此，我完全同意這種合併，我相信，中共中央對這個問題也會完全同意的（雖然我徵詢中共中央對此事的意見是在東大發生最近的衝突之後）。

現在的問題只是通過何種具體辦法來進行合併。抱着這個目的，我想提出以下幾點建議：

(1) 將中國部的普通班轉到中國勞動者大學。鑒於學生知識水平參差不齊，必須根據他們的程度進行分配，把他們編入相應的班級。一部分同志已到結業期限（確切情況不清楚，可能很快畢業）應當送回中國。但這是次要問題，可以經過個別審定來加以解決。

(2) 軍政訓練班主要包括以下兩部分同志：

1. 身體條件和政治條件都合適，真正願意學習軍事的；

2. 身體條件差，或者由於本人興趣不願學習軍事的，或者政治條件不合適的。

培養軍事人員的問題對中共來説具有很大的現實意義，這是因為要進行農會武裝力量的更加統一和更加強大的發動，並準備為……而鬥爭。為了使這項工作達到我們預期的目的，必須對其給於比過去更大的注意。應該在某個地方，在直接軍事主管部門下，開設這樣的訓練班。從這個角度來看，最好在莫斯科某個軍校下面設立單獨的中國部（或者連，或者營），它可以更好地照料學生，使他們真正學到必要的軍事課程。

因此我建議，把留下來準備接受軍事訓練的同志派到上述將要設立的軍校去，而將另一些人或者轉到中國勞動者大學，或者送回中國，這要根據每個同志的情況區別對待。

(1) 以後招收軍校學生應只從中國工人和農民中挑選。學習期限應從一年半延長到兩年，但至少一年半。

(2) 在中國勞動者大學的中文出版社設專門的軍事部，以保證軍校所需的中文資料。

(3) 通過指定一批政治上更成熟和更堅定的中國人員來進行政治教育工作的辦法，來加強這個軍校。指定一位俄國同志來領導軍事工作，這位同志最好從曾在中國呆過並熟悉中國軍隊裏軍事情況的人中挑選。

向（忠發）[84]

聯共中央與共產國際對兩校合併的方案，本就計劃照米夫的構想進行，既然連中共代表向忠發都表示同意，更是勢在必行。在向忠發提出的解決方案中，不僅將東方大學學生抗議事件，歸咎於校長舒米亞茨基疏忽黨的教育工作，又否決其開除抗議學生的提議，甚至請聯共中央追究責任。另一方面，又透過批評舒米亞斯基的失職，使東方大學中國部在與中山大學合併的競賽中失去了主動權。就連中共官方著作，也承認在「處理莫斯科東方大學軍事班中國學生的學潮」一事上，向忠發「表現出某種程度的果斷與魄力」。[85] 不難發現，向忠發的所作所為，處處與米夫的計劃遙相呼應。當東方大學學生在為向忠發挺身對抗舒米亞茨基而歡欣鼓舞時，也有人看出了背後的動機，如王凡西回憶道，「向忠發和旅莫支部人物毫無淵源，在我們這群新來的學生中卻有許多熟人，所以一經接觸，他個人就完全同情了學生方面。不過單單代表團同情並不能決定我們勝利；鬥爭之所以迅速獲得解決・又因為有一個勢力給向忠發撐腰之故。這個勢力便是孫大校長後來又兼共產國際東方部長米夫；而作為此人助手的中國人，則是後來大大有名的王明（即陳紹禹）。」[86]

米夫不僅是中山大學校長，更是史太林中國政策的重要顧問，在莫斯科政治圈中，地位已在舒米亞茨基之上。然而，東方大學畢竟是培養各國革命人才的招牌學校，下屬的中國部長期以來與中山大學分庭抗禮，互別苗頭。米夫若要在共產國際取得中國政策的話語權，無非得先掌握莫斯科的中國學生，而東方大學中國部的茁壯，勢必將對中山大學構成威脅，進一步削弱米夫對中國學生的控制程度。因此，將東方大學中國部併入中山大學，無疑是米夫的首要目標。東大學生抗議事件的爆發，正好給了米夫絕佳的發難機會，透過向忠發，米夫成功的擊退舒米亞茨基，接管東方大學中國部。對於米夫的手腕，王凡西在其回憶錄中做了精闢的說明：

> 當我們正在東大反對「旅莫支部殘餘」的時候，米夫與陳紹禹的一個新的野心被鼓舞起來了，那就是：統一中國同志的學習，作為統一領導中國革命的第一步。他們希望把東大的六七百個中國人從休免茨基、馬斯洛夫以及「旅莫支部殘餘」的影響之下奪取過來。所以他們自始「同情」了我們的鬥爭。中國出席國際執委會的代表團一到，他們便找到了實現其「同情」的門路。透過代表團作為代表團自己的主張，提出了解決東大風潮的辦法：一、「旅莫支部殘餘」全部遣送回國，讓他們到實際工作中去改正錯誤；二、東大學生全部歸併到孫大；三、軍事班結束（事實上業已超過了六個月的原定期限），其中多數回國，一部分進孫大，另一小部分派入蘇聯的正規軍事學校深造。這些辦法實現了，我們的鬥爭是「勝利」了；可

是很決就發現，真正勝利的不是我們，而是米夫與陳紹禹這個集團。從此對中國革命者的訓練工作可由他們一手包辦了。[87]

向忠發無疑助了米夫一臂之力，作為回報，米夫將向忠發介紹進共產國際高層的圈子中。1月28日，向忠發和史太林、布哈林、羅明納茲、米夫等人被列入共產國際第九次大會「關於中國問題決議起草委員會」中。[88] 向忠發剛處理完中國留學生的衝突，又立即着手處理中共內部的糾紛。2月6日，共產國際東方書記處副主任索羅維耶夫致信布哈林，談到「據丘貢諾夫同志報告，有一位中國同志接到自己的一個可以完全信任的同志的信，報告了以下情況：一批中共領導人由於對中共中央現領導的最近政策不滿，公開號召成立新的似乎是真正共產主義的政黨……」[89]，其中的中國同志，指的就是向忠發。同日，索羅維耶夫再度致信布哈林，談到「我們已通過彼得拉捨夫斯基向中共中央政治局委員向忠發同志進行了核對，向忠發同志根據孫逸仙大學一些學生得到的類似信息完全證實了這一消息。」[90]

2月9日，共產國際執行委員會在莫斯科召開第九次擴大會議，向忠發代表中共出席。共產革命剛在中國經歷重大挫折，因此在這次會議上，中國問題被擺上了重要議程。同時，大會召開前傳出的中共內部分裂的消息，使中國問題格外受到重視。2月11日，向忠發致信大會主席團：

據我得到的消息，中共黨內的分裂問題對於確定目前黨內的政策具有極其重要和極其現實的意義。這些消息的實質可以歸述如下：

1. 譚平山被開除出中共後，試圖在自己周圍糾集一部分省裏的工作人員，特別是廣東省的工作人員，以便依靠他們進行反對現中共中央的鬥爭。

2. 廣東省的一些工作人員，如楊匏安、馮菊坡（工會工作人員，前廣州市委委員）、郭瘦真、阮嘯仙（農民運動領導人，前廣東省委委員），張善銘（原東方大學學生、現在與彭湃同志一起工作）等人，他們都受到譚平山的影響。

3. 譚平山的親信有：原廣州市委書記、被開除出黨的莫蒼白、于樹德（原國民黨中央委員、組織工作者）、李求實（原中國共青團書記）以及前湖北省委委員（錢介盤等）一批人。

4. 據鄧演達說，現中共中央的部長周恩來同志和張國燾同志似乎也在向譚平山集團方面搖擺。

據我收到的廖煥星從德國的來信說，不久前（大約兩個月以前），譚平山集團在香港發表了由譚平山、楊匏安、于樹德、似乎還有周恩來簽名的聲明，否定武裝暴動的策略，號召建立工農黨。

曾參與討論廣州暴動計劃的葉挺同志在暴動開始前就臨陣脱逃了。我覺得這件事的發生無不受譚平山的影響。

這些消息使我得出以下結論：

(1) 譚平山試圖建立所謂的第三黨（或工農黨）。
(2) 于樹德和廣州的一些工作人員堅定不移地支持譚平山的圖謀。
(3) 陳獨秀、周恩來和其他非廣州的同志現在正搖擺於譚集團和中共中央之間。
(4) 他們有一個共同目標，即反對現時的中共中央，從而也反對共產國際的領導。
(5) 這確實是中共黨內的機會主義—取消主義傾向。

目前在柏林的廖同志與鄧演達保持着密切關係，以下事實可以證明這一點，鄧演達的全部書信、電報、報刊都通過廖轉達。因此我認為，譚平山是否想通過廖實現自己的對外聯絡和與鄧演達的聯絡。特別使我感到憤慨的是，譚大概想通過與他接近的一些學生、一些廣州人把部分學生（在莫斯科的學生）拉到自己的影響之下。以下事實證明了這一點：一位廣州同志羅易（中國勞動者大學的中國同志）早在一個半月前就把譚的意圖告訴了我們。

鑒於以上這些消息，我認為共產國際執委會目前召開的全會應該認真地提出中共黨內的分裂問題，對這個問題作出相應的評價，確定對譚集團的必要方針。作為近期的措施，我認為有必要：

(1) 解除廖擔任的工作並派另外的人。
(2) 提醒中國勞動者大學的領導和東方勞動者共產主義大學的中國支部對學生們與中國（特別是與譚平山）的聯繫加以注意。
(3) 向中共中央徵詢有關這一問題的詳細情況。

向（忠發）[91]

向忠發此時在歐洲遊歷，名義上又只是平凡的工人代表團，對中共局勢毫無所知，其消息來源，據其在信中所稱，完全是透過廖煥星和鄧演達轉達。廖煥星常駐德國，為國民黨駐德支部成員，由於其立場左傾，故被其他成員檢舉「跨黨分子把持駐德支部」。[92] 自武漢分共後，廖煥星離開國民黨駐德支部，但仍為國內各派革命勢力擔任通信聯絡的工作。[93] 鄧演達則在武漢分共後，與宋慶齡、陳友仁一道前往莫斯科，組織「中國國民黨臨時行動委員會」，兩人的消息來源，同樣是輾轉從國內而來。向忠發解除廖煥星工作的提議，並未立即獲共產國際採用，直到 1928 年 11 月，廖煥星才被共產國際調離工作。[94] 然而，這封信的重點，在於指出了譚平山試圖建立第三黨的消息，2 月 15 日，向忠發致信布哈林，做了進一步的說明：

> 目前，對於中國來說，最重要的同時也是最迫切的問題，是正在發展和蔓延的中共黨內關係問題。這個問題會給中國無產階級政黨以後的發展帶來最嚴重的後果。中共中央十一月全會決議在評價我黨領導成員是小資產階級知識分子時說：「這一部分革命的小資產階級分子，僅僅受着最初一時期革命高潮的衝動，並未經過馬克思列寧主義理論的鍛煉，並不知道國際無產階級運動的經驗，並且是站在工人貧民的階級鬥爭之外的，他們不但沒有能改造（成）徹底的無產階級革命家，反而將自己在政治上不堅定，不徹底，不堅決的態度，不善於組織的習性，以及其他種種非無產階級的小資產階級革命者所特有的習性，習氣，成見，幻想……帶到中國共產黨裏來……」。這

是對中共狀況完全正確的評價。它不但揭示了過去中共領導動搖的本質和根源，而且也向我們説明在中共內部由於實行將機會主義小資產階級分子清除出黨的領導機構和共產黨的政策所發生的分裂和摩擦。已被清除出我黨的人和那些現在還在從事某項黨的領導工作的人，他們搖擺不定的社會基礎是他們共同的。因此必然拉近黨內那些動搖分子和還在從事負責工作的人的關係，他們必然同情譚平山之流、右傾取消派和半孟什維克派。

解除這樣或那樣一些同志（如陳獨秀、張國燾等）的黨內領導工作，不能不給他們造成某種共同的委屈，這是可以理解的。但是，委屈變成了對自己黨——共產黨的敵視，這又是小資產階級性格所固有的現象，對他們來説，個人利益高於黨的利益。黨的任務是堅定不移地同這些人劃清界限，為加強黨的布爾什維主義領導而進行堅決的鬥爭。

彭述之和蔡和森之間有衝突。但這並不妨礙他們一起攻擊中共中央，因為他們都仇視作為中央總書記的瞿秋白。羅亦農同志（布哈羅夫）對瞿秋白同志的態度也是這樣。

中共中央組織部長周恩來同志是個不堅定的人，迄今為止思想上一直向右搖擺。陳喬年同志（克拉辛）最近未經中央同意對武漢所有黨組織逐個進行了改組。

陳獨秀同志很容易受他周圍人的影響。所以很難説他是否會同譚平山走到一起去。這樣一些搖擺不定和不願服從現時中央領導的人還可以指出很多。

顯然，對他們必須採取相應的措施。

在省裏的黨員積極分子當中黨特別遇到了危機。近幾個月來農民暴動的一系列失敗證明了這一點，其原因在很大程度上是在於領導不力，在於對黨中央所採取的原則性方針理解的錯誤。最近出現的黨和中國共青團之間的緊張關係也證明了這一點。誠然，中國共青團中的「先鋒主義」是由於黨在過去出現的機會主義使它對黨產生失望情緒而帶來的後果，但畢竟充分反映了現時省裏黨的領導不力（例如關於釋放漢口監獄犯人問題）和對中央方針的曲解。

黨內分裂問題、譚平山黨的問題，要求我們盡最大努力進行鬥爭，既要從思想上加以揭露，又要從組織上加強我們的黨。中共能否在不久的將來克服擺在它面前的困難將取決於這場鬥爭的成敗。

簡言之，擺在我們面前的有以下幾個問題：

（1）調整黨內關係問題；
（2）加強中共中央問題；
（3）加強省裏黨的領導問題；
（4）對待譚平山黨的策略問題。

鑒於我很快要去中國，所有這些問題使我非常希望與您談一談，以便第一，親自向您匯報您或許還不了解的與中共過去的歷史有關的一些情況，第二，聽聽您對這些問題的意見。

立等您的回音。致

共產主義的敬禮

向（忠發）[95]

向忠發在這兩封信中，認為中共存在分裂可能，[96]並將矛頭指向譚平山。譚平山是國共合作的功臣，在武漢政府期間，擔任農政部長，在汪精衛宣佈分共前夕，譚平山主動提出辭職。[97]隨後參與策劃南昌起義，接着逃往香港，在11月臨時政治局擴大會議上，被中共開除黨籍，隨後籌組第三黨，為國共分家後中共「開始的內訌」。[98]然而，譚平山在黨內並無實際影響力，其親信于樹德等人，在中共黨內更是毫無實權，對中共中央完全構不成威脅。陳獨秀和周恩來向譚平山靠攏一說，更是不着邊際。據中共黨史學者的說法，向忠發「有些說法相當嚴重，危言聳聽」，可謂與史實符合。[99]

向忠發所指出的譚平山分裂派，並未在共產國際大會上引起重要關注。大會關注的是，如何自圓其說的解釋共產國際在中國的失敗政策，並且找出替罪羊承擔責任。自1927年一連串暴動失敗後，共產國際把一切錯誤，通通推到了瞿秋白頭上。瞿秋白比陳獨秀幸運，他的俄國顧問羅明納茲和他一同承擔責任。為此，羅明納茲在12月的蘇共第十五次大會上，強硬捍衛他和瞿秋白的策略。照他的邏輯，因為中國國情特殊，只有亞洲式的生產方式，故不能算是歐洲模式的封建社會。因此，中國不適用革命需經歷封建社會、資產階級社會和社會主義社會三個階段的馬克思理論。正因亞洲式的生產方式，中國社會分裂為許多小群體，所以中產階級勢單力薄，沒有統一的政治勢力，只有小量的軍事後盾，中共只需不斷發動暴動，就可推翻中產階級，使革命越過資產階級民主革命階段，一蹴而就，達到社會主義階段。因此，瞿秋白任內發動的兩湖暴動和廣州起義，都是正確的。羅明納茲這段發言，立刻引起了米夫的抨擊。米夫首先質疑羅明納茲將亞洲式的生產方式取代封建社會階段的合理性，米夫堅信中國經歷過封建社會階段，故發展出了中產階級，而他們的力量正不斷增長，故米夫認為羅明納茲嚴重低估了中產階級的力量。[100]

這場爭論，一路打到了1928年2月共產國際第九次執委會上。這次，共產國際主席布哈林加入了米夫的陣營，批評羅明納茲的理論，故大會決議文將羅明納茲中國革命略過資產階級民主革命階段的理論，與1905年托洛斯基的理論相提並論，稱兩者都是錯誤的。[101] 此外，決議文又解釋之所以不能省略「資產階級民主革命階段」的原因在於，中國在該階段的許多任務仍未完成，包括農民革命、廢止封建關係與中國的統一與民族獨立等。[102] 在這一名詞使用的爭論中，向忠發發表對中國問題的演説，支持米夫與布哈林的觀點，批評羅明納茲：

> ……在這裏我們堅決反對「中國資產階級民主革命已經告終」的說法。羅米那茲同志這個主張，不惟不能應用於中國全國，而且不能應用於任何一省（例如廣東）。因為中國革命的實現者，領導者變了，便不問革命的內容，革命的使命是否照舊存在，輕輕一筆把資產階級民主革命的歷史階段勾銷，會弄得一切問題驢唇不對馬嘴。中國革命仍在資產階級民主革命

階段中。因為是無產階級領導這個革命，這個革命的大部分在反對民族資產階級，所以我們說以工農專政為目的之資產階級民主革命，他是過渡於伸入於社會主義的革命。……[103]

在總結報告上，向忠發再度重申共產國際路線對中國革命性質問題的論述：

……一些同志認為，「中國革命具有不間斷革命性質」，「現在中國革命已經不具有資產階級民主革命性質」，還認為「現在我們有工農革命，我們還會從革命的內容、形式或者階級動力的角度來分析中國革命嗎？我們不能稱它為資產階級民主革命」。這等於說，革命已經不具有資產階級民主革命性質，而具有社會主義革命性質。從理論上來推論，則可以換一種說法，那就是資產階級革命中的經濟矛盾和政治問題均已得到解決。如果革命的政治和經濟方面問題沒有解決，那就不能說，資產階級革命已經結束。資產階級革命的主要問題，如統一中國、建立中央政府、實現民族獨立、通過革命消滅農村的封建關係、實行土地國有化等，所有這些問題都能夠通過進行資產階級革命得到解決。這些問題現在都解決了嗎？沒有，沒有解決。……[104]

縱觀向忠發的演講內容，與布哈林和米夫的發言別無二致，共產國際大費周章請向忠發發言，顯然欲透過中國代表的「現身說法」，鞏固自身觀點。這項策略，在 1927 年共產國際第八次大會上已開始使用。唯當時的中共代表周達文（俄文名丘貢諾夫），是從莫斯科中山大學找來的學生，並非中共高層。從中山大學挑選代表，則源自史太林長久以來的政治需求。事實上，自史太林與托洛斯基的爭論日趨激烈後，史太林逐漸將目光轉向中山大學的中國學生，試圖尋找可利用的對象。1927年4月，周達文透過致信史太林與為其擔任翻譯的機會，贏得了史太林信任，並成功的在共產國際大會上完成史太林交付的任務。[105] 理論上，以史太林對周達文的認可，1928年共產國際大會的中共代表人選，本有可能仍是周達文。然而，此時向忠發的出現，無疑使周達文相形失色。向忠發親身領導過工人運動，又是中共政治局委員，不論在頭銜還是資歷上，皆遠超仍是學生的周達文。兩者相比，向忠發無疑是史太林中國政策的最佳代言人。

向忠發就這麼戲劇性的從原先的工人考察團團長，陰錯陽差的趕上史太林的政治需要，而不斷被賦予更多任務。在共產國際第九次大會上，由於中共代表的發言至關重要，容不得半點閃失，向忠發的演講稿無疑得先送交共產國際審核，確保其立場與共產國際一致。值得注意的是，向忠發在演講中，不僅提到印度革命情形，又引用列寧學説。以向忠發的知識水平，如何能寫出這樣的語句？一種解釋，為共產國際替向忠發的演講稿加以潤色，然而，更合理的解釋是，向忠發在歐洲各地考察後，耳濡目染，對各國革命形勢確實有了基本了解，如張國燾所言，向忠發「學會了幾句馬列主義的口頭禪」。[106] 不論如何，向忠發憑藉着中共政治局委員和工人運動領袖身份的發言，多少對布哈林與米夫一派的勝出，起到了推波助瀾的作用。2月22日，聯共駐共產國際代表團召開會議，聽取並修改通過「由布哈林和斯大林同志制定的關於中國問題的決議草案」。[107] 由此可見，對中國問題議決案的最終制定，始終牢牢掌控在聯共手中，即便在大會上大力護航共產國際新政策的向忠發，到了關鍵時刻，仍被排除在決策圈之外。然而，共產國際為了增加這份決議的「含金量」，當25日正式公佈《共產國際關於中國問題的決議案》時，署名作者除了布哈林和史太林，仍加入了向忠發和李震瀛的名字：

（一）

中國革命現時的階段是資產階級民權革命的階段。……民權革命在經濟上既沒有完成（土地革命及封建關係之消滅），在反帝國主義的民權鬥爭上也沒有完成（中國之統一及民權解放），在政權的階級性上更沒有完成（工農獨裁制。）認為中國革命現時的階段已經生長成了社會主義的革命之主張，是不對的。同樣，認為中國革命是「無間革命」（共產國際執委駐中國的代表之主張）也是不對的。要想跳過資產階級民權革命的階段同時並認革命為「無間革命」之傾向，其錯誤與脫洛茨基一九〇五年時的錯誤相類似。如此設問並且得出「無間革命」的答案，顯然是將中國革命之最大特性，就是半殖民地的革命，一筆抹殺，所以這種錯誤大為有害。

（二）

中國工農廣大的革命運動之第一個浪潮，大致都在共產黨的口號並且大半在共產黨的指導之下者，已經過去。第一個浪潮的終了，是在革命運動的幾個中心地域，工農受着極厲害的歷史失敗，一部分共產黨及一般革命的工農幹部受着極殘酷的屠殺摧殘，社會階級兩極端極劇烈的發展，互鬥的階級各自確定自己的政治綱領，國民黨軍閥之指導完全暴露自己是反革命的指導，廣大的勞動群眾得着極大的革命經驗，最後，使中國群眾的革命運動，整個兒的進於新的蘇維埃的階段。自然無疑的，因為社會階級的聯合變更，而有相當的反動勢力之結合（consolidation）：資產階級不但進而與封建軍閥結合完全的反革命聯盟，而且事實上和外國帝國主義者妥協，帝國主義者不但表現攫取中國經濟權利的高度的積極性，並且增高自己對於中國的政治勢力。反革命的這三個主要力量，協同的反對工農、反對革命、反對共產黨。同時這反革命的營壘之內，也有極劇烈的內部鬥爭，一方面表現於中國互鬥的各派之利益自相矛盾，別方面也反映着帝國主義列強之間的利益矛盾。

（三）

現在還沒有全國範圍的新的群眾革命運動之強有力的高潮。但是，許多徵兆，都指示工農革命正走向這種新的高潮。不但英勇的廣州工人之暴動，而且許多省區農民運動的開展（廣東各縣的暴動，湖南革命運動的開展，以及江西、湖北、河南，甚至山東、滿洲北部諸省），再則軍閥軍隊中兵士群眾的憤激而倒戈也日益發見，這些都指出革命的高漲——走向新的高潮。經濟狀況之急劇的惡化，財政的紊亂，軍閥混戰的破壞，空前的政治壓迫，都必不可免的推動群眾到革命鬥爭的道路上去。

（四）

中國革命的經驗證實他的一種特性，就是運動的發展在各省是不平衡的，各自有當地歷史的條件。他至今的發展，在城市與鄉村之間也是不平衡的。現時的形勢是：一方面許多省區之中農民運動往前發展，別方面在許多工業中心工人運動受着極大的摧殘，在極厲害的白色恐怖之下，表現相當的挫折。

上述四點為對當前局勢的分析，接下來七點則羅列中共應當採用的策略：

（五）

這一切形勢，可以確定主要的黨的策略路線，黨應當準備革命之新的浪潮之高潮。這一高潮，必須要黨起來組織並實行群眾的武裝暴動之直接的策略任務，因為只有推翻現存政權的方法，能夠解決革命之種種任務。正因為如此，現時黨的工作之中心，是在爭取幾千百萬的工農群眾，對於他們的政治教育，組織他們，使他們圍繞着黨及黨的口號（沒收地主階級的土地，八小時工作制，統一中國，解放中國於帝國主義壓迫之下，推翻現存的政權，工農獨裁制，組織蘇維埃。）現時形勢之中的最大的危險，就是工農運動的先鋒，因為估計現時形勢的不正確而過於輕視敵人的力量，可以脫離群眾而過於前進，散亂自己的力量，而使敵人得以各個擊破。如果共產黨不了解組織群眾與爭取群眾之必要，如果他不能戰勝種種使他忽視準備群眾到新的革命高潮之企圖，戰勝種種使他忽視準備當前的中心任務之嘗試，那麼，共產黨一定要被擊散而散亂自己的組織。

（六）

共產國際執行委員會因此特別指示中國共產黨，要他注意加緊工農之間的群眾工作。必須竭力加緊組織工會的群眾工作，為此目的而利用工人所謂「兄弟會」等等，並且（為反對黃色工會的員警式的國民黨式的機關起見），如果黃色工會多少有些群眾組織的性質，那麼，也可以滲入公開的甚至黃色的工會，以奪取階級敵人影響之下的工人。必須同時永久拋棄職工運動中的恐怖政策，這是對於黨有非常之大的危險的。必須最堅決的反對以強迫方法舉行罷工。只有說服群眾，使他們相信黨所提議的方法之正確，只有取得群眾中之絕對的贊助和完全的信仰，才能指導運動。同樣，必須加緊建立和擴大農民組織的工作（農民協會，農民委員會等等），特別注意貧農之中的工作，特別組織鄉村中的無產階級成分。有系統的日常不斷的執行提高群眾階級意識的工作，指導他們的日常鬥爭，組織他們，這在現時對於中國共產黨比任何時候都要重要。

（七）

必須堅決的反對工人階級某種成分之中的盲動主義，反對無準備無組織的城市與鄉村中的發動暴動，反對玩弄暴動，不做工農的群眾暴動，而去玩弄暴動，這是消滅革命的「正確的方法。」黨指導着各省區之農民自發的遊擊暴動，就應當注意到：這些農民暴動可以變成全國暴動勝利的出發點，只有在他們與無產階級中心之新的革命高潮相聯結的條件之下。黨在這裏也應當見着自己的主要任務，是在準備城市與鄉村相配合相適應的（coordinated）發動，準備幾個鄰近省區之間的相配合相適應的發動，而且準備有組織的有預備的廣泛範圍之內的發動。因此，必須反對對於遊擊戰爭的溺愛，反對沉溺於散亂的不相關聯的必致失敗的遊擊戰爭（這些危險在兩湖等處曾經有過）。必須經常的不動搖的去組織農民的發動，黨應當預先便注意中國各省區的各種不同的特殊條件。這些不同的條件，首先要在共產黨領導之下的蘇維埃區域之內估計到。並且共產國際執行委員會認為蘇維埃化的農民區域中，黨的主要任務，是實行土地革命和組織紅軍部隊——以備這些部隊漸漸聯合而成全國的中國紅軍。

（八）

革命往前發展的最重要的條件，就是竭全力以鞏固中國共產黨本身及其幹部，鞏固他影響之下的團體及黨的中央。中國共產黨雖然在八七會議之後，大致糾正了自己的機會主義錯誤，這在共產國際以前的議決案就已經說過，可是他還沒有完全適應現時形勢的新條件，表現策略上的動搖（看輕盲動主義的危險，職工運動中之恐怖方法，沉溺於鄉村中的遊擊主義），以及組織上的動搖。鞏固黨部組織，吸收新黨員，鞏固中央黨部與地方黨部的聯絡，建立堅強的黨的機關，正確的黨與非黨群眾的關係，反對機會主義的餘毒，反對「左傾的高調」（「先鋒主義」，組織「新共產黨」的論調，恐怖主義，盲動主義，強迫罷工等等）——應當是黨的當前任務。

(九)

共產國際執行委員會，認為中國共產黨應當實行嚴厲的鬥爭，反對組織新的彷彿是「真正共產主義的」黨，或者所謂「勞農黨」，而實際上是資產階級改良主義的黨。有些過去的共產黨員（如譚平山等）是有組織這種新黨的企圖，其實這種新黨，將要是孟塞維克的反工農的黨，蔣介石或其他工農劊子手的走狗。反對工農運動中的右傾派與反革命派的鬥爭，是黨當前的任務，而這種鬥爭，將要因為中國共產黨內部愈加堅決的戰勝「左傾的機會主義傾向」，同時，不對機會主義餘毒有任何讓步，而愈有成效。

(十)

共產國際執行委員會，認為必須估計中國革命運動的一般經驗，而使這些經驗的教訓一直到黨的支部。廣州暴動是中國無產階級建立蘇維埃政權之英勇的嘗試，對於工農革命的發展有極大的作用，可是這裏也暴露指導機關的一些錯誤：工農之中預備的工作不充分，敵人軍隊之中的工作也不充分，對於黃色工會會員的態度不正確，黨部及青年團本身的準備不充分。中央完全沒有接到廣州事件的通知，政治上的調動群眾也薄弱（沒有廣泛的政治罷工，沒有選舉的廣州蘇維埃以為暴動之機關）；對於這些，直接指導者應負責的，就是政治上對共產國際執委負責的同志（某同志及其他）。雖然有這些指導方面的錯誤，但是廣州暴動應當認為中國工人極大的英勇精神的模範，他們是的確有取得中國大革命之領導權的歷史使命之資格的。

(十一)

共產國際執行委員會認定共產國際的各國支部都應當實行自己的天職：嚴厲的反對社會民主派及托洛茨基派的造謠，他們説：「中國革命已經消滅了」，這種造謠誣衊，不過使帝國主義的在華工作更加容易，帝國主義本來只想完全鎮壓中國的工農運動，而中國的工農運動卻正在走向新的革命高潮呢。共產國際執行委員會認為各國共產黨都應當竭全力贊助中國革命。現時這一時期，正是帝國主義反革命的干涉中國加緊的時期，所以各國共產黨對中國革命的贊助尤其必要，尤其重要。共產國際的各國支部，尤其是帝國主義列強國內的，更加要力爭撤回駐華海陸軍，反對割據中國領土，瓜分中國領土，反對鎮壓中國革命的政策。共產國際執行委員會號召世界的工人首先便是共產黨員，要努力執行無產階級團結之天職，實行幫助中國英勇的無產階級。

共產國際執行委員會[108]

這篇決議文，承襲了蘇共第十五次大會的語調，稱中國現在是「資產階級民權革命階段」。文中內容，悉數由史太林和布哈林的意見組成，文章中同樣出現了向忠發對譚平山分裂黨的指控，可見向忠發起到了補充説明的作用。[109]共產國際這次大會上對中國問題的重新定調，再次成為證明史太林和布哈林兩人「扭轉乾坤」挽救世界無產階級革命運動的眾多政績之一。在1928年7月25日出席共產國際六大代表團會議的發言中，布哈林甚至表示「我們之所以能把中國黨保留下來，只是因為在共產國際執行委員會第九次全會上堅決扭轉了方向。如果我們不在第九次全會上堅決扭轉方向，我們就不會有中國黨了。」[110] 如同布哈林和史太林，向忠發同樣沾了共產國際第九次大會的光，使自身身價水漲船高，2 月 15 日給布哈林信中提及的「很快要去中國」的計劃取消，向忠發繼續滯留莫斯科。向忠發除了關注原先的東方大學與中山大學的合併計劃，又不斷參與處理新的事物。2 月 27 日，索洛維約夫致信布哈林：

> 今天我同向（忠發）和李（震瀛）同志進行了例行談話，同他們一起解決了一些現實問題。
>
> 在值得特別注意的問題當中，需要指出以下幾個問題：
>
> 1. 向同志提請我們注意，東方勞動者共產主義大學最近事件的主要肇事者安德烈耶夫、普列斯涅夫等人至今還留在東大，沒有離開，儘管中央宣傳鼓動部委員會已作出相應的決定。
>
> 2. 必須立即提出和積極解決東大中國部同孫逸仙大學合併的問題，否則，根據向同志的意見，就不能很好地安排中國學生中的工作，必然會出現兩個學校之間的糾紛。
>
> 3. 在莫斯科和列寧格勒（托爾馬喬夫學院）高等院校中國學生當中，好像成立了什麼帶有暫時不十分清楚的互助目的的同鄉會或其他這類聯合組織。這個同鄉會的成員經常會面和相互通信。據向説，參加同鄉會的有：(托爾馬喬夫學院)、蔣介石的兒子、(國際列寧學校) 納利曼諾夫和丘貢諾夫。

向同志很想同您和斯大林同志談談這個問題和一些其他黨內問題。[111]

信中所說的同鄉會組織，不久後即演變為轟動一時的江浙同學會事件，向忠發此時向索洛維約夫談及此事，可能是陳紹禹和米夫欲透過向忠發，試探布哈林與史太林的態度，藉以制定下一步計劃。3月1日，蘇兆征率領中華全國總工會代表團抵達莫斯科，與先前由向忠發率領的中國工會訪問團會合，兩人提出「在盡可能短的時期內從政治上和組織上籌備召開中國共產黨例行的代表大會」。[112]隨後，兩團合併為中國工會代表團，一同出席3月18日於莫斯科舉行的赤色職工國際大會，如當時為莫斯科中山大學學生的毛齊華回憶，「1928年春，赤色職工國際召開第四次代表大會時，上級指示要派兩名工人出身的中國學員去列席大會。學校領導就指派汪沛貞和我去參加。出席這次國際大會的中國代表有向忠發、蘇兆征等人，翻譯是冀朝鼎。」[113]

早在1月，共產國際內部已指出「我們盡量設法把參加十月革命十周年慶祝活動的工人代表團留在這裏直到代表大會召開，但代表團應該補充人員。應當再派一些重要的人員，並要事先決定今後留一兩個人在工會國際工作的問題。[114]」顯示共產國際對向忠發的代表團存有疑慮，因此加派蘇兆征的代表團。當時，共產國際多數人只把向忠發當成工人代表團的團長，沒人料到向忠發能在共產國際第九次執委會上大出風頭，受到史太林的賞識。蘇兆征的代表團抵達後，中共駐共產國際代表團在莫斯科成立，代表為蘇兆征、李立三和向忠發三人，書記為蘇兆征，副書記為向忠發。3 月 7 日，向忠發與蘇兆征聯名執行共產國際東方部，「完全同意聯共（布）中央調解委員會關於東方勞動者共產主義大學中國部衝突問題的決議。但我們認為有必要對這一決議進行詳細的解釋，以便為中國部全體學生所理解，避免再發生糾紛」。[115] 5 月 24 日，史太林於聯共的中央政治局會議上，批准了在中山大學集中培訓中國學生和取消東方大學中國部的決定，向忠發耗時四個月追蹤的東方大學案件，至此告一段落。[116]

東方大學的糾紛剛剛落幕，向忠發和索洛維約夫談及的同鄉會，又捲入一場精心設計的內部鬥爭中。事情起源於陳紹禹在莫斯科中山大學中，捏造一夥學生組織江浙同鄉會，藉以打擊異己。米夫請來格別烏調查，發現證據不足，但陳紹禹不肯罷休，於是在 4 月 2 日（或 3 日）透過米夫，邀請向忠發到中山大學作報告，據 28 個布爾什維克之一的盛岳回憶，當天情況如下：

> 為了想嚇唬一下第二條路線聯盟，米夫採納了陳紹禹的建議，把向忠發拉來講話，反對據說是存在於中山大學和有中國學生的莫斯科、列寧格勒大專院校的江浙同鄉會。於是，他有一天來中山大學，以中共中央代表的身份講了一通話。他在講話中認定在僑居蘇聯的中共黨員中存在着江浙同鄉會的宗派組織。他嚴詞譴責了那些組織這一同鄉會的人，並把它定位

反黨組織；他警告這一組織的全體人員，現已掌握的證據已足以對他們進行懲處。他甚至威脅說要把同鄉會的頭頭統統槍斃。他這次最後通牒講話那種刺耳的漢口方言，至今仍縈迴於我的耳際。據我所知，他根本沒有親自調查這件事，只是聽了米夫的一面之詞。不出所料，他的講話在中山大學和東方共大等學校的江浙學生當中，引起了憤怒和恐懼，因為他們和俞秀松、董亦湘有着長期的密切關係。那些在反對黨支部局和米夫的鬥爭中聯合起來的人，也自然深感不安。向忠發的講話，不僅對俞秀松、董亦湘及其支持者，而且對第二條路線作為一個整體，無疑都是一個極大的恫嚇。[117]

據毛齊華回憶，「一次向忠發到校向中國學員作報告，也提到了這件事，並作了很嚴厲的批評」。[118] 所謂「很嚴厲的批評」，出現在以下三篇文章中：

大約 1928 年春，支部局召開了一次全校師生大會，請中共中央總書記向忠發到校作報告。他憤怒地斥責江浙同鄉會是社會主義國家所不允許的反革命組織，如不坦白，要逮捕、槍斃。這「槍斃」二字特別響亮，至今不能忘記。因為是總書記講的，當然不能質疑，從此人們更加相信有這樣一個反革命組織的存在，江浙同學們互相不敢多打招呼，各有戒心。[119]

一九二八年四月他在中山大學發表講話說，在黨內搞這種封建性的團體簡直應該槍決！這樣所謂「江浙同鄉會」又罪加一等。向忠發本來同我很熟，但他沒有問過我一句話，我對「江浙同鄉會」的看法沒有機會向他反映。[120]

> 王明、博古向他匯報留蘇中國學生情況時，硬說董亦湘等支部局派組織了一個「江浙同鄉會」。向忠發聽信了片面之辭，不加調查就在一次留蘇學生大會講話時不指名地宣布，凡是在共產黨內組織同鄉會的都該槍斃。向忠發如此一講，引起了留蘇學生中極大的混亂。[121]

向忠發一開口，就是要逮捕和槍斃所謂的反革命學生，其口氣之大，宛如把中山大學當成湖北審判工賊的法庭。反觀陳紹禹，即便有米夫支持，都不敢開口嚴懲江浙同鄉會的學生，只能不斷地打小報告，借刀殺人。向忠發卻毫無顧忌的要槍斃人，他之所以有此番大膽言行，除了來自受史太林支持而產生的底氣外，更大程度上，可能源自領導總工會時培養出的極端審判習慣。關於這段經過，有篇名叫〈向忠發留莫紀略〉的文章，以極為貶低的字眼，記述向忠發在莫斯科的「醜事」：

> 孫大校長米夫和陳韶玉在孫大狼狽為奸，無惡不作，因為要排斥異己，因而造出種種陰謀政策打擊他們的政敵。當時在孫大除陳韶玉的嫡系外，尚有很多的小系統和小派別，其中力量較大的為「第三派」，米夫陳韶玉為了根本消滅這些小的派別，於是就造出一個「江浙同鄉會」的名詞，把一切異己分子卻加以「江浙同鄉會」小組織的罪名，偽造證據，任意誣蔑，後來並異想天開，把向忠發拉來做反「江浙同鄉會」的先鋒大將。愚昧無知的向忠發見米夫向他垂青，他真個是受寵若驚，於是不管三七二十一濫放大砲，如瘋狗一般，見人就吠，弄得孫大風聲鶴唳，

草木皆兵，相互猜忌不已！後來他一不做二不休如潑婦一般，在孫大，東大以及莫斯其他各軍事學校的大會上，大吹大擂，聲稱留俄中國共產黨員中，有反動的「江浙同鄉會」的組織，並說將於最短期間整理證據，拘捕其首領以執行槍決，然而「江浙同鄉會」根本是米夫陳韶玉等所偽造，所以證據既不充足，「逮捕槍決」更是一句嚇人的話，因此日月遷延，不得解決。後來這種陰謀為一般機警的學生所窺破，就三三兩兩的聯名上訴於中央，這次聯名信，後來竟達三百餘人之多，中央在廣大群眾的要挾之下，便不得不出來解決，於是就召集了一個審查會，結果知道所謂證據是陳韶玉所假造，而恐嚇流言則為向忠發所濫放。當時中央代表就大斥特斥向忠發，說他做事太荒唐，把中國代表的尊嚴喪盡無餘，言下不勝鄙視而又惋惜，而一世之雄的向忠發則啞口無言，嚇得連屁也不敢放。[122]

這篇文章的作者署名「明遠」，具體姓名不詳。從內容來看，大體上與中山大學其他學生的回憶一致。這名作者，極有可能為當時受向忠發威脅的親歷者，在向忠發被國民黨處決後，毫無顧忌的在國民黨報刊上投書。不論其內容是否有誇大情形，向忠發的言行，確實加劇了中山大學中國留學生的恐懼，也進一步助長了米夫和陳紹禹的氣焰。縱觀此時向忠發的言行，不難發現向忠發並未因在共產國際大會上大出風頭而得意忘形。向忠發心裏有數，他之所以受到史太林和布哈林重視，只是作為兩人在共產國際大會上打擊異己的棋子。而要真正在莫斯科建立關係，米夫無疑是最關鍵的人物。因此，為了與米夫和陳紹禹交好，向忠發不惜扮演黑臉，處理中國留學生衝突。另一方面，又畢恭畢敬的寫信給共產國際，持續維持史太林和布哈林對他的良好印象。

與此同時，蘇兆征與向忠發的關係也起了變化。當蘇兆征初來乍到時，兩人的工作重點為向共產國際匯報中國工人運動的狀況，由於向忠發離開中國已有數月之久，報告內容自然由蘇兆征撰寫。蘇兆征在武漢政府時期擔任勞工部長，與時任湖北全省總工會委員長的向忠發關係密切，向忠發也對蘇兆征相當敬重，在一場武漢各工會代表大會上，甚至還讚揚「現任國民政府勞工部長，他完全是代表工人利益而奮鬥的……非有勞工部長，千萬做不到的！」[123] 儘管向忠發在莫斯科大出風頭，起初仍保持對蘇兆征的尊敬，兩人一同以中國代表團的身份，致信共產國際、蘇聯共產黨和紅色工會國際執行局。3 月 22 日，兩人一同出席共產國際東方書記處軍事委員會會議，[124] 28 日，就中共的宣傳鼓動工作問題，一同與共產國際代表諾林談話。[125] 5 月 3 日，兩人致信蘇共中央，再次提出東方大學中國部與中山大學合併的後續問題。[126] 4 日，兩人致信紅色工會執行局，要求該會增加對中國的物質援助，信中寫道：

> ……你們確實過去和現在都在積極援助我們。但是我們應該老實說，在目前條件下，你們的援助是不夠的。不能把目前的條件同我們還在同國民黨合作時的條件作比較。那時幾乎所有工會工作人員都靠國

民黨或國民政府機關的經費來養活。那時所有工會機關和其他開支項目都有相應的經費來源。現在這些都沒有了。這種情況你們早就知道。因此我們請求增加預算，增加你們迄今給予中國工會的援助。中國的職工運動現在比任何時候都更需要你們的物質援助。……[127]

7日，蘇兆征和向忠發致信共產國際執委會，要求盡快批准給中共的經費，甚至在信中説道「中國共產黨在目前時期比在任何時候都更需要物質援助。黨希望共產國際能像它過去在物質方面援助國民黨那樣來援助它」。[128] 然而，當中國職工問題報告完畢，需要進一步解決莫斯科中國留學生一連串的糾紛與衝突時，報告內容換成則由熟知內情的向忠發起草，蘇兆征完完全全成了一名門外漢。6月5日，兩人一同致信共產國際執委會，報告江浙同學會、東方大學中國學生、軍政班等全數由向忠發經手的問題，文章內容也一改過去「直接革命形勢」的用法，採用共產國際定調的「逐漸高漲」，在文末署名中，向忠發甚至在蘇兆征之前，顯示兩人地位起了變化。[129] 儘管蘇兆征在工人運動的歷史上佔有重要地位，但在處理莫斯科中國留學生的衝突中，卻毫無用武之地，話語權悉數由向忠發搶去。反觀向忠發，比蘇兆征早了近半年到莫斯科，熟悉共產國際的運作，且得到了米夫的支持，如王凡西所言，「向忠發在開完第九次執委會後一直留在莫斯科，接受米夫對他的『訓練』」。[130] 更重要的是，向忠發在蘇共黨內針對中國政策的路線鬥爭中，幫了史太林與布哈林的大忙。

因此，當共產國際欲從工人出身的中共黨員中挑選一位新的領袖時，向忠發的這些背景，使他輕而易舉地擠下蘇兆征，成了共產國際心目中的最佳人選。

中共六大

中共六大於1928年6月18日至7月11日在莫斯科召開，為中共黨史上迄今唯一一次在中國境外召開的全國代表大會。大會召開的目的，無非是順着共產國際第九次執委會的決議，糾正中共日後的工作路線。用中共的術語，就是「系統地總結大革命的經驗教訓，批判右傾機會主義和左傾盲動錯誤，明確新時期革命的性質和任務」。[131] 為了使中共領袖明白莫斯科的態度，史太林和布哈林在大會開始前，分別會見了中共的重要人物，將共產國際的決議說明清楚。6月9日，史太林與瞿秋白、米夫、蘇兆征、周恩來、李立三、向忠發談話，灌輸當下中國革命處於低潮的觀念。[132] 14日和15日，布哈林召集瞿秋白、蘇兆征、周恩來、李立三、向忠發等21人出席談話會。[133] 然而，共產國際對剛從中國來到莫斯科的中共領袖仍不敢完全放心，在討論為中共六大制定的決議草案時，除了共產國際職員，中共方面只有向忠發和蘇兆征受邀參與討論，隨後才將草案交由中共政治局討論。[134]

在大會上，向忠發再度被共產國際委以重任，6月18日，他在開幕上致辭：「我們大會對於過去死難的同志和其他的烈士，英勇的無產階級的先鋒戰士，應當表示熱忱的哀悼，我們應當全體起來默哀三分鐘。」[135] 隨後，瞿秋白致開幕詞，要求大會追認八七會議，同時「希望大會全體同志能充分地發表意見，使黨得以糾正一切錯誤。」[136] 事實上，共產國際已整整花了半年時間，研究中共日後的工作路線，表面上讓各方代表暢所欲言，大會最終的決議，早已牢牢控制在共產國際手裏。在中共六大上，向忠發再次扮演了關鍵的角色，因為中共 142 名代表中，只有他參加過共產國際第九次執委會會議。[137] 此外，向忠發在莫斯科住了數個月，對共產國際的想法、米夫與羅明納茲的鬥爭情形瞭如指掌。因此，共產國際主席布哈林除了在大會第二天親自做了報告，闡述中國革命的性質、任務等問題，又授意向忠發在 21 日向全體代表報告共產國際第九次執委會的決議。[138] 在中共歷次大會上，《政治決議案》始終是中共大會上最重要的一項決議，其餘各類工作的決議，全數按照政治決議的指示而制定。6 月 26 日，向忠發在討論政治報告時發言。果不其然，7 月 9 日通過的中共六大最重要的《政治議決案》，與莫斯科先前計劃的如出一轍：

> 中國革命現在的階段是資產階級性的民權革命。中國革命現在階段的性質是資產階級性的民權主義革命，如認為中國革命目前階段為已轉變到社會主義性質的革命，這是錯誤的，同樣，認為中國現時革命為「無間斷革命」也是不對的。因為：(一) 國家真正的統一並未完成，中國並沒有從帝國主義之下解放出

來；(二) 地主階級的私有土地制度並沒有推翻，一切半封建餘孽並沒有肅清；(三) 現在的政權，是地主軍閥買辦民族資產階級的國家政權，這一反動聯盟依靠着國際帝國主義之政治的經濟的威力；——所以革命當前的目標，是要決這些問題，因此中國革命現時的骨幹，他的基礎及中心任務是：

二、推翻帝國主義及土地革命是革命當前的兩大任務。

(一) 驅逐帝國主義者，完成中國的真正統一；

(二) 徹底的平民式的推翻地主階級私有土地的制度，實行土地革命，中國的農民（小私有者）要將土地制度之中的一切半封建束縛完成（全）摧毀。

這兩個任務，還並沒有走出資本主義生產方法的範圍之外，——可是必須用武裝暴動革命的方法，推翻了帝國主義的統治和地主軍閥及資產階級國民黨的政權，建立蘇維埃的工農民權獨裁制在無產階級的領導之下，然後才能夠解決這兩個任務。[139]

在六大會上，共組織了政治、組織、職工運動、蘇維埃運動、宣傳、青年、婦女、財政審查、軍事、農民土地問題、湖南問題、湖北問題、南昌暴動、廣州暴動等14個委員會。向忠發進入了其中10個，分別是政治、組織、職工運動、蘇維埃、軍事、婦女、財政審查委員會、湖南問題、湖北問題、廣州暴動問題委員會中，並兼任職工運動會、湖南問題、湖北問題三個委員會的召集人。[140]

向忠發身兼三個委員會的召集人，充分顯示了共產國際對他的信任。根據《政治決議案》的方針，建立無產階級領導和蘇維埃政權為核心任務，因而《職工運動決議案》極關重要。7月4日，向忠發作職工運動報告，6日主持職工運動報告結論，向忠發以一年前擔任湖北全省總工會委員長的經歷，描述了工會委派制度的缺陷：

> ……委派制問題，項英同志否認有委派的事情，說武漢時期的是經過群眾選舉的，我也在湖北工作，我是知道的。職工國際討論時對於這一問題也是很注意的。譬如武漢總工會的一萬零八個職員，都是清一色的共產黨。
>
> 武漢工作大半如此，所以失敗之後完全瓦解了。「八二」罷工我已經說了，而任旭來辯護，我們指出過去工作的錯誤是為了將來的工作。委派制以前是有的，在當時武漢總工會猶如太上政府，一切問題都在總工會解決，如收回英租界事，群眾要打巡捕房，國民政府沒有辦法，還是總工會去解決的。這樣大的威權，派一個人去群眾還不捧嗎？有一個同志派到泥木工會去做工，這個同志爬上凳子一場演說，明天回到總工會說已經是委員長了，對於群眾並沒有發生密切的關係，最後這位同志被群眾捆了，並送到總工會來了。還有一個同志，在香煙廠總工會做籌備主任。繼之又做委員長，群眾以為總工會派來的人都是捧的，可以後來，也是打破了頭送到總工會來。總工會為了這件事，開了七天會，把問題解決了。如其真是群眾選出來的決不至此。「八二」問題任旭說是有群眾的，實則可以說是共產黨包辦的。曾經開過兩次工會

擴大會議，到些什麼人呢？都是我們派去的一些委員長，都是我們自己的人，並沒有向群眾宣傳，就下令罷工，結果是沒有效力。二百多工會都是我們委派的人，項英説是那時為了排斥流氓痞棍拆字先生等等，但是現在總罷工的結果是這樣。在武漢時期群眾的第二次要求提出來，都要總工會批准，可以都壓下來，壓上一兩個月，所以我説自己是工賊，做了工賊的工作。委派制是不好的，如仍舊照以前的辦法做去，將要一個工人群眾都找不到；反動派比我們是聰明些，這是我們要注意的。……[141]

向忠發做完總結後，委員會起草《職工運動決議案》，由30條職工運動的重點組成，摘錄重點如下：

北伐開始以來，特別在武漢末期中，黨在工人群眾中工作的路線，沒有時常依照着無產階級之階級的利益出發；反而時常站在「北伐」的利益上，站在民族資產階級之聯合戰線的利益上，結果使無產階級之階級利益完全服從着別一階級的利益。這種策略必不可免的使黨的工作路線離開主要的產業工人階級（如停頓了北方鐵路工人中間的工作），漸漸不自覺的墮落到階級合作的觀點上去。

工會未曾作為真正的群眾的組織。職工會在形式上取得廣大的產業工人，手工業工人，店員，但是卻沒有造成相當的組織上的骨幹，沒有訓練出充分的無產階級幹部。……在國民革命及罷工運動的高潮時期中，表現着最積極的僅是一部分比較少數的而與群眾聯繫薄弱的先鋒隊，群眾仍然沒有充分的動員，在日常工作中，還沒有表現着充分的積極。

委派制度的遺毒……沒有在下層工作中訓練工人群眾，挑選他們加入指導機關，黨時常派遣許多素日完全不知工人生活狀況的學生加入職工會中的機關。因此，所有黨與職工會的聯繫，都建立在不正確的原則之上。於是反動勢力聯合起來的時候，無產階級的戰鬥力不得不為之削弱。這是一九二七年反革命政變以前的狀況。

工人運動比較農民運動要低落些，這是中國革命現在階段中之非常特別非常危險的地方。因此，現在之基本任務，就是動員所有的無產階級群眾來圍繞着他的階級組織（黨及職工會），——這是在職工運動公開存在的時候，所不曾充分解決的任務，現在逼着我們在艱難萬倍的條件之下去解決他。這個任務不解決，則中國革命不能夠得勝利的。在組織問題上之基本的策略任務是：指導無產階級之日常經濟和政治鬥爭，反對反動工會，組織革命工會，用宣傳與煽動的方法提高廣大工人群眾之階級覺悟。只有這樣，才能使黨一方面促進新的革命高潮之到來，另一方面才能保證中國無產階級在革命民眾中間的指導作用。[142]

這篇文章所論述的中國工人運動的依據，悉數來自於向忠發主管湖北全省總工會時期的經歷。然而，仔細將這篇文章與向忠發在湖北的言行相比較，不難發現向忠發完全是為了討好共產國際的決議而改變立場。例如，向忠發說在「武漢末期」時，中共站在民族資產階級利益上出發，枉顧了無產階級的利益，顯然與實際情況不符。以當時的情況，若不推行工商聯合挽救經濟頹勢，不論是民族資產階級或是無產階級，都將因米荒而餓死，何來無產階級利益服從另一階級利益之區分？此外，向忠發將無產階級戰鬥力減弱的理由，歸咎於學生進入工會指導機關引發的指揮混亂，更是與事實相去甚遠。解散工人糾察隊，完全是中共為緩和何鍵的反共軍事行動而做的讓步，即使工會指導機關全數由工人指揮，同樣改變不了糾察隊被繳械的事實。向忠發的結論是，過去培養的無產階級幹部數量不夠，故無法充分動員群眾，致使革命失敗。向忠發顯然低估了一個基本事實——在湖北總工會時代，憑藉着中央政府的保護，工人運動已經發展到了極點，群眾的動員力量，同樣已經發揮到了極致。即便在國民黨左派默許下，中共都無法在工人運動上有所進展，連最為激進的鮑羅廷，眼見情勢不對，也不得不喊出「戰略退卻」的口號，何況此時中共已轉入地下，要透過組織比過去更為激進的「革命工會」去進行無產階級革命，無疑是難上加難，向忠發在這份決議案中也承認，當前的革命局勢比過去「艱難萬倍」。

就在一年前，當羅亦農傳達中共中央要求向忠發在武漢發動暴動以響應南昌起義時，向忠發明確表示反對意見，因為他清楚知道，工人運動脫離國民黨政府保護後，在軍隊面前，絲毫無戰鬥力可言。這種認知，從向忠發要求國民黨中央制裁劉佐龍、倪弼、陳銘樞，而非由工人糾察隊出面的行為上，已顯露無疑。當何鍵與李品仙武力驅逐武漢工會後，向忠發在以湖北總工會名義發佈的通告上，仍不敢指名道姓批評何鍵，而是透過反對夏斗寅等反共將領，達到指桑罵槐之效果，並表示反蔣意圖，進而向武漢中央示好。在當時的局勢，向忠發可謂相當冷靜，判斷與決策能力也十分穩健，為何在一年後，卻提出比當時更不切實際的構想？這個問題，恐怕永遠得不到解答。最可能的解釋是，向忠發從一個被中共邊緣化的工運領袖，陰錯陽差的在莫斯科出盡風頭，身價水漲船高後，對史太林的指令唯命是從，失去了自身對工人運動的理解。

在各項決議案公佈的同一天，大會通過選舉法，決定新一屆的中央委員人數為 21 人，候補委員 11 人。7 月 10 日，向忠發為陳獨秀問題發言，大會舉行選舉，選出 23 名中央委員，向忠發排名第三。11 日，向忠發致閉幕詞，大會就此結束。19 日，中共舉行六屆一中全會，向忠發任會議主持，布哈林親自到會指導，在簡短的講話中，布哈林指出中共六大「取得了很正確的道路，但需要有做事一絲不苟、有責任心的同志來負責中央的工作，這是非常重要的事情。」[143] 其言外之意，已十分明顯。不出所料，共產國際最信任的蘇兆征與向忠發，分別以第一和第二高票當選政治局委員。20 日，中共召開第一次政治局會議，改由米夫現場指導，向忠發被指派為中央常務委員會主席。[144] 共產國際主席親自出馬指導中共選舉，更是中共黨史上絕無僅有的一次。

選舉向忠發為中共新一任領導人，是共產國際歷經半年時間精挑細選、仔細評估的結果。羅章龍在回憶錄便直截了當的指出，「◇◇◇昧於知人，偏聽偏信，以個人私見強加於大會，未經選舉，指定向忠發為中央書記。」[145] 羅章龍所指對象，顯然是史太林或布哈林。為了掩人耳目，共產國際始終堅稱是中共民主選舉的結果，如布哈林在7月25日在共產國際六大代表團會議上發言稱：「我不得不長時間做中國人的工作，因為他們不想選舉原中央委員會和政治局中的任何人。只是因為我們強力要求他們，他們才選舉。」[146] 這番言論，頗有此地無銀三百兩的意味。若真交由中共代表選舉，在配合共產國際無產階級分子領導革命的前提下，以黨內聲望而言，蘇兆徵無疑是最適合的人選，其次為李立三和項英，最後才輪到向忠發。正因為選舉過程的不透明，又受了共產國際的操控，因此當向忠發獲選總書記後，許多中共黨員感到十分不滿，如張國燾在回憶錄中寫道：

> 向忠發在大會上的活動，也是令人側目，這位在武漢時期任湖北全省總工會委員長的向忠發，於一九二七年武漢分裂後，來到莫斯科，任駐共產國際的中共代表，他被共產國際視為中國無產階級的象徵，他也一切聽從米夫的擺佈。因此，他的身價與時具（俱）增，也學會了一些馬列主義的口頭禪。在這次大會中，米夫與陳紹禹等，便將他當作一張王牌，來批評我們的錯誤。他也當仁不讓的以陳獨秀的繼任者自居，擺出一副比陳獨秀還要嚴厲的家長面孔，往往在大會中高聲責罵這個或那個同志，三句話便不離「這是共產國際的正確路線」。其實，他並不是一個受人尊重的人，有點江湖氣，與他共過事的李立三項英等，都知道他的底細，不免暗笑他的那種扮演。我

們多數人總覺得他不能負起領導的重任，也討厭他的「米夫味」，但因中共缺乏領導重心，而又沒有其他適當的人來充當，只好暫時容忍。[147]

多數代表認同共產國際重用工人的立場，但認為該由蘇兆徵出任總書記，而非向忠發，如六大代表之一的丁基實回憶：「中央委員會選舉向忠發為總書記，而沒有選舉領導過省港大罷工的工人領袖蘇兆征為總書記，由於我不是中央委員，不了解其中原因。其實向忠發是長江中搖小船的工人，不是近代產業工人。」[148] 丁基實的說法，在無產階級革命的理論中是有根有據的。在馬克思的政治經濟學理論中，只有產業工人的勞動才能創造價值，因而具備被資產階級剝削的條件，故能產生階級意識，而非產業工人則不具備這種意識，因此，中共領導的工人運動，全數針對產業工人，從未聽聞號召船夫反對船客剝削之事。然而，丁基實的說法也未必公允，因為向忠發只在年輕時擔任船夫，其後在武昌造幣廠與漢冶萍工作的經歷，說明向忠發完全是個產業工人。不論如何，共產國際自然不是根據是否出身產業工人作為挑選接班人的指標，之所以選擇向忠發而非蘇兆征，無非是認為向忠發最能領略共產國際的指示，如一位於1931年脫黨的中共黨員，在其自白書中談到：「那時向忠發正在蘇聯，米夫、史太林看見這支老狗忠實可靠，又是工人（從前是武漢駁船工人），如是就……派他到中國來，便平地一聲雷而為中央總書記。」[149]

共產國際的這番用意，大致可用化名為「明遠」的一番評論作為結束：

> 向忠發之榮任總書記，想起來是一件不可解的事，然而說穿了卻又一文不值。他在莫斯科沒有做一件有出息的事，但他的沒出息，衹能以及其愚昧無知卻是他被選為總書記的惟一資格。陳獨秀和瞿秋白，在毛子看來，雖然也很老實，然而有些地方還難免倔強，至於李立三周恩來蔡和森輩雖然表面上也頗聽話，但骨子裏怎樣不能完全把握得住。求其能完全把握得住的如死狗一般聽話的，由向忠發在莫斯科的表現，要算最上選了，於是我們的船夫向忠發便在「工人領導」的熱耳的名詞下，榮任中共的總書記了。中國共產黨的沒落雖然有很多政治的經濟的原因，但一味盲目的替莫斯科做應聲蟲，也不能不說是原因之一哩！[150]

註釋

1. 《漢口民國日報》，1927 年 2 月 16 日。
2. 據譚延闓 1927 年 3 月 8 日的日記，「詹大悲、向忠發、丁發群來，邀赴歡迎會廣場演說，大喊數十聲。婦女三八紀念會又邀至其演台報告，行沮洳中，幾傾跌，亦大喊而罷。」見中央研究院近代史研究所數位資料庫藏，《譚延闓日記》。
3. Bruce A. Elleman, *Moscow and the Emergence of Communist Power in China, 1925–30* (New York: Routledge, 2009), pp. 82–83.
4. Bruce A. Elleman, *Moscow and the Emergence of Communist Power in China, 1925–30*, pp. 90–91.
5. 國民黨黨史館藏，〈湖北全省總工會執委長向忠發致中執會函〉(館藏號：漢 8610)。18 日，汪精衛在國民黨會上報告收到向忠發這份報告，見蔣永敬，《鮑羅廷與武漢政權》，頁 172。
6. 呂芳上主編，《蔣中正先生年譜長編》，第 2 冊，(台北：國史館，2014)，頁 58。針對陳銘樞改投蔣介石陣營的行為，共產國際在內部的報告中，稱陳銘樞為「後來逃跑的 11 軍軍長」。見〈工農紅軍參謀部第四局關於南昌起義會議速記記錄〉，收入《聯共（布）、共產國際與中國蘇維埃運動，1927–1931》，第 7 卷，頁 37。
7. Jay Taylor, *The Generalissimo: Chiang Kai-shek and the Struggle for Modern China* (Cambridge, Mass: Belknap Press of Havard University Press, 2009), pp. 68–69.
8. 《漢口民國日報》，1927 年 5 月 19 日。
9. 《漢口民國日報》，1927 年 5 月 20 日。
10. 王東原，〈追憶不言而信不怒而威的何鍵將軍〉，《傳記文學》，第 55 卷第 1 期，頁 17；Edward A. McCord, "Residual Warlordism under the Nationalist Party-state: He Jian in Hunan,"

in Military Force and Elite Power in the Formation of Modern China (New York: Routledge, 2014), p. 119.

11. 〈工人政治行動議決案〉，收入中共中央文獻研究室、中央檔案館編，《建黨以來重要文獻選編》，第4冊，頁257。
12. 國民黨黨史館藏，〈湖北全省總工會執委長向忠發致中執會函〉（館藏號：漢8581）；同日，向忠發在報紙上發表〈湖北全省總工會通令〉，內容與這封信接近一致，唯獨增加了五項規定各工會執行辦法，見《漢口民國日報》，1927年5月26日。
13. Harold R. Isaacs, *The Tragedy of the Chinese Revolution*, p. 207.
14. 《漢口民國日報》，1927年6月11日。
15. 《漢口民國日報》，1927年6月6日。
16. 國民黨黨史館藏，〈向忠發上中執會呈〉（館藏號：漢14398）。
17. 《漢口民國日報》，1927年6月17日。
18. 《漢口民國日報》，1927年6月19日。
19. 《漢口民國日報》，1927年6月23日
20. 《漢口民國日報》，1927年6月24日。蔡以忱時任湖北省農民協會組織部長，在中共五大上被選為中共中央監察委員會委員，並與毛澤東等人獲選為中共中央農民運動委員會委員。見王健英，《中共中央機關歷史演變考實》，頁87–89。
21. 《漢口民國日報》，1927年6月26日。
22. 《漢口民國日報》，1927年6月27日。
23. 中央研究院近代史研究所數位資料庫，《譚延闓日記》，1927年6月28日。
24. 中華全國總工會編，《中華全國總工會七十年》，頁109。
25. 《漢口民國日報》，1927年6月29日；Harold Isaacs, *The Tragedy of the Chinese Revolution*, p. 238.

26. 中華全國總工會中國職工運動史研究室編，《中國工會歷史文獻》，第1冊，頁393–394；《漢口民國日報》，1927年6月29日。

27.《漢口民國日報》，1927年7月1日。

28.《漢口民國日報》，1927年7月2日。

29.《漢口民國日報》，1927年7月3日。

30.《漢口民國日報》，1927年7月12日。

31. 國民黨黨史館藏，〈向忠發上中執會呈〉（館藏號：漢13643.4）

32.《漢口民國日報》，1927年7月10日。

33.《漢口民國日報》，1927年7月12日。

34.《漢口民國日報》，1927年7月18日。

35. 蔣永敬，《鮑羅廷與武漢政權》，頁411。

36.《漢口民國日報》，1927年7月25日。

37.《漢口民國日報》，1927年7月28日。

38. 被列入名單的國民黨左派領袖對此事多不知情，同樣被列入名單的經亨頤為此致函國民黨中執會，聲明「絕未預聞事」。見國民黨黨史館藏，〈經亨頤致中執會主席團函〉（館藏號：漢15965.1）。

39.《申報》，1927年8月12日。

40.《申報》，1927年8月4日。

41.〈中國共產黨宣佈國民黨為國民公敵宣言（1928年1月20日）〉，收入中共中央文獻研究室、中央檔案館編，《建黨以來重要文獻選編》，第5冊，頁58。

42.《申報》，1927年8月7日。向忠發潛逃後，8月16日湖北省政府開會任命新的湖北全省總工會主席，見國民黨黨史館藏，〈孔庚報告〉（館藏號：漢3273.1）。

43.《漢口民國日報》，1927年8月5日。劉明逵、唐玉良主編，《中國近代工人階級和工人運動》，第6冊，頁792。

44.《漢口民國日報》，1927年8月6日。

45. 藤井高美，《中国革命史》（京都：世界思想社，1967），頁136。

46.《漢口民國日報》，1927年8月9日。

47. 在中共五大上，向忠發作為18名湖北省代表之一參會，湖北省代表團匯集了當時中共工人運動的核心人物，包括項英、羅章龍、張太雷、李立三、許白昊、林育南、向忠發等人。見李蓉，《中共五大軼事》（北京：人民出版社，2013），頁124–125。

48. 王健英，《中共中央機關歷史演變考實（1921–1949）》，頁89。

49.〈匪黨中央總書記向忠發的自述及供白〉，收入中華民國開國文獻編纂委員會、國立政治大學國際關係研究中心編印，《共匪禍國史料彙編》，第2冊，頁547。

50. 中共中央黨史資料征集委員會、中央檔案館編，《八七會議》（北京：中共黨史資料出版社，1986），頁4。令人費解的是，在統計名單中，中央委員有李維漢、瞿秋白、張太雷、鄧中夏、任弼時、蘇兆征、顧順章、羅亦農、陳喬年和蔡和森等十人，卻漏掉了向忠發，見《八七會議》，頁199。

51. 向忠發是否參加了八七會議，始終存在爭議。認為向忠發參加該會的著作有：王思誠，《毛澤東與紅禍》（台北：中國國民黨中央委員會第6組，1959），頁153；藤井高美，《中国革命史》，頁197；Branko Lazitch, *Biographical Dictionary of the Comintern*, p. 186. 八七會議是向忠發人生的轉捩點，向忠發在口供中絲毫沒有撒謊的必要。此外，向忠發若在未參會的情況下得到第一高票，同樣不合情理。故本研究認為向忠發確實參加了八七會議。

52. 王健英，《中共中央機關歷史演變考實》，頁94。

53. 王健英，《中共中央機關歷史演變考實》，頁94–95。

54. 鄭學稼，《陳獨秀傳》（台北：時報出版社，1989），上冊，頁739。

55. 〈匪黨中央總書記向忠發的自述及供白〉，收入中華民國開國文獻編纂委員會、國立政治大學國際關係研究中心編印，《共匪禍國史料彙編》，第2卷，頁547。向忠發説的「七月間在武昌蛇山開中共中央會」，應該是指武漢分共後，中共中央召開制定湖南、湖北、廣東和江西四省的武裝起義計劃的會議。因為在武漢分共之前，中共中央會議只有政治局常委得以參加。至於向忠發所説的大發牢騷，極有可能指反對在湖北武裝起義的計劃。

56. 向忠發在口供中説黨中央派人偕同他到上海，指的應是通知向忠發到上海轉赴莫斯科一事。

57. 十月革命發生時，俄羅斯帝國仍使用舊式紀年（Julian Calendar），對應西方通用的新式紀年（Gregorian Calendar），十月革命日期為11月7日。

58. 中共中央文獻研究室編，《毛澤東年譜（一九四九－一九七六）》（北京：中央文獻出版社，2013），上卷，頁224；中華民國法務部調查局藏（以下簡稱調查局藏），〈毛澤東、周恩來、李立三〉（館藏號：299.31/7497）。

59. 王健英，《中共中央機關歷史演變考實》，頁105。

60. 〈佩佩爾給共產國際執行委員會的信〉，收入中共中央黨史研究室第一研究部譯，《聯共（布）、共產國際與中國蘇維埃運動》，第7卷，頁145。

61. 〈普利切給加拉罕的電報〉，收入中共中央黨史研究室第一研究部譯，《聯共（布）、共產國際與中國蘇維埃運動》，第7卷，頁151。

62. 劉明逵、唐玉良主編，《中國工人運動史》（廣州：廣東人民出版社，1998），第4卷，頁54。

63. 董必武，〈憶友人詹大悲〉，收入中共中央黨史資料征集委員會編，《中共黨史資料》（北京：中共黨史資料出版社，1983），第 7 輯，頁 13–18。

64. 《申報》，1927 年 12 月 24 日。

65. 王競康，《中共「廣州暴動」之研析》（台北：政治作戰學校政治研究所碩士論文，1978），頁 389–390。

66. 《申報》，1927 年 12 月 20 日。

67. 《申報》，1927 年 12 月 21 日。

68. 《申報》，1927 年 12 月 18 日。

69. 《申報》，1928 年 1 月 26 日。

70. 〈匪黨中央總書記向忠發的自述及供白〉，收入中華民國開國文獻編纂委員會、國立政治大學國際關係研究中心編印，《共匪禍國史料彙編》，第 2 冊，頁 547。

71. 郭德宏編，《王明年譜》（北京：社會科學文獻出版社，2014），頁 56。

72. 楊奎松，〈向忠發是怎樣一個總書記？〉，頁 233。

73. 俄羅斯國立社會政治史檔案館，495 號全宗，225 號目錄，1416 號卷宗（向忠發個人卷宗）。

74. 郭德宏編，《王明年譜》，頁 56。

75. 張培森主編，《張聞天年譜》（北京：中共黨史出版社，2000），上卷，頁 86。據資料記載，向忠發抵達莫斯科和烏克蘭的時間皆為 11 月上旬，順序未知。

76. Bruce A. Elleman, *Moscow and the Emergence of Communist Power in China*, 1925–30, p. 166.

77. 王凡西在回憶錄中寫道：「共產國際正要舉行第九次擴大的執委會議，黨派了向忠發和李震瀛二人前來參加。這二人，尤其是向忠發，立即被牽涉到莫斯科學生的鬥爭中去了。」見王凡西，《雙山回憶錄》（北京：現代史料編刊社，1980），頁69–70。

78. 王凡西，《雙山回憶錄》，頁69。

79. 王凡西，《雙山回憶錄》，頁69。

80. Frederic J. Fleron, Erik P. Hoffmann, *Post-Communist Studies and Political Science: Methodology and Empirical Theory in Sovietology* (Boulder Colo.: Westview Press: 1993), pp. 152–153.

81. 〈向忠發給共產國際執行委員會政治書記處的信〉，收入中共中央黨史研究室第一研究部譯，《聯共（布）、共產國際與中國蘇維埃運動》，第7卷，頁214–217。

82. Miin-ling Yu, *Sun Yat-sen University in Moscow, 1925–1930* (New York University PhD Dissertation), pp. 82–83.

83. 〈聯共（布）中央組織局會議第17號記錄〉，收入中共中央黨史研究室第一研究部譯，《聯共（布）、共產國際與中國蘇維埃運動》，第7卷，頁341–342。

84. 〈聯共（布）中央組織局會議第17號記錄〉，收入中共中央黨史研究室第一研究部譯，《聯共（布）、共產國際與中國蘇維埃運動》，第7卷，頁343–345。

85. 張靜如主編，《中國共產黨全國代表大會史叢書（圖文版）：從一大到十七大》（瀋陽：萬卷出版公司，2008），頁322。

86. 王凡西，《雙山回憶錄》，頁70。

87. 王凡西，《雙山回憶錄》，頁71。

88. 〈共產國際執行委員會政治書記處會議第67號記錄〉，收入中共中央黨史研究室第一研究部譯，《聯共（布）、共產國際與中國蘇維埃運動》，第7卷，頁218。

89. 〈索羅維耶夫給布哈林的信〉，收入中共中央黨史研究室第一研究部譯，《聯共（布）、共產國際與中國蘇維埃運動》，第7卷，頁301。

90. 〈索羅維耶夫給布哈林的信〉，收入中共中央黨史研究室第一研究部譯，《聯共（布）、共產國際與中國蘇維埃運動》，第7卷，頁302。

91. 〈向忠發給共產國際執行委員會第九次全會主席團的信〉，收入中共中央黨史研究室第一研究部譯，《聯共（布）、共產國際與中國蘇維埃運動》，第7卷，頁303–305。

92. 國民黨黨史館藏，〈駐德支部組織委員黃士賓等致中執會呈〉（館藏號：漢12254）。

93. Joachim Krüger, "A Regular Chinese Voice from Berlin to Moscow: The China-information of Liao Huanxing, 1924–1927", in *The Chinese Revolution in the 1920s*, p. 179.

94. Joachim Krüger, "A Regular Chinese Voice from Berlin to Moscow: The China-information of Liao Huanxing, 1924–1927", in *The Chinese Revolution in the 1920s*, p. 179.

95. 〈向忠發給共產國際執行委員會的信〉，收入中共中央黨史研究室第一研究部譯，《聯共（布）、共產國際與中國蘇維埃運動》，第7卷，頁313–315。

96. 中國共產黨歷史紀實編纂委員會編，《中國共產黨歷史紀實》，第3部上卷，頁519。

97. 由於譚平山主動提出辭職，並非示威性的退出武漢政府，因而遭李立三斥為「最可恥的一件事」。見〈李立三自述〉，李莎，《我的中國緣分》，頁380–381。

98. 調查局藏，〈六屆四中全會前後共黨分離情形〉，館藏號：262.07/815/12322。

99. 李蓉，《中共六大軼事》（北京：人民出版社，2010），頁17。

100. Richard C. Thornton, *The Comintern and the Chinese Communists*, 1928–1931, pp. 4–7.

101. E. H. Carr, R. W. Davies, *Foundations of a Planned Economy, 1926–1929* (New York: Macmillan, 1971), p. 851. 布哈林自1926年掌管共產國際後，大力支持中共與國民黨合作，甚至設想廣州成為「紅色莫斯科」，1927年蔣介石發動清黨後，布哈林與史達林持續支持武漢政府，最終以失敗告終。布哈林透過支持米夫，批評羅明納茲，很大程度上是為自己失敗的中國政策找替罪羊。見 Stephen F. Cohen, *Bukharin and the Bolshevik Revolution: A political biography, 1888–1938* (New York: Alfred A. Knopf, 1973), pp. 260–261.

102. Kermit E. McKenzie, *Comintern and World Revolution*, pp. 82–83.

103. 中共中央黨史研究室、中央檔案館編，《中國共產黨第六次全國代表大會檔案文獻選編》（北京：中共黨史出版社，2015），上冊，頁16。

104. 中共中央黨史研究室、中央檔案館編，《中國共產黨第六次全國代表大會檔案文獻選編》，上冊，頁18; Richard C. Thornton, *The Comintern and the Chinese Communists*, p. 10.

105. Ishikawa Yoshihiro, "The Chinese National Revolution and the Eighth ECCI Plenum: Exploring the role of the Chinese Delegate 'Chugunov'", in *The Chinese Revolution in the 1920s*, p. 146.

106. 張國燾，《我的回憶》，第二冊，頁787。

107. 〈聯共（布）駐共產國際執行委員會代表團會議第3號記錄〉，收入中共中央黨史研究室第一研究部譯，《聯共（布）、共產國際與中國蘇維埃運動》，第7卷，頁333。

108. 〈共產國際關於中國問題的議決案（1928年2月25日）〉，收入中共中央文獻研究室、中央檔案館編，《建黨以來重要文獻選編》，第5冊，頁156–162。

109. 英國著名歷史學家 E. H. Carr 在其蘇聯史著作中，誤將李立三當成李震瀛，與向忠發、史達林和布哈林聯名發佈決議，可見學界對這段歷史的誤解之深。見 E. H. Carr and R. W. Davies, *Foundations of a Planned Economy, 1926–1929,* pp. 852–853.

110. 〈聯共（布）出席共產國際第六次代表大會代表團會議第 2 號記錄〉，收入中共中央黨史研究室第一研究部譯，《聯共（布）、共產國際與中國蘇維埃運動》，第 7 卷，頁 515。

111. 〈索洛維約夫給布哈林的信〉，收入中共中央黨史研究室第一研究部譯，《聯共（布）、共產國際與中國蘇維埃運動》，第 7 卷，頁 346–347。

112. 〈索洛維約夫給布哈林的信〉，收入中共中央黨史研究室第一研究部譯，《聯共（布）、共產國際與中國蘇維埃運動》，第 7 卷，頁 375。

113. 毛齊華，《風雨征程七十春——毛齊華回憶錄》（北京：當代中國出版社，1997），頁 58。

114. 〈洛佐夫斯基給米特凱維奇和瓊森的信〉，收入中共中央黨史研究室第一研究部譯，《聯共（布）、共產國際與中國蘇維埃運動》，第 7 卷，頁 201。

115. 〈蘇兆征和向忠發給共產國際執行委員會東方書記處的信〉，收入中共中央黨史研究室第一研究部譯，《聯共（布）、共產國際與中國蘇維埃運動》，第 7 卷，頁 376。

116. 〈聯共（布）中央政治局會議第 26 號記錄〉，收入中共中央黨史研究室第一研究部譯，《聯共（布）、共產國際與中國蘇維埃運動》，第 7 卷，頁 457。

117. 盛岳，《莫斯科中山大學和中國革命》（北京：東方出版社，2004），頁 216–217。

118. 毛齊華，《風雨征程七十年——毛齊華回憶錄》，頁 63。

119. 〈莫斯科中山大學裏的鬥爭〉，沙尚之編，《記孫冶方》，頁 255–256。轉引自郭德宏，《王明年譜》，頁 69。

120. 袁溥之，〈往事歷歷〉，《廣東黨史資料》，第3輯，頁155。轉引自郭德宏，《王明年譜》，頁69。

121. 孫冶方，〈給中共中央紀律檢查委員會和中共中央組織部的報告〉，沙尚之編，《記孫冶方》，頁288。轉引自郭德宏，《王明年譜》，頁69。

122. 明遠，〈向忠發留莫紀略〉，《社會新聞》，1933年第2卷第26期，頁373。

123.《漢口民國日報》，1927年4月30日。關於向忠發與蘇兆征的關係，羅章龍在回憶錄中寫道，蘇兆征「對向忠發流氓作風極為不滿，常當面批評李立三與向忠發，説二人均夠不上做黨員。李、向因此懷恨，故時造蜚語中傷蘇」。這段回憶，顯然是不準確的。見羅章龍，《羅章龍回憶錄》（美國：溪流出版社，2005），下冊，頁440。

124.〈共產國際執行委員會東方書記處軍事委員會會議第1號記錄〉，收入中共中央黨史研究室第一研究部譯，《聯共（布）、共產國際與中國蘇維埃運動》，第7卷，頁387。

125.〈諾林與向忠發和蘇兆征關於中國宣傳鼓動工作的談話記錄〉，收入中共中央黨史研究室第一研究部譯，《聯共（布）、共產國際與中國蘇維埃運動》，第7卷，頁391–393。

126.〈蘇兆征和向忠發給聯共（布）中央的信〉，收入中共中央黨史研究室第一研究部譯，《聯共（布）、共產國際與中國蘇維埃運動》，第7卷，頁426–428。

127.〈蘇兆征和向忠發給紅色工會國際執行局的信〉，收入中共中央黨史研究室第一研究部譯，《聯共（布）、共產國際與中國蘇維埃運動》，第7卷，頁443–444。6月12日，紅色工會給中國工會撥款8,000墨西哥元用作1928年2月1日之前的費用，見〈米特凱維奇關於給中國工會撥款的證明〉，同書前，頁491。

128.〈蘇兆征和向忠發給共產國際執行委員會的信〉，收入中共中央黨史研究室第一研究部譯，《聯共（布）、共產國際與中國蘇維埃運動》，第7卷，頁445–446。同日，蘇兆征和向忠發致信紅色工會國際執行局，報告中國工人運動的形勢，文中卻寫道當前中國所經歷的政治形勢是直接革命的形勢，此種說法顯然與共產國際第九次執委會的定調不同，可以推測這封報告是由蘇兆征寫成。見同書，頁447–448。

129.〈向忠發和蘇兆征給共產國際執行委員會的信〉，收入中共中央黨史研究室第一研究部譯，《聯共（布）、共產國際與中國蘇維埃運動》，第7卷，頁462–471。

130. 王凡西，《雙山回憶錄：一個中國革命者的回顧和反思》，頁71。

131. 姜華宣、張蔚萍、蕭甡主編，《中國共產黨重要會議紀事（1921–2006）》（北京：中央文獻出版社，2011），頁54。

132.〈周恩來對斯大林同瞿秋白和中共其他領導人會見情況的記錄〉，收入中共中央黨史研究室第一研究部譯，《聯共（布）、共產國際與中國蘇維埃運動》，第7卷，頁477–482。

133. 中共中央文獻研究室編，《周恩來年譜》（北京：中文文獻出版社，1997），頁141。

134. 向忠發和蘇兆征皆參與了章程、土地綱領、農民運動、軍事決議、軍事工作訓令草案的討論，蘇兆征單獨參加了對職工運動草案的討論，見〈米夫給斯大林、布哈林、皮亞特尼茨基、伏羅希洛夫和加拉罕的信〉，收入中共中央黨史研究室第一研究部譯，《聯共（布）、共產國際與中國蘇維埃運動》，第7卷，頁496–497。

135. 姜華宣、張蔚萍、蕭甡主編，《中國共產黨重要會議紀事（1921–2006）》，頁54–55。

136. 姜華宣、張蔚萍、蕭甡主編，《中國共產黨重要會議紀事（1921–2006）》，頁55。

137. 與向忠發一同出席 1928 年共產國際第九次執委會的李震瀛，並未留在莫斯科參加中共六大。

138. Richard C. Thornton, *The Comintern and the Chinese Communists*, p. 39.

139.〈政治議決案〉，收入中共中央文獻研究室、中央檔案館編，《建黨以來重要文獻選編》，第 5 冊，頁 377–378。

140. 姜華宣、張蔚萍、蕭甡主編，《中國共產黨重要會議紀事（1921–2006）》，頁 55。李蓉，《中共六大軼事》，頁 141–143、160。

141. 中共中央黨史研究室、中央檔案館編，《中國共產黨第六次全國代表大會檔案文獻選編》，上冊，頁 478–479。

142.〈職工運動決議案〉，收入中共中央文獻研究室、中央檔案館編，《建黨以來重要文獻選編》，第 5 冊，頁 434–436。

143.〈布哈林在中共六屆一中全會上的講話〉，收入中共中央黨史研究室第一研究部譯，《聯共（布）、共產國際與中國蘇維埃運動》，第 7 卷，頁 511。

144. 王健英，《中共中央機關歷史演變考實（1921–1949）》，頁 118–120。

145. 羅章龍，《亢齋文存：羅章龍回憶錄》，下冊，頁 433。

146.〈聯共（布）出席共產國際第六次代表大會代表團會議第 2 號記錄〉，收入中共中央黨史研究室第一研究部譯，《聯共（布）、共產國際與中國蘇維埃運動》，第 7 卷，頁 515–516。

147. 張國燾，《我的回憶》，第二冊，頁 787。張國燾於 1959 年在香港接受訪問時，說米夫之所以選擇向忠發為總書記，源自於中共左右兩派（左派為周恩來、李立三、瞿秋白，右派為蔡和森、項英、張國燾）互不相讓的結果，這種說法顯然忽略了共產國際對向忠發的需要與倚重。見 Tso-liang Hsiao, *Power Relations within the Chinese Communist Movement, 1930–1934: A Study of Documents* (Seattle: University of Washington Press), p. 61.

148. 中共中央黨史研究室第一研究部編，《中共六大代表回憶錄》，頁 108。

149. 調查局藏，〈四中全會前後共黨分離情形〉，館藏號：262.07/815/12322。

150. 明遠，〈向忠發留莫紀略〉，《社會新聞》，1933 年第 2 卷第 26 期，頁 373。關於向忠發這一階段在莫斯科的經歷研究，見 Karin-Irene Eiermann, *Chinesische Komintern-Delegierte in Moskau in den 1920er/1930er Jahren* (Berlin: Wissenschaftlicher Verlag Berlin, 2009), pp. 118–159.

第四章

中國的史太林

莫斯科之旅前後，向忠發的人生發生了天翻地覆的變化。出國以前，向忠發的職責是在基層組織工人，接着到湖北全省總工會收拾善後，奉行着中共工人運動的指示，卻無法參與黨內決議。回國之後，向忠發成了共產國際的代言人，以中共黨魁之尊，監督全黨黨員接受共產國際指示。除此之外，向忠發還主導了中共內部的人事和組織變動，其中最重要的一項，就是將蔡和森逐出權力核心，以李立三取而代之。

貫徹指示

耗時半年，歷經蘇共十五大、共產國際第九次執委會和中共六大後，中共的發展方針終於塵埃落定。結論是，「第一個革命浪潮以歷次失敗而完結，而新的浪潮還沒有來，黨的總路線是奪取群眾，統一群眾，團結群眾於黨的主要口號之下，加緊日常工作，尤其是城市產業工人之中的工作。」據當時在列寧格勒（聖彼得堡）托爾馬喬夫軍政學院讀書的蕭勁光回憶，向忠發在中共六大結束後曾到訪列寧格勒，並召集在軍政學院的中共黨員開會，傳達六大的主要精神：

> 我記得一是講了大革命失敗以後，國內蔣汪反動，屠殺了大批共產黨人和革命人民。在我們黨內，「八七」會議以後又出現了瞿秋白同志的「左」傾盲動主義，這次黨的會議停止了這一錯誤。二是講了這次會議分析了中國革命的形勢，確認中國革命處於資產階級民主革命階段，目前處於高潮與低潮之間。要準備革命力量，迎接革命高潮。並告訴我們黨確定了武裝起義，建立紅軍的方針，確立了軍事工作的重要地位，勉勵大家好好學習，回國後參加軍事鬥爭。三是講了階級路線問題，給我印象很深。六大強調了工人階級的作用，特別提出了指導機關的工人階級化問題，對民族資產階級和上層小資產階級的革命性作了否定。也就是根據這一原則，工人出身的向忠發當選為黨的總書記，實際上思想水平和工作水平都不高，後來叛變了革命。我記得這一階段，在黨內強調了凡是地主、資產階級出身的人都不發展入黨。這是黨的六大的缺點之一。[2]

隨後，向忠發、李立三、蔡和森等人，由西伯利亞陸路，經由哈爾濱，返回上海。[3] 9月2日，向忠發在中央政治局常委會上宣佈新的中央開始工作。[4] 對於這段時期的經歷，向忠發在口供中說：「未幾（1928年6月）中央開六次代表大會，我任主席團，回國後任共黨總書記。曾被幽禁一個月（與李立三、蔡和森、王仲一等同住）。」[5]

中共六大結束後，新任領導層兵分兩路返回中國。向忠發、李立三、蔡和森三人，在八月就已抵達上海；而其他三位政治局常委周恩來、蘇兆征、項英，則留在莫斯科參加共產國際第六次大會，在10月和11月上旬，才陸續回到上海。自共產國際第九次執委會以來，向忠發即被委以重任，在中共六大上護航共產國際的旨意。即便未參加隨後舉行的共產國際第六次大會，向忠發仍在大會上獲選為共產國際執行委員會59名委員之一。[6] 有了共產國際執委會委員和中共總書記的雙重頭銜，向忠發本人對共產國際的旨意更加深信不疑。如李維漢回憶，向忠發在1928年9月14日寫的〈中國工農代表團來蘇聯經過報告〉一文中，對共產國際第九次執委會的決議有如下評價：

> ……本來為在國際六次世界大會前短時期內適用的，這次國際六次世界大會對中國革命問題當有更詳細更具體更正確的決議和指示，不久前中國黨第六次全國大會中對政治問題的估量、分析和決定，完全與國際九次擴大會對中國問題決議一致，從國際擴大會到現在，國內所經過的實際政治變化，所經過的革命

形勢和黨應有的路線及策略，都證明國際第九次擴大會議對中國問題的決議完全是正確的。[7]

不論是否出於情願，在共產國際的指令下，中共代表算是接受了六大的決議文，但如何使國內的基層黨員領略中共六大的重要轉向，卻是一大難題。自八七會議以來，中共花了大量工作，清算陳獨秀的右傾機會主義。當基層黨員開始認真貫徹新黨魁的暴動政策後，忽然從莫斯科回來的新一屆中央又告訴他們，這是左傾盲動主義錯誤。黨員們無法明白，為何黨的政策可以在一年內風雲突變，一下左傾，一下右傾。因此，如何使眾多基層黨員理解中央的新政策，成為了向忠發上台後的主要任務。

從共產國際執委會到中共六大，不難看出共產國際的根本意思——中共實力在1927年受損嚴重，應養精蓄銳，等待時機;但又為了找台階下，只得搬出馬克思理論，在名詞定義上大做文章，繞來繞去，最後得出結論——當前的革命形勢為「低潮期」。誠然，自武漢分共後，中共在城市的據點受到嚴重破壞，工人運動不得不暫時擱置。然而，中共在農村的根據地卻在毛澤東領導下日益茁壯，他們不在乎城市要不要組織暴動，更不關心革命形勢究竟是高潮還是低潮，只知道在秋收季節時，例行性地發起暴動。向忠發回國時，正好是1928年的秋收季節，農村根據地蠢蠢欲動。然而，既然共產國際明定當前革命形勢為低潮期，加上一年前兩湖暴動失敗的陰影猶在，向忠發在上台後的第一份通告中，制止了秋收暴動：

今年秋收鬥爭，不是革命高潮的時期，而是促進革命高潮的時期。

因此黨的任務與策略，在去年秋收鬥爭應該號召廣大農民群眾起來與城市革命鬥爭匯合作推翻反動的國民黨的政權的全國的總暴動，今年秋收鬥爭，應該是發動並團聚極廣大的群眾掃除對國民黨改良政策的幻想，更堅決群眾推翻地主豪紳階級的統治的認識與決心。換句話說，今年秋收工作的總方針是在奪取更廣大的群眾，準備將來的總暴動，而不是號召秋收的總暴動。[8]

這段話解釋了暫緩發動秋收暴動的原因，接着，通告中又檢討了一年前兩湖暴動的疏失，認為盲目的燒殺政策就是盲動主義的體現，必須按照中共六大通過的《農民運動決議案》的指示，發展群眾組織游擊隊。[9]同時，通告還寫道：

在此次鬥爭中，還有一個更重要的任務，就是利用此次鬥爭的機會，同時促進工人運動的工作，在客觀上固然不能絕對否認農民鬥爭可以影響到工人運動的發展，在策略上尤其應當加緊工人的鬥爭，援助農民鬥爭以鞏固工人階級對農民思想上的領導。所以各省委在計劃和佈置此次工作的時候，必須充分注意工人中的工作，堅決反對在此次鬥爭中不重工人或甚至停止工運集中一切人材於鄉村的偏向。這樣固〔必〕然使黨的基本工作——工人運動變成莫大的損失，同時必然使農民鬥爭因得不到工人階級的援助而完全失敗。

這段話重申工人運動是黨的基本方針，其重要性仍在農民運動之上。這正是中共六大的指示。制止了秋收暴動後，接下來的幾份通告，仍一再重申養精蓄銳，等待革命時機的道理。9月17日，中共中央發佈《中央通告第二號——第六次全國代表大會的總結與精神》，強調國際革命形勢轉入新的革命高潮時期，而國內的革命高潮隨着廣州暴動而結束，正等待新一波的高潮來臨，中共的任務是消滅地主階級、驅逐帝國主義、推翻國民黨、建立蘇維埃政權等。18日，發出《中央通告第三號——目前革命形勢與黨的戰術和策略》，透過對濟南事件、蔣桂衝突分析當前革命局勢，認為新的高潮將必不可免的到來，而中共須通過組織群眾，促進高潮更快到來。20日，發表《中國共產黨對時局宣言》，面向工農群眾，強調「現在的任務就是要準備取得徹底勝利的力量，促進新的革命高潮更快的到來」。10月1日，發佈《中央通告第四號——關於宣傳鼓動工作》，糾正了以往宣傳技巧的疏失，強調要建立經常的宣傳鼓動工作，建立各級黨部的宣傳機關。

這一連串冗長的文件，可概括為一句話——中共正在等待下一波革命高潮，並寄望發動工農運動，促進高潮快點來臨。在此過程中，工人運動佔據核心地位，準備城市暴動為主要工作，農村的土地革命儘管可以照樣進行，但重要性應居於城市暴動之下。中共中央已在通告中多次聲明，工人運動在農民運動之上。然而，以當時的情況而言，工人運動遲遲無法開展，相較起來，農民運動的前景似乎光明許多。中共中央明知這種情形，又不能為了堅持無產階級領導而因噎廢食，故意暫緩農民運動，所以只能不斷地大聲疾呼，要求黨員不要忘了無產階級的領導地位。中共中央對黨內逐漸「非無產階級化」的情形感到憂心忡忡，發佈了《中央通告第七號——關於黨的組織——創造無產階級的黨和其主要路線》：

> 現在黨的組織顯然有離開無產階級的危險，其主要的表現是：
>
> 1. 黨的工人成分減少農民數量超過工人同志七倍以上，工人支部差不多半數是失業工人（如上海）
> 2. 黨的指導機關極少工人的積極分子參加，仍然保有不少小資產階級的動搖分子在黨內和指導機關；
> 3. 有廣大產業工人群眾的區域工作完全塌台，如武漢，廣州，天津，安源，或則沒有工作或只有極少的工作，如唐山，滿洲，無錫，各鐵路礦山。上海的組織只有形式——與群眾隔離的形式；
> 4. 一般的城市工作差不多等於零；
> 5. 黨員大部分失掉了職業，與群眾隔離，靠黨生活，並且形成僱傭勞動性；
> 6. 鄉村中差不多沒有支部生活，城市支部則隔離了群眾；
> 7. 一方面家長制的習氣尚未洗除，一方面極端民主化的現象又已發生，下級對上級不信任，甚至有以個人意氣在下級鼓動反上級的現象（如順直）；

8. 沒有群眾的核心作用，只有個人的英雄主義的蠻幹——站在群眾的前面，拼命或強迫命令群眾，甚至把赤色恐怖當作發動群眾的主要路線；

9. 農民意識與遊民意識小資產意識結合而構成政治上的盲動主義；

10. 地方黨部多不健全，各級指導機關更不集體化；

11. 可恥的自首叛黨的現象日益蔓延。

這十一大現象充分表證了黨的非無產階級化。因此現時黨的前途應當是從新創造無產階級的基礎。[10]

這篇通告列舉的11條現象，充分反應了那時中共中央的矛盾心態——儘管農民運動能擴充黨的實力，但長久下去，中共將成為一個農民組成的政黨，而非原先設想的無產階級政黨。因此，中共中央只能雙管齊下，一方面加緊城市的工人運動，如11月8日發佈的《中共中央通告第十五號》：

群眾工作的對象，最主要的當然是城市的廣大勞苦群眾——尤其是產業工人，沒有城市的領導，鄉村鬥爭很少勝利的可能。沒有工人的領導，農民革命很少成功的希望。所以建立城市工作尤其是工人運動，成為黨目前最迫切的任務。更就目前主觀的形勢看，工會的組織已縮小到極小的範圍，城市黨的組織更是零離破碎，在全國找不出健全的產業工人支部，這樣怎能爭取群眾，怎祥能促進革命高潮，所以更要加十倍的努力城市工作——尤其是工人運動。現在中央決定集中很大的力量，注意全國的幾個產業中心與政治中心，如上海，武漢，南京，天津，香港，廣州，大連，哈爾濱等地。在各省亦必須用很大的力量去注意全省重要的政治中心與工業中心，如江蘇的上海，南京，無錫，南通，鎮江，蘇州，徐州等；廣東的香港，廣州，佛山，江門，汕頭，石龍，肇慶，北海等……。只有這些城市工作有了相當的基礎，然後革命的勝利才更有可能，只有城市鬥爭興起，鄉村鬥爭才更易發動。這是各級黨部和全黨的同志應該特別注意的。但決不應該走向極端的方面去，完全放棄鄉村工作，專做城市工作，鄉村工作當然要與城市工作同時加緊，決不能稍有忽略，不過比較起來，要用更大的力量於城市工作。[11]

另一方面，則從意識形態着手，不斷提醒黨員時刻注意，它們所在的黨是個無產階級政黨，如 **11** 月 **11** 日中共發表的《中共中央告全體同志書》：

堅決反對一切不正確的政治傾向，堅決反對各種非無產階級的意識……中國的民權革命，只有由無產階級領導廣大的農民群眾去幹……農民意識籠罩一切。一年來農村鬥爭特別發展，黨的組織又有十之七八是農民成分，因此農民意識反映到黨的內面。例如主張平分田地，平分財產等均產主義的思想，主張焚燒城市及鄉村中無目的的燒殺等流寇的觀念，完全不是無產階級的意識，共產黨認農民是革命的同盟者，同時明白農民是小私有財產者，不能有正確的社會主義思想，保守的觀念特別重，更缺欠組織的能力，所以只有在無產階級的意識領導之下才能走上革命的正軌，如果不極力去糾正這種農民意識的危險，將使革命完全消滅，黨亦趨於死亡。再有過於重視農民鬥爭，放棄市工作，專一注意鄉村，也是一種極不正確的傾向，對於黨對於革命都有莫大的危險。[12]

為了加緊工人運動的進度，中共中央於11月成立了職工運動委員會，由蘇兆征、項英、羅登賢、徐錫根、周秀珠、王克全擔任委員，蘇兆征為書記。28日，發表《中央通告第十九號》，強調「職工運動是黨的最主要的群眾運動，是黨的基本的群眾工作，黨必須以全力來發展這種工作，只有這種工作的發展，才能堅強黨的階級基礎，才能樹立無產階級在一切勞苦群眾中的領導地位，這是每個共產黨員必須要認清的一點。」[13]

至此，中共第一階段的「思想改造」工作暫時告一段落。儘管向忠發上台後這三個月，工人運動沒有明顯進展，但連珠炮似的中央通告，已使得多數黨員逐漸適應中共六大的決議。中共中央政治局在11月28日給共產國際的報告裏，坦率地承認了工人運動的成果甚微，但相信共產國際路線的正確：

然而客觀的環境和群眾的革命情緒告訴我們革命有向前發展的可能，主要的是要無產階級政黨有正確的策略和工作路線以推進革命的微波走向高潮。中央忠實的在國際第九次擴大會決議和第六次全國大會決議之下工作，主要的是肅清盲動主義與機會主義之殘餘，在一切勞苦群眾前面擴大黨的宣傳揭破統治階級的罪惡特別與民族資產階級改良欺騙的宣傳奮鬥，參加一切在反動領導下有群眾的組織以奪取其群眾……[14]

總之，在向忠發上台三個月期間內，中共中央「忠實的在國際第九次擴大會決議和第六次全國大會決議之下工作」，所有中共中央的通告，無不充分宣傳共產國際的指示，並且樂觀地相信這條路線是正確的。中共推出的新政策，同樣呼應了共產國際路線的指示。向忠發一方面奉行共產國際指示，一而再、再而三的強調無產階級在黨內的重要地位；另一方面，又憑借工人出身的優勢，進一步鞏固了自身的領導權。向忠發在利用中央通告進行思想改造工作的同時，無形中也拉抬了自己的聲勢。例如，在1928年9月12日的《中央通告第一號》中，向忠發巧妙的將他一年前陰錯陽差「領導」的八一武漢罷工，放進了文章的第一段：

> 去年秋收鬥爭，正在武漢叛變，南昌暴動初起的時候，反動統治仍在繼續動搖崩潰，革命勢力，雖然遭受「馬變」與武漢「八一罷工」的打擊，並未大挫。工農群眾因國民黨的反動極為憤激，有拼死反抗反動勢力的決心。所以當時革命形勢仍在繼續深入的高潮時期。[15]

向忠發在這段話中，將其「領導」的武漢八一罷工和馬日事變相提並論，刻意提高了武漢罷工的重要性。事實上，武漢八一罷工的成果十分有限，其性質也與馬日事變南轅北撤。論對革命勢力的打擊，不僅無法和馬日事變相提並論，甚至遠趕不上同年底詹大悲和李漢俊犧牲的武漢罷工。從這封通告中不難看出，向忠發藉由武漢罷工，突顯自身領導工人運動的意圖。此外，一向不擅長寫文章的向忠發，卻在二七罷工六周年之際，寫了〈二七紀念與中國工人〉一文。這篇文章發表在 1929 年 2 月的《中國工人》雜誌上，作者署名為「忠發」，全文如下：

> 二七大屠殺的六周年紀念到了。全中國的工人階級都要開紀念會來紀念那一次運動，追悼那時候死難的烈士。這是什麼意義呢？因為一九二二年二月七日（作者註：應為 1923 年），京漢路工人組織總工會，在鄭州開大會，是爭取集會結社言論出版罷工之自由權，是中國工人階級開始直接的政治鬥爭，是中國工人階級開始領導民權革命運動。二七鬥爭失敗，中國工人遭了軍閥吳佩孚的屠殺，斷頭流血，一方面是為工人階級本身的解放而犧牲，另一方面也是為全中國一切被壓迫的勞苦群眾的解放而犧牲，也就是為中國民族解放運動而犧牲。自從二七起，革命的形勢一天一天地擴大，革命的意義一天一天地深入，每一次大的鬥爭，都是工人階級站在最前線。一九二五到一九二七年的革命高潮，是二七運動發展出來的。在革命高潮中，工人階級有五次大的鬥爭，是中國革命史的骨幹。第一次是五卅罷工。第二次是粵港罷工。第三次是收回漢口九江的英租界。第四次是上海三月暴動。第五次是廣州十二月暴動。在五卅的時候，農民群眾還沒有參加革命。到了廣州暴動，各地的農民廣大的群眾都在無產階級領導之下實行反抗地主的鬥爭。在五卅的時候，資產階級還在革命戰線之內，到了廣州暴動，資產階級已經加入反革命方面很久了。在五卅的時候，還沒有土地革命的萌芽，到了廣州暴動，工人階級和農民兵士就高呼沒收一切地主階級的土地了。在五卅的時候，還只做國民會議的民權運

動，到了廣州暴動，就高舉蘇維埃的旗幟，組織工農兵的民權獨裁政府了。可見從五卅到廣州暴動，革命一步一步地深入、擴大，而且只有工人階級是唯一的永遠的革命領導者。廣州暴動失敗，工人階級受了敵人的摧殘、屠殺，在組織上是暫時散漫了，但是革命情緒還是沒有消沉。近來這幾個月，工人鬥爭又復興起來，在上海，就有郵務罷工，法商電車罷工，還有各種大小鬥爭，兩百多件，最近的新新公司罷工和南洋浦廠關廠的鬥爭，還沒有停止。在漢口，反對日本帝國主義的大罷工，又正在擴大。這種情勢，證明第二次革命高潮快要到了。那年的二七，開闢了第一次革命高潮。今年的二七，第一次革命高潮已經過去了，大家要準備向新的革命高潮走啊！

但是，工友們，不要忽視了眼前困苦艱難的現象。第一點，資產階級用改良主義欺騙工人，緩和革命，準備將來的進攻。第二點，工人階級的組織，還沒有堅固，比如有些廠子，資產階級的國民黨委派的假工會，工人群眾還沒有把他打倒；有些廠子，一掛工會招牌，就有共產嫌疑，要被國民黨拿捉，但是工人群眾也沒有暗中團結；還有些廠子，只有一行一行的工會，沒有組織一廠一廠的工會——這些現象都是不好的。第三點，工人階級的群眾，和自己的政黨沒有很好的聯繫，有些廠子中最能替公眾出力做事的人，還沒有加入共產黨，因此他們領導鬥爭的時候，還不懂得現在適宜的策略，也不能夠和全世界全中國的工友們互相聯絡。

工友們！從前的革命高潮，從前工人階級的大鬥爭，是怎樣產生出來的？那都是從日常鬥爭中產生出來的。而且中國工人有統一的組織，又有工人的政黨共產黨來領導。所以才有那幾次大鬥爭。現在我們所擔負的使命，比較從前重大得多，我們準備的力量也要更充足，才可以領導革命。我們要學習二七以來的經驗和教訓，還要打破眼前的困難，補足主觀上的缺點。我們要從日常生活的鬥爭中前進，產生那未來的全國武裝總暴動。

我們的口號是：

二七死難烈士精神不死！
繼續二七烈士精神！
打倒現在的佩孚——國民黨軍閥！
打倒帝國主義！
實現八小時工作制！
增加工錢！
反對改良主義！
工農兵聯合大暴動！
建立蘇維埃政權！
實行土地革命！
中國革命成功萬歲！
世界革命成（功）萬歲！[16]

向忠發在這篇文章中，再也不提八一武漢暴動一事，因為這場暴動的歷史意義，遠趕不上廣州暴動。向忠發寫道「在五卅的時候，農民群眾還沒有參加革命。到了廣州暴動，各地的農民廣大的群眾都在無產階級領導之下實行反抗地主的鬥爭。」向忠發的意圖，顯然是重工抑農，刻意突顯農民運動的發源晚於工人運動，並且屈於工人運動領導之下。向忠發又說「只有工人階級是唯一的永遠的革命領導者」。值得注意的是，儘管共產國際全盤否定瞿秋白和羅明納茲的政策，卻唯獨對廣州暴動給予了較正面的評價。在中共六大上，甚至決議將12月11日的廣州暴動設為每年的紀念日。理由是，廣州暴動是中國蘇維埃革命階段的開始，甚至稱廣州暴動是一個世界無產階級革命史上的偉大的事業，可與「巴黎公社」相提並論。[17]

宣傳工作作為向忠發上任後的首要工作，除了體現在一連串的中央通告以外，在1929年2月12日向忠發給中共駐共產國際代表團的電報中，更進一步得到了印證：

> 我們收到了關於削減我們預算每月達33,000中國貨幣單位的電報。考慮到中國的條件要求有更大一筆款項。我們打算再次申明我們的理由，請求增加預算。我們不止一次地向中國代表團和共產國際執行委員會說過這個情況，我們以為，中國代表團本身很了解我們的理由，因此我們不再做詳細說明，只希望代表團盡力捍衛我們的請求，並使共產國際執行委員會相信確實需要增加預算。當然我們很清楚，共產國際難於撥給這樣一筆款項，但我們還是認為，它會給我們以支持。
>
> 現在在中國，宣傳鼓動工作具有最重要的意義。以前我們同共產國際執行委員會駐上海代表阿爾諾同志達成協議，他將撥給我們20,000盧布專項經費用於加強宣傳出版工作。新的印刷廠很快就要開業。我們已就印刷價格問題達成協議並支付了一點定金。突然阿爾諾同志收到共產國際執行委員會的電報，禁止他撥出專項經費。他服從這個指令，取消了以前的決

定，這樣一來我們就很為難，因為我們已經簽訂了協議並訂了貨。

我們希望中國代表團向共產國際執行委員會説明這些情況，爭取它允許撥出阿爾諾電告的20,000盧布專項經費。

致中共兄弟般的敬禮！

中央政治局 向忠發[18]

在1928年初至1929年初之間，共產國際並未指派代表到中國指導革命。此時擔任共產國際與中共聯絡人的工作，實際上落到共產國際國際聯絡部（International Liaison Department, OMS）在上海的代表阿爾布列赫特（Alexander Al'brekht）手中，即向忠發信中所説的阿爾諾。[19] 27日，中共以「中共中央」名義致信史太林，重申經費困難之事實：

……我們也知道，共產國際執行委員會的經費是有限的。但是我們的需要、我們的財政困難是如此之大，以至到了我們都無法克服的地步。……我們希望您建議共產國際執行委員會恢復我們最初的預算，此外，根據那個預算，您還可以撥給專項經費。……如果共產國際執行委員會本身無法解決專項經費問題，那我們請求您將此問題提交聯共（布）中央討論，以期它能在我們處於絕境時給我們以幫助。我們的工作現在正處於危機狀態。我們期待您盡快給予答覆。[20]

這封信的語氣，與向忠發 1928 年 2 月份致信史太林與布哈林的語氣非常接近。不難看出，向忠發指望透過與史太林的「私交」，託史太林向共產國際或是聯共施壓，甚至撥出專項款，解決中共的經費問題。顯然，向忠發完全高估了他在史太林心中的分量，對史太林而言，不論是向忠發還是中國政策，都只是他政治鬥爭行動中的一枚棋子。當史太林成功在 1927 年聯共第十五次大會與 1928 年共產國際第九次大會上，肅清長期以來在中國政策上對其構成威脅的托洛斯基後，中國問題不再是史太林日夜牽掛的煩惱。托洛斯基倒台後，共產國際也再不用像過去為證明史太林的路線正確，源源不絕地給中共供應盧布。這種態度，恰恰體現在中共經費遭到共產國際削減一事上。然而，如同過往的歷史顯示，每當蘇聯需要中國為自身利益作出犧牲時，中共總會被賦予新的任務，外加大量的物質援助。就在向忠發對中共受共產國際冷落而大惑不解後的數個月，一場中俄邊境衝突的爆發，再度使中共回到了共產國際的視線中。

開除蔡和森

莫斯科之旅前後，向忠發的人生發生了天翻地覆的變化。出國以前，向忠發的職責是在基層組織工人，接着到湖北全省總工會收拾善後，奉行着中共工人運動的指示，卻無法參與黨內決議。回國之後，向忠發成了共產國際的代言人，以中共黨魁之尊，監督全黨黨員接受共產國際指示。除此之外，向忠發還主導了中共內部的人事和組織變動，其中最重要的一項，就是將蔡和森逐出權力核心，以李立三取而代之。1928 年 10 月 4 日，中共中央召開政治局會議，取消蔡和森政治局常委職務，由李立三遞補。這段歷史，中共黨史幾乎避而不談。[21] 然而，仔細研究當時國內的政治局勢與中共內部的派系組成，不難發現背後大有玄機。

蔡和森是中共黨內的元老，連續擔任中共第二屆到第六屆的中央委員。早在 1918 年，蔡和森已和毛澤東在湖南組織新民學會，隨後赴法勤工儉學，1921 年回國後加入中共，從事理論宣傳工作。1925 年參加完五卅罷工後，到莫斯科出任共產國際代表。1927 年八七會議後，受到「懲罰性投票」的牽連，連政治局候補委員都未選上。隨後，以中央特派員省份，領導新成立的中共北方局，主管順直、陝西、山東、內蒙古和東北三省。不久，蔡和森與順直省委書記彭述之就順直省委改組一事上發生嚴重爭執，蔡和森認為彭述之繼承了陳獨秀的機會主義路線，並主導了省委改組工作，改由王藻文任書記，彭真等人進入常委行列。[22] 實際上，蔡和森從始至終絲毫不想沾上北方局事務，八七會議召開時，蔡和森請求回湖南工作，與毛澤東一同建立兩湖根據地，但未獲批准。1928 年，蔡和森赴莫斯科參加中共六大，在會上，蔡和森支持張國燾的觀點，反對瞿秋白。[23] 隨後，蔡和森再度獲選為中央政治局常委，並回國開展工作。正當蔡和森以為脱身之際，順直省委問題再次被拖上枱面。1928年7月，當中共六大在莫斯科召開時，上海方面已派劉少奇、陳潭秋到順直處理改組後的後續問題，但成效不彰。9月10日，劉少奇與陳潭秋將調查報告呈報中央，蔡和森立即於15日承認自己錯誤，並主動申請免除自身的政治局常委職務，得到批准。向忠發對此的態度是，「對他的處罰同意本人的意見，即公佈錯誤，退出政治局……此事不好好解決，新中央的生命就要斷送一半。」[24] 10月4日的政治局會議上，追認了9月15日開除蔡和森政治局常委職務的決議。

蹊蹺的是，當時中共五名常委，除蔡和森外，周恩來、項英、蘇兆征皆在莫斯科返程路上，只剩向忠發一人在場。開除政治局常委是何等大事，竟不等待人員到齊而倉促決定，已屬離奇。再説，開除蔡和森的理由是，他對順直省委問題左傾盲動問題負有重要責任，問題是，清算瞿秋白的「盲動主義」，是在中共六大上產生的。在八七會議後所謂的「盲動主義」時期，蔡和森正忙着在順直省委清算陳獨秀的「右傾機會主義」，結果去了一趟莫斯科後，居然成了左傾盲動主義的幫兇。再者，即使蔡和森糊里糊塗犯了錯，也不是嚴格意義上的「盲動主義」，因為他並未組織參與「盲動主義」的農民起義，而是「過度清算右傾機會主義衍生的左傾盲動主義」。[25] 遑論順直省委問題發生在1927年底，中共六大不僅沒有批判蔡和森，還選舉蔡和森出任政治局常委。向忠發卻在上台後一個月，藉順直省委一事大做文章，開除蔡和森，立威用意十分明顯。然而，除了立威，向忠發此時極可能另有盤算。

這個盤算，就是拉攏政治盟友李立三。儘管李立三同樣是工人運動領袖，但在中共六大結束後，並未得到重用。在八七會議上，李立三只得到了七票，吊車尾進入政治局候補委員行列中。在中共六大，得共產國際重用工人之利，選上候補政治局常務委員。回國後，擔任中共中央農民運動委員會書記，以當時「重工抑農」的政治風向而言，李立三的這項職務，並非處於權力核心。對向忠發而言，儘管此刻身為總書記，在政治局常委會中，卻缺少盟友。環顧中共中央高層，向忠發只和李立三有過密切的共事經歷。不論李立三瞧不瞧得起向忠發，在當時局勢下，向忠發需要李立三，兩人結盟對彼此無疑是利大於弊。除了向忠發，其他四名政治局常委中，蘇兆征和項英是工人出身，工人運動成績在向忠發之上，向忠發對此心知肚明。周恩來則任組織部長，掌握軍事大權，向忠發更不敢對其下手。蔡和森長期以來擔任理論家，選這名「筆桿子」下手，成了向忠發最好的選擇。因此，向忠發搶在10月4日達成決議，待周恩來於11月上旬回到上海後，也只能接受事實，同月，中共中央派周恩來赴北方整頓順直省委，宣傳六大精神。[26]

開除蔡和森的消息傳到莫斯科後，共產國際十分不滿。共產國際遠東局在給史太林、莫洛托夫、布哈林等人的絕密信中寫道：

> 在剛剛收到的中共中央材料裏，有關於把黨的最積極的工作人員之一，即蔡和森同志清除出中央政治局和中央書記處的消息。
>
> 這個決定（是中央非常小範圍的組成人員作出的，因為這時黨的著名工作人員中只有向忠發、李立三和蔡和森回到了中國）違反了代表大會的基本組織路線，因為這條路線是要保證中國黨為數眾多的派別在黨的六大的統一政治路線基礎上進行合作。
>
> 需要指出的是，蔡和森是因為1928年底1929年初的錯誤被清除出中央和書記處的，這尤為突出地說明了中央的內部衝突在迅速加劇，因此難以保證它的團結一致。

這封信，再度證實了開除蔡和森之舉，是以向忠發和李立三等「中央非常小範圍的組成人員」作出的，周恩來和蘇兆征並不在場，共產國際更是毫不知情。這段話同樣證實了，儘管對向忠發有足夠信任，共產國際仍然得兼顧多數中共非工人階級出生黨員的觀感，因而在中共中央政治局委員的名單中精挑細選，選出五名足以代表各派系的委員，以消弭黨內糾紛。顯然，向忠發的做法，嚴重破壞了這一平衡，故共產國際認為中共的內部衝突正在加劇。這封信接着介紹蔡和森的情況：

> 關於蔡和森同志的一些材料。蔡同志參加了共產國際執行委員會第七次全會的工作。回到中國後，他沒有避免犯機會主義錯誤。但是與其他中央委員（甚至與瞿秋白）相比較，他採取了更左的立場。

一九二七年八月會議後，他堅決同譚平山和陳獨秀斷絕了關係（他同後者的關係曾是很密切的）。這之後不久，他被中央派到北方（北京）工作，在那裏他犯了一些政治錯誤，現在（幾乎過了一年）這些錯誤成了清除他的理由。東方書記處在一九二八年三月就知道他的這些錯誤（即在策略問題上的盲動主義錯誤及在組織問題上的極端民主化和尾巴主義錯誤）。好像出席六大的全體代表也知道這些錯誤，他們在一些會議上，包括在審議組織決議時，對這些錯誤進行了討論。

蔡和森同志（在黨的六大前夕，即一九二八年五月底）來到莫斯科時，已經意識到黨組織盲動主義路線的危險性，並徹底站到了共產國際執行委員會第九次全會和後來的中共第六次代表大會的政治立場上。實際上他所持的態度有些獨特，比所有其餘人更附和迅速成長起來的黨的最健康的工人領導核心（向忠發、蘇兆征等）。蔡同志被選入中央委員會，後來又被在代表大會前夕召開的中共中央擴大全會一致選入政治局和書記處。

由此可見，遠東局對蔡和森的評價仍是較為正面的，認為他到莫斯科後「知錯能改」，能堅決擁護共產國際和中共六大的決議。照信中的口氣，遠東局同樣對向忠發以「一年前的錯誤」來清算蔡和森感到不可理解。信中接着分析清除蔡和森背後的動機：

瞿秋白、周恩來和李立三（即上屆政治局負責黨在一九二七年十一月全會後的政治路線的主要核心）

無論在代表大會之前還是在會議結束之後，對他都是抱有敵視態度。(蔡和森的主要著作《中國機會主義史》，毫無疑問引起了人們的很大興趣，它不僅是突出反對陳獨秀的，也是反對瞿秋白的)。

由此可見，清除蔡和森同志，無疑在客觀上是政治局和書記處組成人員朝着加強黨在代表大會之前的領導班子方向的一種變動，而這個班子在很大程度上已被六大否定。[27]

遠東局認定，開除蔡和森的起因是瞿秋白、周恩來和李立三對他的敵視，並認定中共有試圖恢復前任領導班子的「復辟」之舉。遠東局這番評估，是與事實脱節的。遠東局顯然忘了開除蔡和森行動中最重要的一個人——向忠發，若不是向忠發從中主導一切，中共如何能在三名常委缺席、共產國際毫不知情的情況下通過決議？不論如何，中共中央以「順直省委」一案作為開除蔡和森的藉口，共產國際倒是看得很明白，不過在分析背後原因上除了差錯——向忠發從未想恢復六大前的領導班子，而是不斷鞏固個人權威。

相較於此時共產國際認定瞿秋白、周恩來和李立三為開除蔡和森的罪魁禍首，中共黨史在研究這段歷史時，則把責任全數推到了李立三的頭上。例如，蕭三後來回憶蔡和森「被李立三左傾路線排擠出中央領導」[28]。張國燾回憶道：「李立三得着莫斯科反布哈林右派的鼓勵，也在中共內依樣畫葫蘆的幹起來，他開除蔡和森中央政治局委員，並以請共產國際糾正蔡的右傾錯誤為理由，將蔡送到莫斯科。」[29] 這類回憶，顯然是有問題的。李立三左傾路線起源於1930年中旬，距蔡和森被開除整整過了一年，李立三固然和向忠發合作，排擠蔡和森，但將蔡和森被開除一事套在立三路線上，完全是張冠李戴——這正是中共黨史研究的特色，它全盤繼承了共產國際和蘇聯的傳統，找到一個替罪羊後，把五花八門、大大小小的錯誤，全推到一個人頭上，陳獨秀、瞿秋白、李立三都無一倖免（向忠發本該和李立三一同成為立三路線的替罪羊，但獲中共黨史「特赦」。原因有二，一是中共路線儘管有錯誤，但替罪羊仍是黨內同志，尚能保全面子，自圓其說，若找「叛徒」向忠發作替罪羊，則顏面盡失。二是中共黨史始終忽略了向忠發在立三路線形成過程中的重要作用，這正是本書接下來要討論的）。

開除蔡和森後，李立三直接出任宣傳部長，擔任向忠發的左右手。在1928年年底的思想改造浪潮中，李立三也扮演了重要的角色。中共中央同時通過《布爾塞維克》編輯委員會名單，共有37人，向忠發名列其中。[30] 據統計，從1928年回國後，至1930年4月這段時間中，李立三在中共當時最重要的三大黨刊《紅旗》、《黨的生活》、《布爾塞維克》上，就發表了五十多篇署名文章。[31] 開除黨內元老蔡和森一事，給了向忠發足夠信心。得到李立三支持後，向忠發逐步進行黨組織變革。例如：工人運動委員會併入工會、農民運動委員會併入宣傳部、取消軍事部併入組織部，另在政治局設立軍事委員會等，都獲得通過。[32] 除此之外，向忠發對秘密工作情有獨鍾，出任了中共中央特務委員會與中共中央秘密工作委員會委員。[33]

向忠發在1928年過得一帆風順，在莫斯科出盡了鋒頭，回國後又迅速掌握黨內大權。然而，在隔年初始，向忠發就踢到了鐵板。在1929年1月3日的政治局會議上，向忠發和李立三認為「江蘇省委領導不力，地方黨組織薄弱」，提議由中共中央兼顧江蘇省委的工作，並在通知江蘇省委前發佈決議。[34] 這項決議，不僅江蘇省委大力抗爭，周恩來與其他黨內同志同樣表態反對。在一場會議上，向忠發說：

> 我們受了六次大會的重大委託，我們如何來實行？新中央工作至數月但有多少成績呢？我們深深感到組織上是一個問題，的確感到工作方式之錯誤。我們每天都要喊中心工作，全中國的政治經濟中心是上海，……中央兼江蘇可給一般同志以很好的影響，同時群眾的情緒可以很快的反映到中央來。

在向忠發上台的半年時間內，都在從事思想改造，在實際工作上，並未有重大進展。向忠發「新中央工作至數月但有多少成績呢？」一句話，恰恰突顯了他急於立功的心理。儘管如此，向忠發仍然無法說服其他同志，周恩來又是堅決的反對者，最終聯合多數，迫使向忠發放棄。向忠發最終說道「放棄我的主張是可以的，但並不是豪說服了我。」[35] 至此，兩派取得妥協，1月14日，政治局召開會議，決議中央不兼江蘇省委，但要求在江蘇問題解決後，改組省委。[36] 18 日，中共中央發佈中央關於黨內宣傳派別問題決議案，再度批評江蘇省委，並將江蘇省委的錯誤，上綱上線到違反六大政治路線的高度：

> 自六次全國大會號召全黨肅清小資產階級意氣之爭和國民黨的工作方法以來，黨內非無產階級意識如鬧個人問題，經濟問題，及以私人感情關係為出發觀察一切工作等等，並還沒能開始減少。不但沒有減少，三四月末工作的經驗，各省黨部各地幹部分子常因這種問題演成黨內糾紛，顯著的如順直問題，浙江問題，其次則在各省黨內常有多多少少類似的問題發生。因這種糾紛問題的起伏，黨內非無產階級意識更加發展，於是乃反映六次大會中極不正確的意識，所謂個人派別問題成為攻擊懷疑的藉口，且牽連到中央最高指導機關。在先在順直問題中曾發生這種意見，認中央改造順直黨部含有派別作用；山東省委亦因有人宣傳中央及黨中有派別存在而成立否認的決議案；在各省則頗有些幹部分子作此種類似宣傳；最近則江蘇黨部各級負責同志竟有人擴大此種宣傳以號召省委與中央對立。……
>
> 關於江蘇黨的改造，中央的觀察與所決定的路線有下列五點：
>
> (一) 江蘇工作尤其是上海工作居全國領導地位，江蘇工作作得好可以影響全國；
>
> (二) 江蘇省工作尤其是上海工作關係於中央的指導極大，中央可以從上海得到工作上鬥爭上的經驗和教訓以指導全國；

（三）目前江蘇客觀環境特別是工人階級鬥爭的發展與改良主義的欺騙，在工人中的宣傳與組織，極需要黨的領導和鬥爭；

（四）但江蘇黨的主觀弱點是群眾鬥爭領導的困難，地方黨部的軟弱，省委觀念的錯誤與工作之缺少中心；

（五）為要打破這一主觀的困難，改造江蘇黨的路線應是：強健地方黨部，改組省委，以積極領導鬥爭和樹立工作的中心。

5. 江蘇黨部各級負責同志在還沒有了解中央對於改造江蘇黨的路線之先，亦不從工作上與中央來共同討論這個路線的正確與否，而竟有些同志在黨內群眾中以至在各省來中央的負責同志中散佈中央兼省委的辦法是別有用意，是派別問題，江蘇黨部將打倒某人擁護某人，將聯合各省以反對中央等等。這種觀念與行動的錯誤，很顯然是非無產階級意識與國民黨的工作方法在黨內的殘留。分析看來便是：（一）硬依工作地域的關係臆造黨中有無原則的派別；（二）將省委與中央對立，發展與黨有害的地方主義；（三）根據個人關係為出發以觀察黨的工作。這樣簡直成為封建社會思想習慣的殘留。……中央政治局一致地主張堅持中央正確的工作路線，與一切非無產階級意識和傾向以及妨礙此正確路線的行動鬥爭到底。以江蘇最近發生的問題為最嚴重的材料，號召江蘇全黨以及全國黨員起來注意這一問題，消滅這一現象，主要的是以教育的方法開始在全黨內做改造的工作—這是目前黨內急迫而又長期的中心任務。

19日，江蘇省委通過決議，承認錯誤。24日，江蘇省委遭到改組，羅登賢為書記。25日，周恩來主持江蘇省委會議，強調「中央總的路線是正確的，目前黨內並沒有原則上不同的派別。對中央的缺點錯誤，省委可以討論，但應在組織原則以內，不允許搞非組織活動。」[37] 在這場風波中，周恩來充分扮演了居中協調的角色，一方面遏制了向忠發與李立三的計劃，一方面又給足兩人面子，將江蘇省委改組。無形之中，周恩來的地位同樣在上升。時任江蘇省委委員的徐錫根，在投降國民黨後發表的宣言中，對這段鬥爭過程有如下描述：

> 在六次大會後，我擔任了江蘇省委書記的時候，李立三已經登台，很顯明的我是群眾自己選出來的書記，自然要執行群眾給我的使命；然而李立三為要穩固他的地位，加強他的統治和領導，他馬上想出無恥的方法召集全體省委會議，他說：「現在江蘇省委在各方面的表現，都有很大的成績，但是還不夠，中央為要加強省委工作的領導，要改組省委。」這種無恥的意見，被我們完全拒絕了，可是他看到我們有很大的力量，更加不放心了，馬上又想出第二步的進攻，所謂中央來兼省委。也被我們以充分理由來反對他們，但他們死也不接受我們的意見，於是我們號召了全江蘇同志們來討論這個問題，結果我們一致拒絕和反對，並進一步開始與他們鬥爭。但不幸得很，因為我們內部不穩固，除了內賊趙容等的投降，使我們陣線崩潰。我們的鬥爭也失敗了，我的工作也被撤消了……[38]

一名親歷者也指出，面對江蘇省委問題，李立三「用迅雷不及掩耳的手段解決了」。[39] 這場關於中央兼江蘇省委的爭論，就此告一段落。表面上，是中共高層對黨組織看法上的爭論，暗地裏，仍是中共高層對領導權的爭奪。事實上，從1928年2月向忠發給共產國際的信看來，向忠發對周恩來始終保持警惕。早在周恩來尚未歸國之際，向忠發已主導開除蔡和森。1月3日，趁周恩來正在北方處理順直省委問題時，向忠發又如法炮製，召開政治局會議，不待周恩來同意，即通過決議。不同的是，這次李立三已升為政治局常委，成了向忠發的盟友。這場爭端後，中共黨內向忠發、李立三、周恩來三人共管的局勢逐漸形成。大體上，向忠發主管黨內的意識形態，李立三控制宣傳，周恩來則操盤軍事，至於重要通告，仍以向忠發的名義發佈。

從反左傾到反右傾

共產國際觀察了新一屆中共中央上台後半年來的成績，在2月8日致信中共，勉強肯定新中央能「運用遵行」六大的決議，同時直言執行程度相當薄弱，群眾對革命的前途仍感到悲觀。共產國際分析原因，認為是國民黨政府在北伐完成後，成功製造出一種「幻想」，在這個幻想中，資本主義開始茁壯，中國經濟持續平穩發展，因而中共六大決議所預測的革命高潮，將永遠不會來臨，或是得往後推遲很長一段時間。若這個幻想持續下去，將一步步侵蝕中共在中國社會的生存空間。因此，共產國際下達了解決辦法：

> 一般的說來，理論上自然不否認直接革命形勢（可以直接武裝暴動的形勢）有延長幾年的可能。但是若以為就是在這種情形之下中國將有長期的「和平的」發展，沒有嚴重的經濟組織的動搖（農村經濟的危機，饑荒，個別民族工業的危機），沒有帝國主義的激烈的衝突，沒有軍閥間的武裝戰爭，沒有無產階級更大的鬥爭，沒有鄉村的農民暴動——以為這樣，便是很大的錯誤。

換句話說，共產國際要求中共盡快戳破這種「幻想」，要引導群眾相信經濟將無可避免地陷入危機、帝國主義即將互相衝突、軍閥間早晚要發動戰爭，在這種環境下，勞苦群眾負擔與日俱增，早晚將起來反抗，響應共產黨參加革命，造就中共六大決議所說的「革命高潮的前提」。因此，共產國際要求中共接下來要「肅清一切的幻想，揭破國民黨的政策之假面具，發動勞動群眾去反對國民黨的政策，準備群眾以推翻國民黨的統治」。共產國際這番對中國革命形勢的樂觀評估，仍然是沿襲自1927年以來與托洛斯基唱反調的傳統。[40] 共產國際同時在信中提出警告，中共黨內漸漸有右傾的氛圍。所謂右傾，指的主要是沒有積極肅清群眾對國民黨的幻想，另外還包括了部分黨員參加公開工會工作而違背了中共的秘密性，以及部分中共黨員脫黨的現象等。

自六大結束後半年來，中共中央傾全黨之力，肅清左傾盲動主義路線，忽然共產國際來信稱黨內開始有右傾危險，使得中共黨內極為警覺。3月12日，中共中央政治局專門討論了共產國際指控的反右傾傾向。15日，報告內容經李立三修定後，發佈《中央通告第三十三號》，一開頭就強調中共中央始終堅守六大的原則，「關於全國的政治形勢與我們黨的任務，中央在這近半年的時間中，已經發出了七個通告。在每次通告中，雖然各有其特殊的指明，但是總的政治與策略的路線，自六次大會以至於今，都沒有任何原則上的變更。」此外，為了因應共產國際將「不積極戳破群眾對國民黨的幻想」等同右傾的責難，中共仔細揣摩了共產國際的想法。於是，在一篇通告中提出「反對盲動主義」的同時，又發明了「反對不動主義」的說法：

（二十九）反對盲動主義

軍閥戰爭本身並不是革命的高潮，群眾運動只在很少的區域以內，表現着開始復興的形勢，並且群眾運動還有不少很嚴重的弱點，因此，無論將有地方戰爭或是普遍全國的軍閥戰爭，在全國仍然沒有總暴動的局面。不但沒有總暴動的局面，在現在群眾主觀力量這樣薄弱的狀況下，我們若一開始便想鼓動反戰爭的總罷工，公開的示威遊行，兵變等，都還是嚇退群眾而沒有實效的空想。所以我們是要在軍閥準備戰爭中，以及軍閥戰爭中加緊爭取群眾組織領導群眾日常鬥爭的工作，以促進群眾鬥爭的發展，以推動反對戰爭運動的興起。

（三十）反對不動主義

但是若恐懼盲動而不敢動作，空放過群眾鬥爭的機會，這是機會主義的嚴重錯誤。因軍閥戰爭的關係，一定有戒嚴，派捐，拉夫，搶掠……等等，我們要利用一切機會，利用群眾之一切大小的不滿意，發動群眾的鬥爭，團結群眾的力量。尤其是在農村中，一方面因農民對地主的仇恨加深，另一方面因軍閥戒備暫行鬆懈，必然要發生許多自發的農民鬥爭；我們對於這些農民的鬥爭一定要加緊領導，只有這樣才能擴大群眾中的黨的政治影響，擴大群眾的鬥爭與組織，這就是吸取廣大農民群眾的策略之一。如果在沒有自發的武裝鬥爭的農村中，那就要我們加緊領導農民的日常鬥爭，在鬥爭中擴大群眾的組織。在兵士群眾中，更要利用戰爭的機會，發動一切反軍閥、官長的宣傳，以及鬧餉索欠的運動，以擴大我們在兵士群眾中的影響。在蘇維埃區域，應當極力擴大，但是主要的策略，是要發動群眾的鬥爭擴大鬥爭的區域，而不是專用紅軍的攻取，尤其要極力禁止殘酷的燒殺。只有這樣的策略，才能在軍閥戰爭中擴大我們的影響，擴大群眾的組織，推動群眾的鬥爭，而促進革命高潮的到來。

這兩段看似矛盾的內容，正突顯了中共當時尷尬的處境。中共在六大以來，始終在等待革命高潮的來臨。理論上，軍閥戰爭開打，正是革命高潮來臨的象徵。然而，中共中央審時度勢，清楚知道群眾運動仍不足以引發全國總暴動，為了找台階下，只得自圓其説道「軍閥戰爭本身並不是革命的高潮」。同時，為了回應共產國際對於中共黨內右傾的責難，又為了避免繼續等待革命高潮引發同志的怠惰，甚至思想上的轉變，中共中央又發明了「反對不動主義」一說，要求發動群眾運動，促進革命高潮到來。最終，通告以「反對右傾思想」一段作為結束：

> （三十一）目前黨的主要路線還在反對右傾思想
>
> 目前客觀上因資產階級改良主義宣傳的影響在群眾中日益發展而反映到黨裏來，使和平發展，合法運動……等機會主義右傾的傾向在黨內亦日益擴大。同時黨在組織上脫離群眾的現象，下級黨部對政治變動的認識不清，雖還存在一些盲動主義的情緒，如在軍閥戰爭爆發時不估計群眾的力量和我們的領導關係，不了解發動群眾鬥爭的工作方法和程式，空想一開始便來個大動作徒然嚇送群眾等等，但這些盲動情緒很容易為黨的基礎削弱和客觀的困難消滅下去，而右傾的危險如前邊所指的等待觀念不動主義等等猶豫，恐懼，消極，失望，無辦法的情緒必將大大的發展影響到黨的整個工作，使黨的組織愈加脫離群眾愈加削弱，使黨的政治影響在群眾中愈加低落，敵人的改良主義宣傳的影響愈加不易戰勝。則軍閥戰爭便是爆發便是延長，工農貧民的痛苦便更加深，我們仍然爭取不到廣大群眾到黨的周圍。所以目前黨的右傾的危險實大過左傾的危險，黨的主要路線還在用最大的努力來反對這種右傾思想，在正確的路線上去工作。

共產國際2月8日的來信，有如醍醐灌頂一般，中共中央日益擔心的左傾盲動主義，似乎不再重要了；相反地，該注意的是右傾的危險。於是，中共中央在4月10日《中央通告第三十四號》中，又進一步指出：

在二十五號和三十三號通告上所指出在反戰爭工作中的不正確的傾向，現在黨內很明顯的表現出來，所以要特別加緊糾正這些錯誤的觀念。並且現在又發現許多新的錯誤的觀念，除在上面指出估量戰爭性質與前途的錯誤觀念外，還有幾個策略上的錯誤觀念：

第一，以為現在黨的組織並未強大，工作尚未發展，戰爭來了，也是一樣的做群眾的日常工作，所以軍閥戰爭與我們的工作沒有什麼關係。這是異常錯誤的，我們要爭取廣大群眾，就是要注意群眾的日常生活的痛苦與要求來宣傳群眾發動群眾的鬥爭。就是一個極小的問題，如工廠中罰一個工人的工資問題，也不可輕易放過，何況這次戰爭給予群眾這樣大的痛苦，正是覺醒群眾發動日常鬥爭的機會，正是改良主義暴露自己的欺騙的時候我們可以輕易的放過嗎？這種對於反戰爭怠工的觀念，便是十足的不動主義。

第二，看見戰爭來了，軍閥加緊戒嚴，城市的工作更加困難，而農村中的壓迫又比較輕減，農民鬥爭的情緒又比較提高，於是拋棄城市跑到農村中去，這是完全不懂得爭取群眾的中心工作，不懂得艱苦鬥爭工作的意義，這是一種躲避艱苦工作的精神，這是不明瞭黨的總路線，結果可以使城市工作的基礎完全消滅，更是一種極危險的傾向。

上面指出的兩種傾向，都是極嚴重的右傾的錯誤觀念，必須極嚴重的糾正過來。並且在這次戰爭暫時結束以後，改良主義的影響，更在群眾中擴大，反映到黨裏面來，更要促成黨內右傾危險的發展，尤其合法運動與和平發展的傾向，所以我們要特別注意與這些右傾的觀念鬥爭，使黨的總路線，能極正確的運用到工作的策略上去，然後才能實現我們奪取群眾，促進新的革命高潮的總的任務。

這份通告同樣反對「反對盲動主義」引發的怠工問題，並將之與「不動主義」畫上等號。同時，又針對許多幹部捨棄城市，到農村發展群眾的現象，批評其偏離了工人運動為核心的中共六大方針。最後，通告稱這兩個現象為「極嚴重的右傾的錯誤觀念」，比共產國際的批評還要嚴重。最終，這場反右傾的爭論在 5 月 15 日《中央通告第三十七號》塵埃落定：

六、根據上述的政治形勢的分析和估量，根據半年來黨的工作經驗，證明六次全國大會爭取群眾準備暴動的路線與決議無疑地是正確適用，只是在執行的程度上還沒見很大成效；其中最大的困難是黨內失敗情緒與渙散狀態之存在，無產階級幹部分子之缺乏，黨沒有充分布爾什維克的經驗以及黨內不正確傾向之繼續發生……

七、為實現這些任務，黨在策略上所特別遇到的困難便是黨內右傾思想的發展。這一右傾的危險絕不僅是繼續着黨內機會主義的殘餘而復活，他更有現實環境之不可輕視的基礎。自從統治階級以白色恐怖的壓迫改良主義的欺騙從宣傳上組織上極力向群眾進攻以來，黨內反映着一部分群眾失敗情緒與不正確的觀念及小資產階級思想，於是和平發展合法運動的右傾思想便一天天地發展。在理論分析上是誇大資產階級的力量，錯認中國資產階級可以在美帝國主義的幫助之下取得反革命的領導權，對統治階級內部各種不可調和的根本矛盾予以忽視，對工農革命鬥爭的開始復興與黨的力量存在（雖是很弱的）予以否認，甚至認統治階級已經走向穩定或是革命高潮之來到將遙遙無期，於是表現在策略之觀點上便是和平發展合法運動，降低我們政治口號，接受資產階級的欺騙政策，在組織的觀點上便是黨內和平（這種觀念是要停止我黨對一切不正確傾向的鬥爭，這是最危險的觀念）與放棄赤色工會中心組織的主張。同時黨在組織上無產階級基礎的削弱，幹部分子停頓在知識分子成分上，黨員政治水準紅之低又都足以成為右傾思想發展的組織來源……

八、但僅僅站在黨內克服這一右傾危險是不夠的，必須特別認清助長黨內右傾思想發展的客觀務件是改良主義的影響。統治階級國民黨除掉用屠殺政策外，還極力用一些改良欺騙的方法來擴大他在工農勞苦群眾中的影響。……所以「肅清一切的幻想，揭破國民黨政策的假面具，發動群眾反對國民黨的政策（尤其是改組派以至第三黨的欺騙政策），準備群眾推翻國民黨的統治」，實是現在時期中的第二個重要任務。

九、另一方面，黨內左傾危險自六次大會後雖逐漸失去了他發生的基礎，但假使以為左傾的錯誤已經完全肅清，那便等於容許這左傾的殘餘在黨內存在，於黨的正確路線的執行也同樣要有危害。在目前景嚴

> 重的左傾危險是不願意進行日常鬥爭，不承認部分要求鬥爭的必要，不願意爭取公開的活動機會，不願加入有群眾的黃色工會去爭取群眾，保留着些命令主義的精神，提出一些空自誇大的高調（目前實行的口號），幻想一些大的鬥爭來到，這都足以使黨在群眾中的影（響）不僅不能加大，且將日益縮小，日益與群眾隔離。故國際指出消滅黨與廣大勞動群眾脫離的現象，取得群眾尤其是工人使其革命化，實是現時黨的第三個主要任務。不了解這一任務，便不能克服黨內左傾危險的殘餘。
>
> 十、在中國反帝國主義鬥爭必不可分離地要與工人階級日常生活的鬥爭農民爭土地的鬥爭密接，但這是就中國革命任務的關係言，並不是說在工作上除了工人鬥爭農民鬥爭要一般的關聯到反帝鬥爭外便沒有了反帝的本身工作。恰恰相反，在過去各大城市的反日運動客觀上證明了廣大群眾的反帝鬥爭確有發動的極大可能。只是黨內存在着許多偏向如誤解無產階級的領導作用以為工人鬥爭不起或是沒有形式上的赤色工會加入反帝運動便不能樹立起我們的影響，於是客觀上便成為忽視反帝運動，放棄反帝運動中的領導。這需要黨以極大努力領導群眾加入並組織各種反帝運動，使一部分資產階級國民黨所影響的反帝運動變成工農勞苦群眾之真正的反帝鬥爭，使他同時又是反國民黨的運動。[41]

在黨內反右傾思想的氛圍下，中共中央在6月25日召開六屆二中全會。會議由向忠發作中央政治局工作報告，周恩來作組織工作報告，李立三作宣傳工作報告。[42]

這一安排，正好體現了半年來三人分管的工作。在《中央政治局工作報告綱要》中，向忠發在文章的一開頭寫道：

> 中央政治局一年來執行六次大會所付與的任務，實施六次大會的路線，雖然遇着了不斷的嚴重的阻障，但是中央領導全黨同志依據六次大會的精神，堅決鬥爭，衝破一切阻障，戰勝黨內許多不正確的傾向，才使全黨同志對六次大會的決議得到相當的了解，才使六次大會的路線逐漸的運用到各種鬥爭與工作的策略上去……這是充分證明六次大會的精神與路線的正確，同時是證明中央政治局一年來的堅決鬥爭的策略是正確的運用了六次大會的路線。現在黨雖然開始了新的進展，但是黨內各種不正確的傾向特別是右傾的危險，仍然存在，並且在客觀上和主觀上都還有他發展的基礎。……

向忠發將他的反對者的意見悉數歸納為「黨內許多不正確的傾向」，其中包括了蔡和森、江蘇省委和李立三，接着，向忠發在綱要中一一數落了這些不正確的傾向：

> 中央在一年工作的當中，遇着的最嚴重的困難，還是黨內無原則的派別爭鬥的傾向：首先表現的便是順直問題，在順直黨的歷史上，已經醞釀着很複雜的糾紛，到了六次大會的前後更廣大的爆發起來，使順直黨成為破碎零離的現象。中央經過極大的努力派人巡視召集幾次順直的會議，特別與這一錯誤的傾向奮鬥，最後得到了順直全黨同志的擁護，才把順直的黨挽救過來，繼續發生的江蘇問題表現着這一傾向尤為嚴重，當時江蘇省委同志因為個人感情意氣的作用，

根據一些不正確的材料，造出許多謠言，不按照組織路線來與中央討論，並且公開的在下級黨部的會議上公開的宣傳反對中央，當時的形勢，幾乎影響到全黨的動搖。中央解決這一問題的原則，特別着重於教育的精神，依據六次大會的路線來解釋江蘇同志的錯誤來説明布林塞維克的組織原則，在各種會議上都得到了同志的擁護，最後江蘇省委同志認識了自己的錯誤，完全接受中央的指示，於是江蘇的黨才重新鞏固起來，在中央正確的路線之下一致鬥爭，才造成現在江蘇工作開始新的發展的基點。此外在各省亦不斷的發生許多無原則的糾紛，經過不斷的糾正，都有漸次減少的形勢。這一無原則的派別爭鬥發生的原因，主要是黨的無產階級基礎薄弱，小資產階級意識在黨內發生很大的作用，再加以失敗情緒的反映與黨的政治水平線太低，因此個人感情意氣能在黨的群眾起很大的影響，如果這一傾向不澈（徹）底肅清，不只是不能執行領導群眾鬥爭的任務，而且要使黨走向滅亡的道路。所以全黨同志必繼續的站在正確的路線與這一傾向的殘餘作堅決的爭鬥，實行澈（徹）底肅清。尤其要注意發展黨的無產階級的基礎，提高黨的政治水平線，來掃除這一傾向發生的基礎。

特別值得注意的是向忠發對李立三的態度，向忠發在綱要中，並未點名批判李立三。僅僅在檢討黨的宣傳工作時，輕微批評了李立三的疏失：

一年來全黨的宣傳工作，都表現着相當進步的形勢，如中央黨報，地方黨報的發行，特別是上海與香港的公開發行的日報在群眾中有很大的影響。如在各種群眾運動中的鼓動工作，如工人學校與工人讀書班的建立，如在文化團體學校和公開書店等的工作，如宣傳技術的改善，如中央訓練班及各省訓練班的設立，都有很明顯的成效。工廠小報與工農通信員的訓練，在上海亦已開始進行，馬克斯列寧主義書籍的編譯，也已開始出版，因此黨在群眾中的政治有相當的擴大。但是仍然還有很多的缺點，如在群眾中宣傳尚不充分（畫報尚未出版），支部的宣傳工作尚未建立起來，馬克斯列寧主義的理論教育尚很欠缺，反改良主義的理論鬥爭也沒有廣大的工作，這些都是過去工作的弱點，也就是我們今後努力的方針。

整體看來，向忠發仍然是肯定李立三主管宣傳工作的成績。向忠發的意圖十分明顯，他必須提防李立三反客為主，但又不能失去這名政治盟友。因此，儘管向忠發多次公開批評李立三的觀點，但在重要時刻，仍給足李立三面子，並未將其歸類為蔡和森一派。由此可見，向忠發此時牢牢掌控着黨內的政治權力，並佔據強勢地位。關於六屆二中全會的歷史意義，中共黨史研究認為「它的最大缺點是錯誤地認為右傾是目前黨內特別危險的傾向，從而忽視並助長了黨內『左』傾危險的抬頭」，[43] 這番評論，顯然是事後諸葛，在當時的環境下，誰敢違抗共產國際 2 月來信的指示？

開除陳獨秀

自1929年2月8日共產國際來信以來，向忠發領導的反右傾運動，重點是針對不積極戳破國民黨製造的幻想的「不動主義」，而非特定人士。遠在萬里之外的蘇共，正在上演一場轟轟烈烈的反右傾運動。蘇共所謂的反右傾，源自史太林發動的一系列政治鬥爭，意在鬥垮其長期對手托洛斯基與布哈林。托洛斯基已於1927年倒台，下一個被清算的，就是布哈林。1929年初，史太林已開始針對布哈林反對蘇聯五年工業計劃與反對鬥爭富農的立場大做文章，批評布哈林犯了右傾機會主義錯誤，重蹈托洛斯基的路線。由於布哈林同時擔任共產國際的主席職務，史太林以此作為藉口，主觀認為布哈林在蘇聯經濟問題上的右傾觀點，將透過共產國際，連帶地影響到共產國際的支部成員，「對於全共產國際裏右派分子的政策，給以政治上思想上的基礎。」[44] 4月，布哈林被免去共產國際主席與《真理報》主編的職務。[45] 為了徹底清除布哈林在共產國際的影響力，7月3日，史太林下令共產國際執委召開第十次全會，批評布哈林「否認資本主義穩定日益動搖，而不可避免的要引起革命工人運動新的高潮的生長的事實，這是他走到了機會主義的估量。」[46] 同時，為了證明布哈林的觀點與共產國際的六大決議背道而馳，會議又通過《國際狀況與共產國際的目前任務》決議案，刻意強調「人們就事實上一天比一天更加看出六次大會對於目前時期估量的正確：認為目前是大戰後的第三時期，是資本主義一般危機增長起來而帝國主義內外矛盾日益劇烈的時期，此時期的矛盾將要達到帝國主義新的戰爭，將要達到偉大的階級衝突，將要達到主要資本主義國家的新的革命浪潮之發展，將要達到殖民地反帝國主義的大革命」。[47]

共產國際接着舉出數個例子，證明世界革命局勢的發展完全符合共產國際的預測，其中包括了中國的案例。這番對中國問題的決議，幾乎是老調重彈，仍然是等待工人階級領導的革命勢力成熟後，配合革命浪潮的出現，創立蘇維埃政權。這份決議的內容，對中共而言，仍然是老調重彈，意義並不重大。然而，共產國際第十次全會對中共的真正意義，在於授權共產國際各支部對所謂右派分子展開激烈打擊。共產國際在決議文提到，「右派取消派被開出之後，他們已經變成為黨內右傾分子結合的重心，變成為一切失敗主義傾向和機會主義觀念之代言者。」並且提出三項要求:「（一）調和派必須公開的並堅決的離開右傾派；（二）他們必須不僅在口頭上而且在行動上進行積極的鬥爭，反對右傾派；（三）他們必須無條件的服從共產國際及其支部的一切決議，並在實際上執行這些決議。這些條件有一條不實行，無論誰都要從共產國際滾出去。」[48]

共產國際這份嚴厲要求各支部肅清右派的決議，完成於1929年7月。在此之前，共產國際並未要求中共嚴厲打擊黨內右派，只有在2月8日的指示信中，要求中共注意「不動主義」引發的右傾傾向，而非針對特定人物。因此，當時的中共中央，並未特別重視以彭述之為首的脱黨右派分子。彭述之在順直省委事件因被指責右傾而開除出黨後，心有不甘，1929年4月起開始組織學習托洛斯基的文件，四處招募反對六大後中共政策的人士，他們崇拜托洛斯基，在中國，則視陳獨秀為領袖，不停地鼓動陳獨秀出山領導他們。[49] 儘管陳獨秀在黨內已無實權，但其擔任總書記近六年，號召力仍不容小覷。因此，中共中央固然未對彭述之組織的團體採取行動，但在中共6月召開的六屆二中全會上，已指出「最近托洛茨基反對派在中國黨內活動，應引起全黨的嚴重注意」。[50] 如一名親歷者回憶，「反對派和現在深受第三國際指揮的中國共產黨成了勢不兩立的死對頭，鬧成空前的大破裂。」[51] 儘管如此，中共並未因此將陳獨秀列入反右傾的重點打擊對象，而是給予這位過去的大家長足夠尊重。為了試探陳獨秀的想法，7月12日，向忠發和周恩來一起同陳獨秀談話，陳獨秀毫不客氣的表示，中共中央第三十四號通告是「幫助蔣介石的宣言」。[52]

與此同時，中東路事件的發生，更加劇了陳獨秀和中共中央的緊張關係。中東鐵路是沙俄侵略中國的產物，蘇俄政府剛成立政權時，為了爭取中國百姓好感，不僅聲稱要廢除在華一切特權，還表示要將中東鐵路歸還中國。此後十年，不僅列寧食言，史太林同樣跟着抵賴，竟認為當時的中國政府是反革命的，若把中東鐵路還給中國，將不利於中國革命。1929年5月，張學良發動中東路事件，試圖接管中東鐵路。蘇聯非常重視此舉，透過共產國際指示中共發動「武裝保衛蘇聯」的運動。7月17日，中共中央發佈通告，稱中東路事件「就是進攻蘇聯戰爭的開始，這是一個極端嚴重的問題，全世界的工人階級都必然要堅決的起來抗議這一進攻蘇聯的嚴重的事件，所以我們更應堅決號召廣大群眾起來，作反抗帝國主義進攻蘇聯，反抗國民黨做帝國主義的工具，擁護世界反帝國主義大本營社會主義國家的蘇聯的示威鬥爭」。[53]

中共無條件地擁護蘇聯，已到了睜眼説瞎話的地步，對此，陳獨秀無法苟同。7月28日，陳獨秀致信中共中央，反對使用「反對進攻蘇聯」、「擁護蘇聯」作為動員群眾的口號。陳獨秀的理由是，這些過於偏激的用詞，將使群眾質疑中共發通告的動機是「盧布作用」而枉顧民族利益，同時被國民黨捉到把柄，以「擁護中國」的口號反將中共一軍。[54] 由此可見，陳獨秀此時的立場仍與中共一致，同樣並非站在中國民族利益的立場上思考問題。然而，面對陳獨秀這番善意提醒，中共中央絲毫不買賬。在8月3日回覆陳獨秀的信中，直斥這位過去的大家長「包含了很嚴重的原則的問題」，並逐一斥責陳獨秀的意見，最後寫道「中央熱誠的希望這一解答的信到達以後，很快的得到你取消這些觀點的聲明」。[55] 在8月和9月間，陳獨秀和中共中央數次交鋒，但仍是各説各話，毫無共識。中共中央逐漸失去了耐性，10月5日，中共中央政治局通過決議，其中寫道「機會主義與托洛斯基主義反對派對於目前中國革命的根本問題都走入了取消主義的觀點，最近陳獨秀同志致中央的信，便是一個很好的代表。他這信的觀點，完全推翻共產國際指導中國革命的一貫的列寧主義的路線；完全推翻六次大會與中央對於目前革命的根本策略，而走到了極可恥的取消主義！」[56] 儘管在決議中對陳獨秀口誅筆伐，但沒有共產國際明確的指示，中共中央仍不敢擅自開除陳獨秀。10 月 26 日，共產國際致信中共，明確表態支持清算陳獨秀：

> 現在，黨應比較任何時候都更加要保證自己思想上的布爾塞維主義的團結一致。黨應當實行無情的鬥爭，來反對陳獨秀底取消主義的主張，他的主張，不但否認正在增長的革命高漲，甚至於否認使給這革命高漲必然到來的那些客觀前提……黨應當剷除自己隊伍內的暗藏的托洛茨基派和暗藏的取消派……共產黨如果首先不在自己隊伍裏克服一切和各種小資產階級的動搖，那它就不能做新革命高漲底急先鋒、組織者和領導者。[57]

中共中央直到收到這份指示後，才下定決心對陳獨秀下手。11 月 15 日，中共中央政治局召開會議，決議開除陳獨秀的黨籍，並在決議案的結尾寫道：「中央號召全黨同志起來為黨的統一的意志而奮鬥，為共產國際與六次大會的路線而奮鬥，肅清一切反列寧主義的機會主義與托洛斯基主義的取消派的思想與小組織，肅清一切無政府主義的自由思想，肅清一切調和派的傾向，擁護中央的決議，擁護黨的鐵的紀律！」[58] 22 日，中共致信駐共產國際中共代表團。陳獨秀被開除出黨後，共產國際第十次全會的決議文才姍姍來遲。[59] 12月20日，中共發佈《中國共產黨接受共產國際第十次全體會議決議的決議》，重申了中共支持共產國際反右傾的立場。[60]

中共中央在1929年的反右傾工作，以開除陳獨秀告一段落。1928年下旬，中共中央的工作重點是清算左傾盲動主義，接着在1929年，又花了整整一年時間整頓了因清算盲動主義導致的右傾思想，以及和陳獨秀糾纏近半年時間，方才將其開除出黨。中共在向忠發的監督下，如實地配合共產國際發來的指示。然而，在實際行動上，發展工人運動的計劃，進展卻十分緩慢。稍有收穫的是，中共的軍事力量有了較大的進步。[61] 這些情況，都將在1930年發生翻天覆地的變動。

註釋

1. 稱向忠發為「中國的史太林」的說法源自西方學者，見 O. Edmund Clubb, *Communism in China, as Reported from Hankow in 1932* (New York: Columbia University Press, 1968), p. 117; Frederic Wakeman Jr., *Policing Shanghai, 1927–1937* (Berkeley: University of California, 1995), p. 155.

2. 蕭勁光，《蕭勁光回憶錄》（北京：當代中國出版社，2013），頁 34–35。

3. 蔡博，〈蔡和森傳〉，收入中共湖南省委黨史研究室編，《中國人民永遠記着他——蔡和森 110 周年誕辰紀念集》（長沙：湖南人民出版社，2005），頁 326。然而，據六大代表之一的龔飲冰回憶：「六大會議以後，中央要我們在哈爾濱設立交通站，做護送代表回國的工作。於是，我、李立三、向忠發、蘇美一四人第一批回國，途徑滿洲里到哈爾濱。」這個說法顯然是有問題的。見中共中央黨史研究室第一研究部編，《中共六大代表回憶錄》（北京：中共黨史出版社，2014），頁 1。

4. 王健英，《中共中央機關歷史演變考實（1921–1949）》，頁 128。

5. 〈匪黨中央總書記向忠發的自述及供白〉，收入中華民國開國文獻編纂委員會、國立政治大學國際關係研究中心編印，《共匪禍國史料彙編》，第二冊，頁 547。

6. 王學東主編，《國際共產主義運動歷史文獻》（北京：中央編譯出版社，2013），第 48 卷，頁 505。

7. 李維漢，《回憶與研究》（北京：中共黨史出版社，2013），頁 169。

8. 〈中央通告第一號——秋收工作方針（1928 年 9 月 12 日）〉，收入中共中央文獻研究室、中央檔案館編，《建黨以來重要文獻選編》，第 5 冊，頁 528–529。

9. 根據這個思路，中共中央特別發了封指示給毛澤東，解釋革命高潮問題，又說「革命的動力是工人階級，同盟者是無數萬的革命群眾」，批評毛澤東存在盲動主義的觀念，要求毛澤東分散紅軍，到各地發展群眾，擴大蘇維埃區域。見〈中共中央給毛澤東等的指示信（1928）〉，收入中共中央文獻研究室、中央檔案館編，《建黨以來重要文獻選編》，第5冊，頁579–596。

10. 〈中央通告第七號——關於黨的組織——創造無產階級的黨和其主要路線（1928年10月17日）〉，收入中共中央文獻研究室、中央檔案館編，《建黨以來重要文獻選編》，第5冊，頁667–668。

11. 〈中央通告第十五號——目前政治形勢與群眾工作（1928年11月8日）〉，收入中共中央文獻研究室、中央檔案館編，《建黨以來重要文獻選編》，第5冊，頁706。

12. 〈中共中央告全體同志書（1928年11月11日）〉，收入中共中央文獻研究室、中央檔案館編，《建黨以來重要文獻選編》，第5冊，頁709–713。

13. 〈中央通告第十九號——職工運動問題〉，收入中央檔案館編，《中共中央文件選集》，第4冊，頁454。

14. 〈中共中央政治局向共產國際的報告（1928年11月28日）〉，收入中共中央文獻研究室、中央檔案館編，《建黨以來重要文獻選編》，第5冊，頁764–765。

15. 〈中央通告第一號——秋收工作方針（1928年9月12日）〉，收入中共中央文獻研究室、中央檔案館編，《建黨以來重要文獻選編》，第5冊，頁528。

16. 向忠發，〈二七紀念與中國工人〉，《中國工人》，第六期，頁8–12。

17. 〈定「廣州暴動」為固定的紀念日的決議〉，收入中央檔案館編，《中共中央文件選集》，第4冊，頁233–234。

18. 〈向忠發給中共駐共產國際執行委員會代表團的電報〉，收入中共中央黨史研究室第一研究部譯，《聯共（布）、共產國際與中國蘇維埃運動》，第 8 卷，頁 77–78。向忠發上台後，中共中央宣傳部更名為「宣傳鼓動部」，故向忠發在信中稱之為「宣傳鼓動工作」。見 Marianne Bastid-Bruguière, "Patterns of Propaganda Organization in the National-Revolutionary Movement in China in the 1920s," in *The Chinese Revolution in the 1920s: Between Triumph and Disaster*, ed. Mechthild Leutner (London; New York: RoutledgeCurzon, 2002), p. 8.

19. Alexander M. Grigoriev, "The Far Eastern Bureau of the ECCI in China, 1929–1931", in *The Chinese Revolution in the 1920s*, p. 156.

20. 〈中共中央給斯大林和共產國際執行委員會的信〉，收入中共中央黨史研究室第一研究部譯，《聯共（布）、共產國際與中國蘇維埃運動》，第 8 卷，頁 85–86。

21. 例如，有關的回憶文章，皆避談蔡和森被「整肅」的原因。如李立三於 1935 年在莫斯科寫的回憶文章中談到，蔡和森「一九二八年第六次全國代表大會復當選為中央委員及中央政治局委員，一九二九年初到莫斯科為共產國際中國共產黨代表團之一員。」兩年間發生的事，隻字未提。見李立三，〈紀念蔡和森同志〉，收入中共湖南省委黨史研究室編，《中國人民永遠記着他——蔡和森 110 周年誕辰紀念集》，頁 189。

22. 《中共中央北方局》資料叢書編審委員會編，《中共中央北方局（綜合卷）》（北京：中共黨史出版社，2002），頁 5–6。

23. Richard C. Thornton, *The Comintern and the Chinese Communists, 1928–1931*, p. 39.

24. 俄羅斯國立社會政治史檔案館，514 號全宗，1 號目錄，821 號卷宗（向忠發個人卷宗）；楊奎松，〈向忠發是怎樣一個總書記？〉，頁 241。

25. 據蔡和森外甥女回憶，蔡和森於中共六大結束反抵上海後，有天和家人說「我今天和人家爭論了一整天。原則問題，不能讓步。」若回憶為真，指的可能是9月10日針對劉少奇、陳潭秋報告的爭論。見劉昂，〈浩氣貫天地 風雨送征船——緬懷蔡和森同志〉，中共雙峰縣委宣傳部編，《懷念蔡和森同志》（長沙：湖南人民出版社，1980），頁80。

26. 《中共北方局》資料叢書編審委員會編，《中共中央北方局（綜合卷）》，頁116–118。

27. 〈共產國際執行委員會東方書記處遠東部給斯大林、莫洛托夫、布哈林和皮亞特尼茨基的信（1928年12月10日）〉，收入中共中央黨史研究室第一研究部譯，《聯共（布）、共產國際與中國蘇維埃運動》，第8卷，頁48–50。

28. 蕭三，〈月下常思君——懷念蔡和森同志〉，收入人民出版社編，《回憶蔡和森》（北京：人民出版社，1980），頁49；中共湖南省委黨史研究室編，《中國人民永遠記着他——蔡和森110周年誕辰紀念集》，頁199。值得注意的是，這篇文章在1980年由湖南人民出版社出版的《懷念蔡和森同志》一書中，改以〈深切的懷念〉一名發表，篇幅刪節不少，但內容大致相同，唯「被李立三左傾路線排擠」一句改成「受到『左』傾路線的排斥打擊」，可能考量了李立三是湖南人，因此在湖南出版時，不將李立三與左傾路線畫上等號。見該書，頁36。

29. 張國燾，《我的回憶》，第二冊，頁837。然而，張國燾這段回憶，無論在時間上和事實上都有錯誤，見徐方平，《蔡和森評傳》（北京：中國社會科學出版社，2013），頁246–247。此外，張國燾1959年在香港接受一位學者訪問時，又說蔡和森是因為1929年6月發表了一篇李立三不喜歡的文章，所以被李立三趕到莫斯科。見 Tso-liang Hsiao, *Power Relations within the Chinese Communist Movement, 1930–1934*, p. 27. 這個說法，證明了張國燾的回憶是多麼的反覆無常。因此，引用張國燾的訪問紀錄作為研究立三路線的史料來源，是不可靠的。

30. 王健英，《中共中央機關歷史演變考實（1921–1949）》，頁 128。

31. 唐純良，《李立三全傳》，頁 130。

32. 楊奎松，〈向忠發是怎樣一個總書記？〉，頁 241。

33. 王健英，《中共中央機關歷史演變考實（1921–1949）》，頁 124。

34. 中共中央文獻研究室編，《陳雲年譜（一九〇五－一九九五）》（北京：中央文獻出版社，2000），上卷，頁 57。

35. 楊奎松，〈向忠發是怎樣一個總書記？〉，頁 242；俄羅斯國立社會政治史檔案館，514 號全宗，1 號目錄，821 號卷宗（向忠發個人卷宗）。

36. 中共中央文獻研究室編，《陳雲年譜（一九〇五－一九九五）》，上卷，頁 57。

37. 中共中央文獻研究室編，《周恩來年譜（一九〇五－一九九五）》，頁 153。

38. 〈匪黨中央政治局委員徐錫根宣言〉，收入中華民國開國文獻編纂委員會、國立政治大學國際關係研究中心編印，《共匪禍國史料彙編》，第二冊，頁 558–559。

39. 調查局藏，〈六屆四中全會前後共黨分離情形〉，館藏號：262.07/815/12322。

40. Richard C. Thornton, *The Comintern and the Chinese Commnists*, p. 83.

41. 〈中央通告第三十七號〉，收入中共中央文獻研究室、中央檔案館編，《建黨以來重要文獻選編》，第 6 冊，頁 191–194。

42. 王健英，《中共中央機關歷史演變考實》，頁 136。

43. 姜華宣、張尉萍、蕭甡主編，《中國共產黨重要會議紀事（1921–2011）》（北京：中央文獻出版社，2011），頁 60。

44. 〈共產國際關於布哈林同志問題的決議案〉，《布爾塞維克》，第 3 卷第 1 期。

45. Sheila Fitzpatrick, *The Russian Revolution*, p. 128.

46. 〈共產國際關於布哈林同志問題的決議案〉，《布爾塞維克》，第3卷第1期。

47. 〈國際狀況與共產國際的目前任務——一九二九年七月共產國際執行委員會第十次全體會議的政治決議案〉，《布爾塞維克》，第3卷第1期。

48. 〈國際狀況與共產國際的目前任務——一九二九年七月共產國際執行委員會第十次全體會議的政治決議案〉，《布爾塞維克》，第3卷第1期。

49. 唐寶林，《陳獨秀全傳》，頁463。

50. 姜華宣，張尉萍，蕭甡主編，《中國共產黨重要會議紀事（1921–2011）》，頁59。

51. 調查局藏，〈六屆四中全會前後共黨分離情形〉，館藏號：262.07/815/12322。

52. 一説會談日期在6月，見王光遠編，《陳獨秀年譜》（重慶：重慶出版社，1987），頁294。

53. 〈中央通告第四十一號——中東路事件與帝國主義國民黨進攻蘇聯〉，《中共中央文件選集》（北京：中共中央黨校出版社，1989），第5冊，頁328。由於這篇文章具高度爭議性，《建黨以來重要文獻選編》並未收錄該篇文章。

54. 〈陳獨秀對中東路問題的意見〉，《中共中央文件選集》，第5冊，頁340–343。

55. 〈中央復陳獨秀的信〉，《中共中央文件選集》，第5冊，頁337–340。

56. 〈中共中央關於反對黨內機會主義與托洛斯基主義反對派的決議〉，《中共中央文件選集》，第5冊，頁394。

57.〈共產國際執委給中共中央關於國民黨改組派和中共任務問題的信〉，收入中央檔案館編，《中共中央文件選集》，第5冊，頁430。

58.〈中共中央關於開除陳獨秀黨籍並批准江蘇省委開除彭述之、汪譯楷、馬玉夫、蔡振德四人黨籍的決議案〉，收入中共中央文獻研究室、中央檔案館編，《建黨以來重要文獻選編》，第6冊，頁630。

59. 共產國際在10月26日給中共的信中談及開除陳獨秀的理由，早已出現在7月共產國際第十次大會的決議案中。若這份決議能在7月立即傳達中國，中共極有可能立即將陳獨秀開除黨籍，而不會拖到11月。至於決議文延宕4個月才傳達中國的原因，則不得而知。

60.《布爾塞維克》，第3卷第1期。

61. 然而，向忠發儘管為總書記，卻不曾參與軍事決議，8月29日中共中央政治局召開會議聽取陳毅關於紅四軍黨內問題報告，決議由李立三、周恩來和陳毅三人組織委員會提出決議，向忠發被排除在外。見中共中央文獻研究室編，《毛澤東年譜》，上卷，頁283；緒形康，《危機のディスクール：中国革命1926–1929》，（東京：新評論，1995），頁347。

第五章

立三路線

在李立三主導下，6月11日，中共中央通過決議《新的革命高潮與一省或幾省首先勝利》，提出以奪取大城市為目標。這個城市，既得是產業區域，又得是政治中心，向忠發和李立三在武漢工作多年，武漢自然成為首選。李立三在漢口工作多年，始終認為漢口工人能隨時響應暴動，故主張用城市罷工和暴動為手段奪取城市，拒絕了「農村包圍城市」、「單憑紅軍來奪取城市」的戰術，只要求在暴動成功後，響應紅軍攻佔城市。

與遠東局爭論

自向忠發當選中共總書記後，共產國際並未循往例指派顧問指導中共中央工作，而是於1929年初，在上海成立遠東局（Far Eastern Bureau, FEB），作為中共中央與共產國際的溝通橋樑。然而，從遠東局成立開始，中共中央始終與其保持距離，不願讓遠東局成員插手中共黨內事務。中共中央的憂慮並非沒有道理，實際上，遠東局成員中，除了赤色職工國際代表哈迪（George Hardy）外，其他人與中國革命運動毫不沾邊，不僅與中共領導層毫無交集，有些人甚至是第一次來到中國。[1] 當向忠發急欲拿出成績給莫斯科看時，遠東局也不遑多讓，多次試圖插手中共事務，如要求中共中央接受蔡和森回政治局，以及對中共六屆二中全會決議提出修改建議，但均遭到中共中央否決。[2] 礙於有限的信息渠道與翻譯中文的困難，遠東局對中共的行動始終施加不了影響；然而，當涉及到詮釋共產國際傳來的指示時，遠東局立刻佔得了主動權。

1929年，共產國際對中國革命運動提出的最新、最重要的指示，出自於7月的共產國際第十次大會。然而，由於通信困難，直到9月底和10月初，遠東局才收到了大會決議。[3] 儘管中共遲遲未收到這份決議，但數個月來始終遵照共產國際2月8日來信的指示，進行工作。遠東局收到決議文後，立刻在10月發表了決議，擁護共產國際立場。遠東局的在決議文中，接連使用了「完全贊同」、「一致認為」、「完全同意」等詞，全盤肯定共產國際六大以來對情勢的正確判斷，諸如當前為大戰後的第三時期、資本主義危機增長時期、帝國主義衝突日益劇烈時期、帝國主義戰爭即將到來、階級衝突終不可免等。事實上，共產國際之所以在決議文中刻意強調對第三時期來臨時機的正確判斷，首要目的是藉此清算布哈林。其次，儘管決議文中列舉了多個國家的例子，證明第三時期確實來臨了，但在眾多例子中，具有說服力的是印度、摩洛哥、剛果、墨西哥、古巴等拉丁美洲國家，中國事實上是最不具代表性的一個。[4] 因此，共產國際對中國案例的說明，其實是非常含蓄的：

> 中國工農革命運動暫時失敗之後，中國資產階級，因他的利益與各帝國主義國家（英美日）財政資本利益不可分離和他與封建反動聯盟之故，他是絕對不能保護中國獨立而必須走入反對此獨立的帝國主義營壘中去的。中國現在有三派軍閥正在互相戰爭，各派都是某一國帝國主義的工具。中國這種內亂正可明顯證明：統治中國的各派軍閥利益，是與中國民族統一之利益極端衝突的。中國的統一及其從帝國主義壓迫下解放出來，是與土地革命和消滅一切封建慾孽的運動，絕對不能分離的。但資產階級民主革命的這些根本問題之解決，衹有等待工人階級領導的工農革命新的有力的浪潮才能實現。這個革命浪潮——其條件，毫無疑義的正在成熟——將一定引導至創立蘇維埃，成為工農民主獨裁的機關。[5]

由此可見，共產國際對中國革命情勢的判斷相當保守，需要等待工人階級領導起足夠的力量，才能配合革命高潮的到來，成立蘇維埃政權，這一等待，究竟需要多長時間，共產國際也不敢預測。遠東局顯然沒有領略共產國際的意思，竟認為決議文中針對革命條件成熟國家所做的判斷和決議，可以全盤套用到中國頭上。在此前提下，相較於其他革命條件日趨成熟的國家，中共的進度實在落後太多了。因此，在奉承完共產國際的先見之明後，遠東局開始挑起中共的毛病：

> 遠東局不僅保證接受共產國際第十次全會的這些決議，而且要在它的工作的各個方面和特別是在反對中共中機會主義危險和傾向的鬥爭中執行這些決議。中共在非常複雜的政治形勢條件下領導着勞苦群眾的革命鬥爭，它掌握着產業工人十分敏感的階層，並在同各種民族改良派打交道，它經常偏離布爾什維克路線。黨的領導長時期認定，在中國資產階級的農業階層和資本主義階層之間存在着根本性的意見分歧……
>
> 遠東局要同一切右的傾向進行無情的鬥爭，同時也應該繼續進行反對托洛茨基反對派的鬥爭，特別是在中國要這樣做，並且要幫助黨掌握正確的布爾什維克路線，從黨的隊伍裏清楚右傾機會主義者和小資產階級托洛茨基主義分子。[6]

從中共中央的角度來看，他們一直在忠實地執行着共產國際下達的一系列指示：從中共六大以來，不斷進行反左傾運動，收到2月來信後，又開始改為反右傾。共產國際7月的最新指示，中共遲遲未受到，而遠東局收到後，不待中共看完決議，卻徑行發佈決議，批評中共反右傾不夠。遠東局欺人太甚的態度，令中共中央十分不滿，全黨展現了一致的團結，與遠東局抗爭。[7] 12月6日，中共中央召開政治局會議，出席者有向忠發、李立三、周恩來、項英、李維漢、温裕成、羅登賢，全體團結一致，討論反對遠東局的計劃。李立三逐一反駁了遠東局對中共聯合富農、勾結俞作柏、不建立紅色工會的指控；周恩來則指出關於中共反右傾的立場，在收到共產國際7月決議前，早已進行很久了，當時的遠東局反右傾的立場不夠堅定，具有調和主義的思想。最後向忠發總結，決議通過李立三的建議，並由李立三起草決議。當晚，向忠發與遠東局會談，「請求遠東局舉行會議討論決議，吸收中央參加。」[8]

12月10日，向忠發、李立三、周恩來三人代表中共中央，同遠東局談話。會議開始時，遠東局提議由其代表奧斯藤（本名雷利斯基，Ignatiyi Rylskii）提出聲明，接着由一位中共代表作答覆。向忠發隨即發言：「我們不同意。這個問題應該大家來談。」遠東局代表羅伯特（本名埃斯勒，Gerhart Eisler）接着說：「是的，每個同志都可以談，但今天我們不可能都談。可以確定舉行另一次會議。」隨後，會議幾乎由遠東局代表奧斯藤的發言所佔據，他在發言中重點回應了李立三和周恩來的批評。[9] 13日，會議繼續召開，奧斯藤再度回顧了李立三和周恩來的錯誤，接着批評向忠發：

> ……現在談向忠發同志的發言。他和所有其他同志一樣，説我們是調和主義者，此外他還指出，我們

> 沒有實行共產國際責成我們實行的崇高政策，而是干預中央的實際工作。但是他沒有舉出一個例子來說明我們的干預給中國黨的利益帶來了損害，當然，他也舉不出來，因為根本沒有這樣的例子。拿政治局委員少先隊員的事情來說吧。我們已對向同志說過，我們認為，派少先隊員去直隸是錯誤的，缺少他會影響政治局的工作，同志們使共青團失去了領導人。我們要求讓少先隊員回來是完全正確的。……

李立三針對奧斯藤的刁難，展開強硬的反擊。[10] 14日，中共中央政治局依據李立三的發言，致信共產國際遠東局，希望能「迅速結束對這個問題的討論，以不致影響我們的工作。」[11] 然而，中共中央與遠東局仍未取得共識，會議只得繼續召開。17日，羅伯特和奧斯藤繼續抨擊中央，這次輪到向忠發代表中共反擊，他發言道：

> 聽了同志們的所有發言，我沒有從中找到對核心問題的答覆。在農民問題上，你們的批評我們已經接受，不僅黨的領導機構接受了，而且所有黨的基層組織都接受了。在紅色工會問題上，我們也接受了你們的批評。在我們的所有文件中、在所有會議中和辯論中，我們都承認了錯誤。至於中國黨六大之後反對改組派的運動，我們在所有會議上都討論了這個問題。我們有關於這個問題的決議，不僅有中央的決議，而且也有基層組織的決議。我們在《紅旗》上發表了關於改組派的文章。在基層黨組織會議上，經常討論反對改組派的運動，並就這個問題作出了決定和決議。但是你們在答覆中說，我們沒有接受你們的批評，並且你們沒有對我們的核心問題作出任何答覆。這是很

危險的。至於俞作柏，我們對這個問題討論了好幾次。你們提到的情況不是事實。我們是布爾什維克，必須實事求是地執行指示。我們要求遠東局糾正這種做法。但這並不等於中國黨反對遠東局。

至於陳獨秀問題，在今天羅伯特同志的發言中，沒有提及一個與他有關的核心問題。你們只指出了陳獨秀在中東路問題上的口號。你們沒有指出陳獨秀反對黨和共產國際的路線這樣重要的東西，沒有指出他和他的信徒組成了幾個小派別和破壞我們的組織系統的情況。你們沒有提及整個這個情況。我們不能接受你們的意見。而相反，應該反對你們的意見。我同意奧斯藤同志的建議，將這個問題提交共產國際解決，因為在這裏，我們知道，我們無法解決這個問題。我們今天給你們寄去了聲明並且我們起草了電報。請立即將它寄給共產國際並答覆我們 12 月 14 日的聲明。在這個問題解決以前，我們可以像以前那樣進行我們的日常工作。以後，如果中國黨犯錯誤，遠東局可以給以糾正，同樣，如果遠東局犯錯誤，我們也要與之作鬥爭。除了電報，我們還打算派一名中國同志去莫斯科。

向忠發發言結束後，遠東局兩名代表不再回應，僅說了一句「我們要發電報，同時就派一名中國同志的事徵詢意見」。[12] 會議就此結束，遠東局和中共中央花了一周時間，召開三次談話會，仍未取得共識，只得等待共產國際的裁決。12 月 24 日，向忠發主持中共中央政治局召開特別會議，討論應對遠東局的問題。向忠發發言道：

今天會議的議程是兩個問題：一個是涉及到接受共產國際執行委員會第十次全會決議的遠東局決議問題；一個是遠東局同志對於爭取廢除領事審判權鬥爭的策略問題，關於第一個問題，在政治局最近的兩次會議上，柏山同志作了報告，我們作了討論並決定給遠東局寫一封信。此後我們同遠東局舉行了聯席會議，並且在這次會議上，德國同志答覆了柏山。這個反駁意見的中心是把主要注意力放在中央的錯誤上，並且說中央不承認自己的錯誤，而不答覆我們的抗議。這以後，我以政治局的名義作了尖端的答覆，說明我們根本不拒絕承認我們對待富農和紅色工會問題的錯誤，並且指出，遠東局從根本上忽略了中央旨在反對右的傾向的基本路線和工作，遠東局在陳獨秀問題上猶豫不決，搖擺不定。既然現在他們不答覆這個問題並要求中央承認提出抗議是錯誤的，那我們最好把這個問題提交共產國際解決。我們剛才就把給共產國際執行委員會的信和電報給了他們。他們同意發電報。既然情況變得如此嚴重，我們只好專門派一個人去。遠東局從它的工作一開始，毫無疑問就有右的傾向，所以這個問題必須由共產國際來解決。至於如何發展中國革命，這個問題我們也需要在莫斯科解決。也完全有必要派一個人到莫斯科去談骨幹力量和經費問題。現在到處需要人，而從莫斯科學成歸國的 200 到 300 人當中，適合做工作的不到 50 人。況且在莫斯科學習的人是反對派工作的最大來源。況且我們的莫斯科代表團不是完全一致的，有組織幫派的傾向，有機會主義的殘餘，這涉及……同志，很清楚，余飛是陳獨秀在莫斯科的代表。因此在過去。代表團不可能是完全一致的，不可能齊心協力地工作，當然，給黨的幫助不是很大。為了解決這個問題，也需要派一個人去。考慮到做上述工作的必要性，政治局應該派一位有才幹的同志去，儘管這樣做可能對現在的政治領導有損害。毫無疑問，工作要求這樣做，也不得不這樣做。所以我建議派一名同志去。

李立三接着發言：

這件事我們已經討論了兩次，最後我們同遠東局一起進行了討論，但遠東局把我們抗議的所有問題放在一邊，不作任何答覆。……特生説，遠東局實行的是右傾路線，實際上它有右的妥協傾向。例如，遠東局在所有政治辯論中和在反對取消主義的鬥爭中都採取了不確定的立場。……

李立三之後，項英、關向應、徐錫根、羅登賢四名政治局委員發言：

江（鈞）：從特生同志的報告中可以清楚看出，他們繞開了我們抗議的重要問題，有意渲染這個事件。……

（關）向（應）：我完全同意特生同志的報告及伯（山）和江（鈞）的意見。……

（徐）錫（根）：根據特生同志的報告，我認為，同遠東局的爭論應該在共產國際解決。我完全同意這樣的安排……

羅（登賢）：從報告中可以很清楚地看出，遠東局的調和主義路線在日益發展。因此只好將問題提交共產國際解決……

這段記錄中，五名政治局委員同意向忠發的報告，又贊成向忠發的處理方式，顯示了向忠發在同遠東局對抗中的領導地位。接着，向忠發在會議上重申了將中共中央同遠東局的糾紛，交由共產國際裁決的處置辦法：

> 在過去的工作中，中央確實也犯過右的錯誤，但已公開承認了。這些錯誤是無意識的，是在同右的傾向作堅決鬥爭的情況下犯的。因此一發現，我們就承認了。至於遠東局的精神，它把決議交給中央後，中央立即就覺得決議中貫穿着調和主義的精神。既然中央的信發出後，他們不承認自己的錯誤，所以未來的工作肯定成問題。換句話説，既然他們有這種調和主義的路線，那麼出現新的他們還是不承認的錯誤就是完全不可避免的。這個問題現在就存在，所以需要在共產國際那裏解決。同時在同他們工作時，無疑我們應該注意出現新的錯誤的可能性。[13]

同月，向忠發致信共產國際：

> 政治局同意遠東局在遠東局關於共產國際執行委員會第十次全會決議的決議中對國際問題的看法，雖然本應對反對左翼社會民主黨的鬥爭賦予更大的意義。政治局不同意決議中關於中國問題的部分，因為它故意不談中央反對右派的鬥爭，誇大中央在失去了現實意義的廣西問題上的錯誤，縮小陳獨秀分子的錯誤並在同他們的鬥爭中表現出動搖。顯然，這種立場是調和主義的。政治局將向共產國際執行委員會提交一個詳盡的報告並請求重新討論這個決議。
>
> 中共中央政治局 向忠發[14]

中共中央同遠東局的爭論，就此告一段落。遠東局之所以挑起爭端，目的是順應共產國際的決議，自認為該肩負督促中國執行決議的責任。然而，中共自六大以來，不需遠東局提醒，始終在執行共產國際的指示。遠東局挑不出中共路線上的錯誤，最終只得指控中共犯了聯合富農、勾結俞作柏和反對建立紅色工會的錯誤。然而，在爭論發生後中共於12月20日發佈的決議文中，找不到對這三件指控的説明，顯示中共從頭到尾，都沒把這些指控當成一回事，他們對於遠東局對這三個指控窮追猛打感到莫名其妙。照中共看來，反右傾才是遠東局該關注的大事，而不是雞蛋裏挑骨頭，專門鎖定小事情大做文章。同時，中共也反過來捉住了遠東局對陳獨秀批評不力的把柄，指控遠東局犯了右傾錯誤。在這場風波中，背了黑鍋的向忠發一反過去對共產國際畢恭畢敬的態度，對遠東局展開強烈批評。然而，這場風波對中共最重要的影響，卻是李立三話語權的提升。向忠發固然領導着中共中央與遠東局交涉，但辯論中涉及的細節問題，卻是由李立三出面發言。李立三也在這場與遠東局的抗爭中，贏得了向忠發的信任，這與他在1930年初取得黨內的話語權，有着至關重要的影響。

立三路線的萌芽

自從發生和遠東局的爭論後，中共中央一方面與之糾纏，捍衛黨內數個月來始終執行反右傾工作的立場，一方面又吃下定心丸，加速左傾的速度。中共此時下了破釜沉舟的決心，既然要反右傾，那就反到底，再也不給遠東局找碴的機會。於是，在 1930 年 1 月 11 日，中央政治局會議通過《接受國際一九二九年十月二十六日指示信的決議——關於論國民黨改組派和中國共產黨的任務》一文。中共中央才在 1929 年 12 月 20 日通過了接受共產國際第十次全體會議決議的決議，不到一個月後，又大費周章的通過新的一封指示信的決議，顯然是針對遠東局的刁難而來。中共中央相信，完全依照共產國際的指示，對共產國際裁決中共和遠東局的紛爭中，多少能取得一些優勢。

1929 年 10 月 26 日的指示信，除了暗示可以對陳獨秀採取嚴厲措施外，還宣告了革命高潮即將到來。[15] 這個高潮，正是中共自 1928 年六大結束後一直在苦苦等待的：

> 中國最近的事變，使我們不能等待你們方面關於現在條件之下中國黨的路線和行動的消息，就要說一說我們對於中國現時局勢的估量，而給你們預先的指示，說明中國黨的最重要的任務。
>
> 中國進到了深刻的全國危機的時期，這個危機表現在：各派軍閥之間的混戰重新爆發……工人運動的新潮流正在高漲，這是革命新浪潮的發動……不能預言全國革命危機轉變到直接革命的速度，然而現在已經可以並且應當準備群眾去實現革命，推翻地主資產階級聯盟的政權，而建立蘇維埃形式的工農獨裁，積極的開展着並且日益擴大着階級鬥爭的革命方式。[16]

共產國際在1929年7月第十次全會上，才以保守的語氣評估中國的革命局勢，過了三個月，卻改口稱「應當準備群眾去實現革命」，顯然是三個月間中國局勢的變化，改變了共產國際的態度。最關鍵的，是史太林打算武力佔領哈爾濱，以報復張學良發動中東路事件的計劃。據10月7日史太林給莫洛托夫的信，因應中東路事件，史太林計劃支援軍火給滿洲士兵，推翻張學良並建立蘇維埃政權。[17]這個計劃，使共產國際調整口徑，稱中國革命時機已經到來，中共應發動群眾運動，以掩護蘇聯武力攻佔哈爾濱的計劃。換句話說，共產國際的10月來信，最重要的用意，在於透過支持中共發動軍事行動，牽制蔣介石的兵力，使其不能北上支援張學良，確保蘇聯對中東路的侵佔行動。[18]

沒有共產國際的認定，中共方面沒有人敢擅自宣佈高潮來臨。不論出於什麼原因，既然共產國際認定高潮即將到來，遠東局又在後方咄咄逼人，中共中央只得卯盡全力，迎接這波高潮。在《接受國際一九二九年十月二十六日指示信的決議》中，中共中央順着共產國際的語調，寫道「目前全國的情形，正如國際來信所指出確已進到深刻的全國危機的時期⋯⋯同時反帝國主義運動的復興，城市貧民的日益不滿，使着這一革命新浪潮更加平衡的發展起來。現時雖不能預言轉變到直接革命形勢的速度，即實行武裝暴動直接推翻反動統治的形勢的速度，但我們必須如國際所指示，在現在就準備群眾，去實現這一任務⋯⋯」[19]

為了與共產國際口徑一致，中共中央在1930年2月發出日後被視為「立三路線」起點的第70號通告，其中寫道：

> 目前全國危機是在日益深入，而革命新浪潮是在日益開展。軍閥戰爭的繼續擴大，發展到目前準備中的蔣閻直接開火，已牽動了中國全部的生活。……因此，我黨在目前政治形勢下加強政治領導，加強主觀力量以反抗和衝破反動統治的壓迫與進攻，以促進和準備武裝暴動的直接革命形勢之來到，便是目前最迫切的任務。……在這一總路線下，黨應集中力量積極進攻，確定組織工人政治罷工，組織地方暴動，組織兵變，擴大紅軍，為目前動員群眾組織群眾準備暴動的中心策略。……[20]

當共產國際在1929年10月來信要求中共準備武裝暴動時，其目的在於轉移蘇聯武力侵佔中東路的注意力。既然中東路事件已解決，武裝暴動短時間已無實行必要。然而，李立三不明白共產國際的真實用意，仍「弄假成真」地按照共產國際的先前指示，完善武裝暴動推翻國民黨政權的計劃。[21]此時，李立三成了中共武裝暴動計劃的起草者，事實上統帥着全黨的行動。而李立三之所以能代表中共中央起草文章，一方面是他的宣傳部長身份，另一方面則是向忠發對他堅定不移的支持。向忠發自知其理論水平遠遜李立三，故授權李立三代表全黨發佈文章。3月，李立三在《準備建立革命政權》一文中，提出了「力爭一省或幾省的革命政權」的理論，指出「一省或幾省的革命政權，雖然不是全國範圍的革命勝利，但它已經是有了全國範圍內之革命高潮。」同月，周恩來被中共中央派至莫斯科。4月17日，李立三致信周恩來和瞿秋白，要求向共產國際轉達中共中央對遠東局的不滿。他在信中寫道：

> 近來有些同志，特別是遠東局的同志，在評價當前革命形勢時認為運動的發展是不平衡的：工人鬥爭的發展落後於農村中農民的鬥爭。甚至懷疑革命高潮會很快到來。我們認為，這是嚴重的右傾觀點。……我們認為，遠東局的錯誤具有非常嚴重非常危險的右傾性質，在政治上已完全不能進行領導，因此請你們堅決向共產國際提出改組遠東局的問題。

信中還說到，希望周恩來能於5月底前回國，並在信尾署名之後，加了一句「此信與忠發同志商量過。他完全同意。」[22] 儘管李立三與周恩來在若干問題上意見不合，但在抗爭遠東局一事上，全黨卻是上下一心。李立三發表文章前，同樣先給向忠發過目，並徵求他的同意，可見李立三並非獨斷專行，而是顧及了其他同志的意見。4月到5月間，李立三在《紅旗》發表了〈準備建立革命政權與無產階級的領導〉、〈怎樣準備奪取一省與幾省政權的勝利條件〉、〈中國革命與世界革命〉、〈論革命高潮〉、〈建立政權與革命轉變〉五篇文章，強調「只要是產業區域與政治中心爆發了一個偉大的工人鬥爭，便馬上可以形成革命的高潮」。5月15日，李立三將五篇文章的要義匯集成在〈新的革命高潮面前的諸問題〉一文，發表在《布爾塞維克》上，開始具體部署其計劃。這篇文章的內容，大體上是重複了前幾篇文章的理論，但多次引用了中共六大的決議文，作為支持其理論的根據：

> 六次大會正確的指出：「現時沒有廣泛群眾的革命高潮，……武裝暴動只是宣傳的口號」，「將來新的高潮時，便應把武裝暴動從宣傳的口號變成直接實際行動的口號。……」
>
> 所以我們提出革命高潮問題是有嚴重的戰略轉變的意義：如果離開黨的戰略而斤斤於現時是否是革命高潮的爭論，成〔或〕者說「黨的戰略並沒有什麼不夠」，而對革命形勢又估量是「革命高潮已經到來」的名詞的爭論。這是十足的書生式的清談，完全不是列寧主義者提出問題的方式。……
>
> ……我們黨第六次大會的政治決議案上說：
>
> 「反動統治在各區域鞏固的程度是不平衡的，因此，在總的新高潮之下，可以是革命先在一省或幾省重要省區之內勝利。」
>
> 這個原則在目前接近革命高潮的客觀形勢之下，他有嚴重的策略上的意義。他告訴我們，當全國範圍內已經到了革命高潮的時候，但革命政權或許不能同時在全國範圍內取得勝利，而要首先建立一省或幾省的革命政權。……
>
> ……六次大會指示我們：「反動的統治在各區域鞏固的程度是不平衡的，因此在總的新高潮之下，可以是革命在一省與幾省重要省區首先勝利。」最近政治事變與革命形勢的發展，已顯示出全國新的革命高潮日益接近的形勢。可是另一方面雖然全國的統治階

級無疑的都在日趨於崩潰，然而各省軍閥撐持他的統治的力量上已有明顯的強弱的不同；因此全國的革命鬥爭雖是同樣的日益尖銳，而發展的速度與各種革命勢力配合，也就表現在某幾省區更加成熟的形勢。這完全證明六次大會指示的正確。因此在準備全國革命的勝利的任務之下加緊準備奪取一省與幾省政權，建立全國革命政權，已成為黨的目前的總的戰略。

第一，首先要了解一省與幾省政權的勝利，是與全國革命高潮不可分離。「沒有革命高潮的條件之下，這種勝利沒有可能實現」（六次大會）。因此要取得一省與幾省政權的勝利，首先要注意全國的配合，沒有全國的配合，決沒有一省與幾省政權的勝利。現在軍閥混戰的擴大與加深，無疑的是更便利於奪取一省與幾省政權的條件；……[23]

李立三多次引用中國六大決議文的意圖十分明顯，就是要讓共產國際和遠東局挑不出毛病。在這段期間內，中共高層李立三、向忠發、周恩來三人管事的局面依然延續着，唯李立三主管的宣傳工作最為重要。周恩來此時派駐莫斯科，協調中共與遠東局的紛爭，向忠發則依然是中共的最高領袖，代表全黨與共產國際通信。據遠東局於5月給共產國際東方書記處的信，其中說到「向忠發病了，十分虛弱。現在他住院了。他反對好好休養，但我們認為應送他去你們那裏住上一兩個月療養院。他是我們這裏為數不多的無產者領袖之一。」[24] 遠東局假惺惺送向忠發去療養院的提議，顯然是打算送走這位毫不尊重遠東局的中共領袖。5月18日，向忠發受中共中央委託，致信史太林：

親愛的同志：

中共中央現在遇到如下經費困難：

1. 撥給我們的經費來得不經常不及時，近幾個月來沒有支付的款項數額已很大。

2. 經常支付的款項數額極小，因此無法有計劃地進行分配。

3. 金價上揚，而以墨西哥元支付的經費數額不變（墨西哥元已大大跌價）。因此原定的數額已很不夠。每個月與預算相比超支30%。

這是5月前的事。不久前獲悉，5月和6月共產國際根本不給任何撥款，因此負責同志只得完全在這裏設法籌款，但往往難以成功。顯然工作大受影響。

中共中央從那時起設法自己解決黨的經費。但黨費數額太小，紅色區域提供的支持往往不經常，這一切不能滿足工作的迫切需要。因此，如同以前一樣，非常需要國際無產階級提供援助，我們希望您能作出指示，使共產國際執委會主席團和負責這一問題的同志注意我們的經費困難，找到相應的解決辦法。中共中央給共產國際執委會主席團的信附後。

致共產主義的敬禮！

受中共中央委託 向忠發[25]

除了致信史太林，同日向忠發又以「受中共中央委託」名義，致信共產國際執行委員會主席團：

親愛的同志們：

中共中央請你們注意經費問題方面的以下事實：

1. 到4月底一直沒有支付給我們6.3萬墨西哥元，而5月份我們迄今尚未收到應領的半個月的經費。

2. 每次撥款都延誤，而已撥給的經費中央也無法有計劃地進行分配。因為這些經費大都以很小的數額一點點地撥來。

3. 共產國際批准給我們創辦報刊的經費，我們迄今分文未收到。但印刷廠無法推遲創辦，我們只得把作為其他用途的錢拿來辦印刷廠，這自然又使其他工作處於癱瘓狀態。

我們的工作因此大受影響。由於經費困難，已處於危險之中的機關搬遷，聯絡員出差，給各省組織的經費，救援被捕人員等等，都不能及時進行。這使工作困難重重。儘管半年來中央多方努力，這裏負責經費問題的同志仍未取得任何改善。不久前獲悉共產國際5月和6月根本不給經費，因此這裏的同志不得不自己設法找錢。如果這裏偶爾能找到一些辦法，那根據經驗來看，這只會使本來就一再延誤的撥款工作變得更糟。目前革命的階級鬥爭日趨激烈，國內工作，尤其是中心城市的工作恰恰要求經費上的支持，在白色恐怖反攻的條件下用錢營救被捕者比以前更有必要，在這種情況下，即使不多的款項延遲撥付在最重要的關頭也會造成巨大的政治損失！因此中共中央希望共產國際執委會主席團認真關注這一問題。

同時，中共中央認為，必須更加努力實施中共自籌經費的原則。黨自籌經費不僅是解決經費問題的唯一正確辦法，而且也是黨的組織職能之一。中央在給各級黨組織的信中一再要求不僅必須定期收取按月的黨費和特殊黨費，而且還要蘇區和紅軍的同志注意向中央提供經費支持。自籌經費這一原則被視為對黨員進行的重要的教育工作。

黨費收入很少。在秘密工作和聯絡困難的條件下無法預先確定蘇區和紅軍提供經費支持的數額和時間。中央不斷努力利用上述可能性，但遠水救不了近火。

經常工作刻不容緩的需要仍迫切要求共產國際定期提供支持。我們建議採取以下具體措施：

1. 撥付積欠的款項和已同意支付但尚未撥付的款項。
2. 每日經費按美元牌價以墨西哥元定期撥付。
3. 通知這裏的同志，每月經費在上月底付給，以便能按預算有計劃地分配。經費至少應分兩次付給。
4. 立即撥付5月和6月相應的經費。

我們希望共產國際執委會主席團考慮到中共的整個工作，給予應有的重視，並對我們的要求作出令人滿意的答覆。

致共產主義的敬禮！

受中共中央委託 向忠發[26]

共產國際幾個月來不給中共撥款，是否為遠東局從中作梗，或是共產國際刻意不撥款以懲罰中共不尊敬遠東局的行為，在現有的莫斯科檔案裏，尚找不到相關證據。但可以肯定的是，經費拮据絲毫不妨礙中共執行武裝暴動的決心。在李立三主導下，6月11日，中共中央通過決議《新的革命高潮與一省或幾省首先勝利》，提出以奪取大城市為目標。這個城市，既得是產業區域，又得是政治中心，向忠發和李立三在武漢工作多年，武漢自然成為首選。李立三在漢口工作多年，始終認為漢口工人能隨時響應暴動，故主張用城市罷工和暴動為手段奪取城市，拒絕了「農村包圍城市」、「單憑紅軍來奪取城市」的戰術，只要求在暴動成功後，紅軍響應攻佔城市。12日，中共中央致信共產國際，稱「中國革命猛烈發展，已接近直接革命形勢，中央決定堅決執行對軍閥戰爭的失敗主義的路線，極力爭取一省與幾省的首先勝利，要求在國際對中國問題的決議上確定這一路線，中央不同意建立蘇維埃根據地等類的割據觀念。並要求國際動員各國支部加緊保護中國革命的宣傳運動。」[27]

共產國際遠東局收到文章後，在6月20日致信中共中央，建議取消發表這份通告。[28] 6月21日，向忠發代表中共中央政治局致信共產國際遠東局，要求停止羅伯特的工作：

遠東局同志們：

讀了你們寄給中央的信，先作下面簡單的答覆：

1. 中央此次決議，是根據共產國際歷次指示和中國黨六次大會，中央歷次通告，以及指導鄂代會蘇代會一貫的路線。遠東局對於這一路線，在以前既完全同意，現忽然要停止這一決議案的發出，無異突然停止中央政治工作。所以我們提出嚴重的政治抗議。

2. 國際討論中國問題的情形與決議，我們並未得到正式報告。上次要打給國際的電報，只是我們對於目前的意見，不同意恩來同志對國際提議中的一點。這次中央決議案是因為根據客觀革命發展的要求，老早就已討論過的，與聽到國際的消息完全沒有關係，更不是為國際的討論而寫的決議。我們已經幾次説明，並且你們也知道這一情形，為什麼你們硬要把這一決議與國際的討論連做一起，好像是中國黨寫這一決議來反對國際一樣，這無異是破壞中國黨在國際的信任，更是我們要嚴重抗議的。

3. 在這一信中，你們反對這一決議十段、十一段的意見，完全誤解了我們的路線，我們從沒有説「要在全國都起來暴動了，才能奪取一省與幾省政權。」我們只是説要爭取一省與幾省首先勝利，必須積極促進全國革命高潮到來，要在準備全國革命高潮之下，來爭取一省與幾省的首先勝利。我們認為現在已經是積極準備爭取一省與幾省首先勝利，建立全國革命政權的時候了，黨的任務決不是準備奪取部分的政權。如果認為現在還是準備奪取部分的政權，無疑是對革命形勢估量不足的右傾觀念。我們覺得 Robert 同志是有這樣一貫右傾路線。

4. 中央覺得現在革命形勢猛烈的發展，需要這樣一個堅決的決議來領導。如果停止這一決議的發出，便是放棄對革命的領導。中央為對革命負責，對無產階級負責，對國際負責，已經決定即刻發出這一決議，不能接受遠東局停止發出的提議。關於你們提議擁護蘇維埃區域代表會議的一點已加入到這一決議中了。

5. 我們覺得 Robert 同志有一貫的右傾路線，他在遠東局的工作，的確妨害中國黨領導革命的工作，妨害中國黨與遠東局的關係，我們要求遠東局停止 Robert 同志的工作。並致國際一電，請代發出。

6. 我們詳細的意見，決定派政治局同志與遠東局面談，請遠東局決定時間通知我們。

中央政治局 忠發[29]

由此可見，向忠發、李立三回過頭來指責遠東局右傾、妨礙黨的領導工作，對遠東局的建議不予理睬。他們認為中共制定的策略，完全是根據 1929 年 10 月 26 日的共產國際指示信而來，遠東局反對中共的通告，無疑是反對共產國際的指示。此外，這封信很大程度上是為了報復去年 10 月遠東局對向忠發等人「左傾不夠」的指責，索性反唇相譏。事實上，李立三對遠東局的不滿，早在 6 月 14 日王稼祥給米夫的一封由暗語組成的秘密信件中表露無遺:

屈珀先生：

您是否已收到我的信？

李約翰先生跟我們談了話。他說我們公司中從紐約來的人傾向於在大公司內成立小公司。如他所說，這個問題不僅是中國公司的問題，而且也是紐約總公司和中國辦事處相互關係的問題。

請勿提及我給您寄上的信。

康穆松[30]

6月25日，向忠發致信人在莫斯科的周恩來，談到中共中央決定「請求遠東局和共產國際執委會從遠東局召回羅伯特同志。給遠東局寫回信並轉給共產國際執委會發專門電報。」並請周恩來「就這一問題向共產國際執委會作詳細的説明，特別要他們注意，這個決議是出於領導全國正在開展的革命運動的要求，與共產國際執委會內部的討論毫無關係，決沒有反對共產國際執委會的性質。」[31]由此可見，儘管對遠東局大為不滿，向忠發卻申明沒有反對共產國際執委會的意思。一如既往，向忠發始終執行着共產國際的指示。

針對6月12日中共中央來信要求承認中共制定的路線，共產國際卻遲遲不予回覆。中共中央顯然不願意坐失良機，於是默認了共產國際已經同意，在7月初嘗試展開暴動和軍事行動，發出《爭取三省總暴動的勝利》一文，計劃攻取武漢、南京、南昌等城市。7月13日，李立三在政治局會議上做關於南京暴動的報告，14日，親自擔任江蘇總行委書記，組織暴動。據羅章龍回憶：

> 向李制定全國總暴動計劃是以中央名義發佈的，其主要內容是調動紅軍主力攻取長沙，會師武漢，並命令上海、南京、廣州、天津等城市實行廣泛暴動政策。向說：「打蛇要打頭，南京是反動政府的頭，南京暴動就是打破敵人的頭，全國都會起來革命。今天是中國革命，明天就會爆發世界革命！」等等。李提出口號是：「猛烈地擴大！猛烈地擴大！！再來一個猛烈地擴大！！！」高喊：「到武漢過端陽節，到南京吃月餅！」他們倡議取消工會系統一切經常鬥爭，代以武裝暴動，成立總行動委員會，主持一切。[32]

羅章龍回憶向忠發與李立三的發言內容，或許有些誇大成分，但與立三路線「會師武漢、飲馬長江」的精神，可謂十分吻合。7月16日，中共在南京夫子廟舉行示威，但以失敗收場。同日，向忠發代表中共中央致信共產國際，報告中共決定「組織南京兵士暴動，同時組織上海的總同盟罷工，並力爭武漢武裝暴動首先勝利，建立全國蘇維埃政權」，顯然是先斬後奏的行為。[33] 7月21日，中共中央依據6月11日的通告，又發出第84號通告，準備發動罷工與城市暴動。暴動的接連失敗，直接原因為中共中央在共產國際的煽風點火下，過高估計城市工人的革命熱忱，故暴動發起後，響應者寥寥無幾，不久便以失敗收場。關於這點，一名親歷者生動地指出：

全國工作在種種條件下，當然要首推上海，而上海又為全國工人運動中心區域，上海當時的情形，我確實知道的，共產黨員連李立三自己搬出來算數，也不過一千五六百人，工會會員多説些連八百人都不到，嚴格的説：當時黨部和工會及其他民眾團體的群眾，除了拿盧布的工作人員外，有訓練能夠起作用的有多少？那只有天曉得，當時共產黨在工人及其他群眾當中的信仰怎樣？那更只有李立三才曉得了。[34]

暴動的失敗，給了共產國際事後諸葛的機會。共產國際遲遲不回覆中共6月12日的來信，卻在獲悉向忠發關於組織暴動的來信後，立刻在7月23日發電報給中共中央，「堅決反對在目前條件下在南京、武昌舉行暴動以及在上海舉行總罷工。8月1日要舉行遊行示威。」西方學者一針見血地指出，這是一份「典型的模稜兩可（typically ambiguous）」的指示，「既要求行動又要求克制（urged both action and restraint）」。[35] 此舉顯示共產國際也拿不定主義，不敢明說允許中共發動暴動，但又反對中共擅自行動，其反對的理由，並非因為不該發動罷工，而是發動的時機不對。至於發動的時機問題，共產國際在同日通過的〈中國問題議決案〉一文中，作了如下説明：

中國共產黨第六次大會和共產國際第六次世界大會的決議案，都曾經認定中國革命浪潮的新的高漲是不可避免的。最近中國的事變完全證實這些決議案的正確。中國革命運動的新的高漲，已經成為無可爭辯的事實，這和右傾機會主義投降派，托洛斯基主義，陳獨秀主義，以及其他取消派的預言，完全相反。

照中共六大的決議，革命高潮到達之時，正是武裝暴動奪取政權的時刻。然而，共產國際接着卻說「分析現在時期的鬥爭，應當要注意到：暫時我們還沒有全中國的客觀革命形勢。」理由是，「工人運動和農民運動的浪潮還沒有匯合起來。這些運動總合起來還不能夠保證必需要的力量，去襲擊帝國主義和國民黨的統治。」[36] 既然如此，共產國際在決議開頭所謂的「中國革命運動的新的高漲」，豈不和沒說一樣？

事實上，自1929年10月26日共產國際來信以來，共產國際始終在玩弄文字遊戲，在當時的來信中，共產國際先說「工人運動的新潮流正在高漲，這是革命新浪潮的發動」，接着又說「不能預言全國革命危機轉變到直接革命的速度，然而現在已經可以並且應當準備群眾去實現革命，推翻地主資產階級聯盟的政權，而建立蘇維埃形式的工農獨裁，積極的開展着並且日益擴大着階級鬥爭的革命方式。」這兩句看似矛盾的話，正突顯了共產國際的心機。第一句話，說明革命形勢出現了新浪潮，且正由低潮走向高潮，而第二句話所說的「可以並且應當準備群眾去實現革命」，正是六大決議裏設想的革命高潮來臨後，中共應當做的工作。但從頭到尾，共產國際就是不肯明說革命高潮到底來了沒有。在這次的《中國問題議決案》中，共產國際又說中國革命的高漲是事實，但農工運動實力不夠強大，暗示着高漲還有上升空間。但既然農工實力不強，又如何能得出中國革命情勢正在高漲，而不是持平或是下滑的結論？[37]

從這番賣弄文字遊戲的功夫，可發現共產國際城府之深。一來，共產國際需要保持中國革命正在高漲的語調，否則將推翻史太林在1928年以來通過的一系列對中國未來的預言，並讓共產國際兩年來在其指導下的中國政策顏面無光，同時給所謂「右傾機會主義分子」捉住把柄的機會。另一方面，共產國際若宣佈了革命高潮已經來臨，中共勢必按照六大指示發動暴動，一旦失敗，罪責必然歸咎於共產國際的錯誤判斷。儘管共產國際自清算陳獨秀以來已培養出高超的推卸責任本領，但在當前的情況下，只有共產國際自己能宣佈高潮是否來臨，一旦任務失敗，實在無處尋找替罪羊，這就是共產國際遲遲不肯有所動作的原因。

李立三和向忠發顯然受夠了共產國際翻來覆去的態度，照他們的理解，所謂革命高潮來臨，是依據中國情勢而決定的。若按照共產國際的模糊定義，中國的革命情勢將始終處在高漲中的階段，永遠等不到最高點，遲遲不行動的結果，勢必雙雙成為第二個陳獨秀，被冠上右傾機會主義和他們發明的「不動主義」的帽子。更何況向忠發、李立三兩人確實認為革命高潮已經來臨了，故不需耗費時間等待共產國際指示，坐失良機，而應當直接發動革命。

儘管在南京和武漢兩大城市的暴動以失敗收場，但彭德懷率領的紅三軍團卻意外地佔領長沙。這則消息，對上任將近兩年，拿不出成績的中共中央而言，無疑是久旱逢甘霖的大喜訊。彭德懷之所以能佔領長沙，仍是源自李立三佔領武漢的計劃。起先，為了佔領武漢，除了發動城市暴動外，中共打算兵分兩路，一路主攻湖南，另一路主攻江西，兩路匯合直取武漢。負責攻打武漢的部隊是彭德懷的紅三軍團，但彭德懷評估武漢打不下來，於是改變計劃，先攻打岳州和瀏陽等地。何鍵的四路軍隊當時分防全省，猝不及防，彭德懷於7月27日率軍趁虛攻佔長沙。[38]這個結果，與原先武漢城市暴動勝利，再配合軍隊奪取城市的結果南轅北撤。因此，佔領長沙，確實是個歪打正着的意外收穫。除此以外，湖北多地，也先後被紅軍短暫佔領，據時任武漢行營主任何成濬回憶：

> 中原戰役結束後，余回師武漢，方謂大局底定，可以生養休息，與民更始矣；不料地方潛伏共匪，乘我軍有事中原後防空虛之際，嘯聚蠭起，全省七十縣市，幾乎半數淪為赤區。[39]

佔領長沙後，南京、上海、武漢暴動失敗的陰霾瞬間一掃而空，李立三低估了佔領長沙的運氣成分，再次提出了組織大城市暴動的計劃，成立「中央總行動委員會」，主席團成員包括向忠發、李立三、徐錫根、袁炳輝，19日增加瞿秋白、周恩來和顧順章三人。[40]與此同時，數個月來不斷反對中共中央的遠東局，眼見紅軍打下長沙後，態度卻180度大轉彎。[41]在8月1日給共產國際的信中，對工人和士兵群眾的暴動情緒大加讚揚，又建議在長沙立刻成立工農蘇維埃，稱「如果我們能保住長沙並鞏固我們的陣地，那麼必須立即提出能否在長沙成立蘇維埃政府的問題。在中國目前形勢下，這會有巨大的政治意義。必須讓中央任命的由負責同志組成的特別委員會立即前往長沙。」[42]

無獨有偶，蘇聯《真理報》也在7月31日撰文大加讚揚「長沙在蘇維埃統治下的事實，說明蘇維埃革命已經佔據它的第一個偉大城市」，又說此舉「對右傾叛徒們是一個巨大打擊」。[43]儘管中共中央已經先斬後奏，但收到7月23日共產國際制止南京和武漢暴動的電報後，中共中央仍試圖向共產國際解釋。8月5日，向忠發代表中共中央政治局致信共產國際主席團：

> 共產國際主席團：
>
> 中央討論你們來電之後，覺得必須將現在嚴重的形勢，與黨的路線報告你們，要求你們重新討論。延長數年的軍閥戰爭已經使全國廣泛工農兵士群眾陷於絕地，使統治階級統治力量日益削弱，而造成現在革命高漲猛烈發展的形勢。
>
> 一、現在紅軍猛烈發展，全國二十二軍計三十餘萬人，農民佔主要成分，主要各軍均有工人幹部的領導。第五軍已與長沙工農暴動匯合佔領長沙，何鍵在長沙軍隊完全崩潰投入紅軍。長沙附近各縣幾百萬農民興起。現正與帝國主義及軍閥聯合軍作殘酷的戰爭。第三、四兩軍即可攻克南昌九江，第二、六兩軍已攻取沙市，第一軍已截斷京漢路，第八軍已下大冶，都在向着武漢進攻。

二、上海，武漢，天津，廣州等處工人的罷工運動，都在猛烈的發展，特別是各鐵路工人不斷的舉行罷工，黃色工會更成為國民黨壓迫工人的工具，在群眾中的威信已經完全破產，各處罷工，大多數在黨與赤色工會的領導之下，堅決的反對黃色工會國民黨，每一罷工都成為直接的武裝衝突，廣泛工人群眾都要求武裝，要求暴動。最近兩星期來在上誨，南京的赤色工會特別是赤色先鋒隊發展極為迅速。

三、全國有組織的武裝農民有五百餘萬，有組織的群眾三千餘萬，農民暴動普遍全國，而且都堅決的要求奪取中心城市。

四、軍閥軍隊極端動搖，到處嘩變，找尋黨的領導與農民聯合，特別是黨在軍閥軍隊中的政治影響與組織力量飛速擴大，現在南京鎮江駐軍主要部隊，完全在我們領導之下，並且要求即刻暴動，漢口主要駐軍的大部分，也在我們影響之下。在軍閥雙方前線的軍隊，尤其反對軍閥戰爭，其中黨的組織也有相當的擴大。特別是十餘萬傷兵熱烈要求黨的領導。

這一客觀形勢，無疑的是武裝暴動的條件正在成熟，因此黨決定堅決組織武漢、南京暴動與上海的總同盟罷工，建立全國蘇維埃政權，在這一路線之下，特別加緊全國工作的配合，尤其是工人群眾的工作，已在各產業中心每個工廠當中組織行動委員會，猛烈擴大赤色工會，特別是赤色先鋒隊，以準備全國總同盟罷工與武裝暴動。我們覺得最近五個月來革命高漲的猛烈發展形勢，未向國際報告，而前一電報又極簡略，使國際無從明瞭實際情況，自然要反對現在組織武裝暴動與總同盟罷工。所以再將現在革命猛烈發展的情形電告，〈請〉求國際批准中央的決定，並立刻動員各國支部猛烈擴大保護中國革命運動，特別是予我們以實力的援助。

中共中央政治局　忠發
八月五日[44]

8月6日，改變態度的遠東局又致信中共中央，建議在「所有城市和鄉村，尤其是在上海、武漢和南京地區組織工人、士兵和農民最廣泛的大規模示威遊行，目的是表示聲援攻下長沙，並組織罷工，抗議帝國主義者和國民黨的行徑。」又建議喊出「全力支持蘇維埃長沙！」的口號。[45] 諷刺的是，就在遠東局前倨後恭的喊出支持長沙的口號的前一日，彭德懷的軍隊被趕出了長沙。[46] 遠東局前後不一的態度，看在李立三和向忠發的眼裏，不由得對遠東局更加輕視。李立三雖然思想激進，但在和遠東局交涉時始終保持克制，向忠發則不吃這一套，在8月6日和遠東局的聯席會議上，一開始就給了遠東局一個下馬威，據會議紀錄：

向（忠發）想在會議開始前向遠東局提出幾個問題。

（1）遠東局是否認為中國黨政治局還存在，還是它認為政治局已經不再存在？

羅伯特：　政治局當然存在，因為我們沒有得到關於相反情況的消息。

向(忠發)：(2) 遠東局是否認為政治局在實施對中國黨和中國革命的領導？

羅伯特： 是的，但政治局在領導黨和革命的同時要服從共產國際的領導。政治局是否承認共產國際的存在及其領導？

向(忠發)：遠東局是否斷定中國黨政治局在政治上已經破產？

羅伯特： 迄今為止政治局總的路線是正確的，是符合共產國際的路線並遵守其紀律的，但在最近兩次政治局會議上出現了實行反對共產國際政策的危險傾向，因此我們遠東局必須十分堅決、毫不動搖地說出自己的意見。政治局沒有破產，但我們應大力進行鬥爭，務使政治局按照共產國際的決議執行自己的任務。

向(忠發)：多麼驚人的矛盾！你們自己承認最近兩年來黨的路線是正確的。為什麼你們又要威脅黨的團結，把青年同志找去談話並在談話中表示反對黨的路線呢？政治局堅決反對這樣的做法。如果遠東局認為政治局犯了嚴重錯誤，那它就應該中止政治局的工作。

羅伯特： 我們有共產國際的電報。李立三在你們的政治局會議上說，共產國際未搞清楚中國的形勢，共產國際的路線需要糾正。李(立三) 發言反對共產國際。在革命如此嚴峻的時刻，他無視共產國際的堅定不移的決定，把同志們派到各省去發動暴動。遠東局向中央委員會和它認為需要找的同志發出呼籲。共青團的同志有權捍衛共產國際的路線。具有如此巨大意義的嚴肅決定只能同共產國際一起作出，而不能不顧共產國際的意見。要黨的團結嗎？不錯，但也要同共產國際的團結並接受它的領導。

向(忠發)：政治局（註：應為遠東局）的這個答覆是十分嚴重的政治錯誤。又是一個矛盾：你們承認黨兩年來的路線是正確的，而現在突然變成錯誤的了。我們贊同共產國際的路線。只是共產國際沒有得到關於最近6個月來事態發展情況的消息，因此出現一些不大的分歧。遠東局也未搞清楚最近半年來的事態發展。

羅伯特：我們的譴責沒有矛盾。最近兩年來路線可能是正確的，而現在不正確了。向（忠發）說「不大的策略分歧」，共產國際執委會說漢口和南京不要舉行人和暴動，而政治局相反主張暴動。……

羅伯特在發言中，大力批評中共違反共產國際指示，在漢口和南京舉行暴動的事，並將此舉上綱上線到與共產國際對立的程度，最後羅伯特建議（1）政治局要執行共產國際的一切決議。（2）在共產國際下達新的決議前，南京和武漢的暴動暫緩。（3）事態發展要求作出的一切決議由政治局與遠東局共同作出。（4）停止爭論。（5）集中黨的一切力量去發動群眾。又建議中國在大城市組織示威遊行，喊出「支援蘇維埃長沙！」、「打倒軍閥和帝國主義者！」、「為了蘇維埃中國！」等口號。針對羅伯特的批評，李立三展現了極高的政治智慧，他說道：

說只有兩條路：不是同共產國際一起，就是反對共產國際，這個說法不對。還有第三條路：為了中國革命並同共產國際在一起。……如果政治局有自己的看法，它應該讓共產國際知道。政治局不反對共產國際。我們只是想讓共產國際和聯共（布）了解和懂得形勢和事態的發展。駐莫斯科的中國代表沒有向共產國際說清楚中國革命發展速度有多快。……

李立三的發言，目的不外乎是緩和中共和遠東局的緊張關係，然而，另一位遠東局代表傑克卻毫不領情，繼續表示：

從李立三在政治局的講話中和他在同我們遠東局聯席會議上的講話中可以看出，政治局存在危險的傾向，試圖把黨和共產國際對立起來。……我們知道，任何把某種路線與共產國際的路線對立起來的嘗試，任何動員黨反對共產國際、削弱共產國際威信的嘗試都會導致將這些嘗試的始作俑者逐出共產國際的行列。……我們認為需要警告李（立三）同志並向他指出，共產國際將無情地同這樣的手法作鬥爭。

傑克的態度令向忠發無法忍受，據會議紀錄，「此時向（忠發）同志大聲喊叫，不讓發言者繼續發言。在翻譯開始譯第一部分之前，李（立三）同志給向（忠發）譯了一句話，向（忠發）開始大聲抗議並警告發言者不要繼續用這樣的腔調講話。」[47] 會議就此結束，向忠發與遠東局的衝突，在這場會議中上升到了最高點。據事後遠東局給共產國際的報告：「李立三巧妙地以年老的向（忠發）作掩護，向（忠發）本來就疾病纏身，他大喊大叫，激動得失去了心理平衡。」[48]

8月7日，向忠發致信遠東局，重申「政治局及其委員們在自己的發言和文章中從未背離過共產國際的路線」，並指責遠東局刻意扭曲李立三在政治局發言上的原意，甚至懷疑是記錄員和翻譯的責任。此外，向忠發還批評遠東局試圖利用陳紹禹等人「進行反中央的鬥爭」，指責這種做法將「毀掉中國黨布爾什維克的團結，客觀上會為一切機會主義分子反黨鬥爭創造機會，特別是通過這樣的黨內衝突會使革命工作癱瘓」。最終，向忠發寫道「遠東局不應以個別講話中的幾句錯話及其錯誤譯文為藉口做出令人難以想像的嚴重結論。政治局不能再這樣進行工作了。政治局完全坦誠地建議同你們一起討論一切重大問題和整個工作。」[49]

8月8日，向忠發最後一次試圖憑藉他與史太林的「交情」，致信史太林，請求莫斯科支持中國革命：

> ……中央考慮到客觀條件業已成熟，認為必須積極準備武漢和南京的暴動，尤其是組織作為決定暴動勝利前提的上海總罷工。我們曾將這一決定向共產國際作過報告，而共產國際執委會主席團不同意這一決定，我理解這是因為共產國際執委會當時對中國的實際狀況了解不夠詳細，沒有收到關於革命飛速發展的詳細報告，因此共產國際執委會才給我們下達了這樣的指示。所以，除了給共產國際執委會寫了關於中

國目前形勢的專門一封信並請求批准中央的決定外，我們還請求您給予支持。這不僅對於中國革命，而且對於世界革命都是十分重要的問題，因此請盡快給予答覆。[50]

同日，向忠發又以中共中央名義，發電報給共產國際，再度強調「你們不理解具體形勢。請同意我們的決定。請動員各國。請保證給予最大的支持。」[51] 自回國上台以來，向忠發多次在以中共中央名義致信共產國際的同時，又以私人名義致信史太林，雙管齊下，指望史太林親自向共產國際施壓。然而，從1929年2月要求共產國際撥款中共，到1930年要求承認立三路線正確性，向忠發給史太林提的要求，皆石沉大海，從未得到批准。只有當史太林需要中共配合蘇聯的內部鬥爭（如反右傾運動）和蘇聯掠奪中國利益（如中東路事件）時，才會想起中共這個「盟友」。然而，當立三路線引發的挫敗，再次為史太林制定的中國政策增添敗績時，如同以往的經驗顯示，共產國際終究得從中共領導層中，揪出一名替罪羊，承擔所有責任。

立三路線的收場

立三路線發源於1930年6月，僅僅歷時三個月，就在9月倉促收場。在這段期間，不論是史太林或是共產國際，從來沒有在任何一封電報中，提出明確制止中共武裝暴動的計劃。與此同時，在這三個月期間，向忠發多次致信史太林，要求承認中共路線的正確性，史太林從來不予回覆。直到8月上旬中共的暴動敗相已露時，史太林才有所動作，一方面事後諸葛的指示共產國際回過頭來檢討中共6月11日的通告，另一方面派瞿秋白與周恩來回國。

周恩來自從被派駐莫斯科，始終夾在中共中央和共產國際之間，處境十分為難。在8月1日的政治局會議上，李立三責怪共產國際之所以不了解中國革命趨勢，問題出在周恩來沒有報告清楚。向忠發也説，「恩來對於這一問題，不僅應負政治上的責任，而且還包含着一右傾的危險。」[52] 當周恩來於8月19日回到上海後，立刻加入了總行委。22日，周恩來與向忠發和李立三談話兩次，傳達共產國際的最新指示：「中共中央與國際絕沒有路線上的不同。國際對目前中國革命的發展形勢沒有絲毫的懷疑，只是在武漢暴動的問題上，感覺中國黨只顧到客觀，不注意主觀，擔心黨的主觀力量的領導能否實現這一任務，所以來電反對暴動。」由此可知，共產國際派周恩來回國，絕非要制止李立三的政策，而是反對在武漢發起的暴動。背後的深層含義，就是反對中共先斬後奏、不尊敬共產國際的行為。

周恩來接着傳達了共產國際的最新想法：「強調建立鞏固的根據地和發展紅軍的重要性，批評中央在近半年來對蘇區、紅軍注意和領導得不夠……目前在中國贛西南、閩粵邊等處最適合作蘇維埃的根據地，不僅有廣大的蘇維埃區域，而且有黨的基礎，有廣大的群眾，鞏固這許多地方以便向着工業中心城市發展，與統治階級形成兩個政權的對抗。」[53] 此時，城市暴動接二連三地失敗，使李立三和向忠發不得不放棄了原有的主張，接受了共產國際的意見。24 日，中共召開政治局會議，專門討論了周恩來帶回的共產國際指示，李立三發言道：「聽了周恩來的報告後，對過去所懷疑的主要問題完全了解了，承認國際指示『確與中央策略的決定有程度上的不同』」向忠發在做結論時說：「應有一電報去國際。有幾點要聲明：過去是有誤會。」[54]

25 日，中共中央以向忠發名義，致信共產國際，坦誠錯誤：

> 政治局詳細討論了不久前回來的伍豪同志所作的關於共產國際執委會關於中國問題的決定的報告，一致表示同意共產國際執委會的指示並指出近兩年來，特別是近半年來，中央確實是完全按照共產國際執委會的路線進行工作的，在政治路線上中央與共產國際的路線沒有任何分歧。政治局在聽取伍豪同志的報告和解釋後，完全同意共產國際對以下問題的意見：對待帝國主義者的策略問題、武漢和南京的武裝暴動問題、蘇維埃運動的根據地問題、向大工業中心運動問題和蘇維埃地區代表會議問題。由於沒有正確解釋共產國際執委會的電報，以前在這些問題上所存在的分歧，現在已不復存在了。政治局通過決議，要堅定不移地貫徹共產國際執委會的一切指示，並要同一切企圖把政治局或政治局某個委員的政治觀點與共產國際路線對立起來的行為進行堅決的鬥爭。等斯特拉霍夫

> 到達後和收到共產國際執委會的決議後，中央將起草關於遵循共產國際一切指示的決議並寄給共產國際執委會，還要將它發給所有基層黨組織進行討論。由於在這段時間裏需要解決當前所有的政治問題，政治局請求共產國際執委會允許李立三同志不去莫斯科。同樣鑒於目前時局的特別重要性，政治局不能派出一些同志，特別是李立三同志，按照共產國際執委會的指示，他們應該前往蘇區和紅軍中進行領導工作。
>
> 中共中央 向忠發[55]

此刻，向忠發和李立三的城市暴動策略固然失敗，但建立蘇維埃政權的一絲希望尚未破滅。同一天，向忠發在《紅旗日報》上發表〈為建立全中國中央蘇維埃政權而鬥爭〉一文，主張在長沙、南昌、武漢等地迅速建立一中央蘇維埃政府，呼應了7月23日共產國際的指示。[56]儘管向忠發在城市建立蘇維埃政府的想法與共產國際主張在農村建立蘇維埃的構想不一致，但向忠發的理由仍是堅持六大以來以城市為重點的思想。向忠發發表文章的舉動，無疑是向共產國際再次表達效忠之意，緩和自從與遠東局爭論以來共產國際對他的懷疑態度。

中共中央把最後的希望放到了朱德和毛澤東領導的紅一方面軍上，寄望透過佔領長沙，迅速建立蘇維埃，扭轉城市暴動失敗的頹勢。8月29日，中共中央指示長江局，「佔領長沙後便須立刻召集廣大群眾大會，宣告成立『中華蘇維埃共和國中央工農革命委員會（這是中央臨時政權）』……並積極準備全國蘇維埃代表大會，在一個月內召集，以成立『中華蘇維埃共和國』的中央正式政府。」[57] 同日，紅一方面軍再度進攻長沙，嘗試十多天後，仍以失敗收場。[58] 與此同時，遠東局同樣對紅軍重新佔領長沙的計劃表達支持。[59] 這場失利，宣告了李立三和向忠發路線徹底破產。從此之後，中共將重點轉移至建設蘇區，並強化紅軍力量。

9 月 8 日，中共中央政治局致電共產國際，正式放棄了自己的堅持，承認錯誤：

> 中政局完全同意來電的指示，承認最近期間的策略是有害的。正在堅決的執行轉變。長沙兩次進攻，更加證明國際的指示以及反對武漢南京暴動是絕對正確的。
>
> 對帝國主義的策略確需要。堅強紅軍，建立根據地與蘇維埃政府是第一等工作。城市工作要有更實際的發動群眾以代替空喊的冒險。中央即開擴大會，接受國際七月決議與這一電示，將立即恢復黨工會團的經常領導機關。在這一轉變中，右傾機會分子已利用之作反中央的活動，將中央路線與國際路線對立起來。中央堅決在自我批評的基礎上，執行策略的轉變，堅決反右派及調和派的鬥爭，立三同口堅決，因此，政治局因為工作需要的關係請准立三暫不來國際，可否准許盼複。
>
> 中政局 [60]

認錯之後，中共中央認真執行着發展蘇區的指示。9 月 17 日，中央蘇維埃準備委員會在上海召開會議，選出委員25人，向忠發任主任，常委為向忠發、項英、毛澤東、余飛、袁炳輝、徐錫根、陳郁、林育英、林育南九人，決定在12月11日召開全國蘇維埃代表大會。這份人事安排，顯示李立三已離開了權力核心，但向忠發安然無事。

除了六屆一中全會緊接中共六大而召開，自中共六大以來，每逢黨內政策出現重大轉折，總是要召開全體會議。六屆二中全會召開的主要目的，為中共在清算左傾盲動主義的核心方針外，增加反右傾鬥爭。這次三中全會的召開，則是清算因反右傾過頭導致的左傾冒險主義，並確立了日後重點發展蘇維埃區域的方針。9月24日到28日，中共中央在上海召開六屆三中全會，除了決議停止進行城市武裝暴動，並正式接受共產國際7月通過的《中國問題決議案》。

向忠發仍然代表中共中央作最重要的政治報告，或許是慶幸自己不像李立三被剝奪權力，竟還有心情開玩笑：

> 同志們！紅軍現在正在湖南江西作戰，農民戰爭擴大到很大的規模，城市工人的鬥爭也在日益高漲，——我們能夠在這帝國主義買辦資本家地主官僚向來「安心」避暑的廬山，來開中央委員會擴大的第三次全體會議，這是有極大的歷史意義的。我們到了一個新的階段，要來更具體的決定我們黨的任務。只看今年在廬山避暑的大人物和豪商紳士，已經沒有當年那樣「安心」了，天氣還沒有十分涼快，就趕緊逃回租界裏去了！(全場大笑）。

向忠發接着將政治報告拆成兩大部分，一部分是六次大會到二中全會之間，向忠發左右開弓，既清除了左傾盲動主義殘餘，又打擊了右傾機會主義：

同志們！從六次大會到二中全會，我們指出當時全黨在中央的領導下，掃除了盲動主義的殘餘，克服了黨內無原則鬥爭，加強了黨內反右傾機會主義的鬥爭，漸次穩定了黨的無產階級基礎，相當擴大了黨的政治影響，逐漸恢復了黨與群眾的關係。這樣，便使黨從零散破碎的狀態當中挽救出來，樹立了黨之布林塞維克化的基礎。

另一部分是二中全會至三中全會之間中共的工作：

甲、開始戰勝了托洛斯基主義與陳獨秀等取消派，堅決的進行反調和派的鬥爭——在蘇代會上打擊了何孟雄的調和派的主張；

乙、領導着全國革命勢力得到大的發展，舉例如全國蘇維埃區域的擴大（現已有三百多縣有蘇維埃政權的地方，統治着的人口約有五千多萬），紅軍的發展（人數超過十萬，槍枝在七萬以上，除佔領過龍州，大冶，景德鎮，岳州大城市外，最近更兩次攻打長沙，進逼沙市），黨在工人鬥爭中領導力的增強（北方的鐵路礦山以至人力車夫的鬥爭，上海市政紡織店員手工業工人的罷工，武漢紗廠工人的鬥爭，南方各業工人的鬥爭，尤其是去年八一以來各城市的政治示威，都表現出黨的領導群眾力量的加強），赤色工會及其他群眾組織的發展（赤色工會會員超過十萬多人，農民群眾組織約數百萬，青年群眾組織有一百六十萬，互濟會組織亦有八十六萬）；

丙、黨的組織在與嚴重的白色恐怖作殘酷的鬥爭下，仍得到數量上的發展（九月份統計全國有十二萬二千三百一十八人）；

丁、黨的政治影響的擴大，除黨領導的工人鬥爭，罷工，示威，農民戰爭，革命群眾組織以及紅軍都擴大了黨的政治影響外，黨還樹立了黨報的作用（如《紅旗日報》，《上海報》，《香港小日報》，各地《紅旗》等）；

戊、在國際指導下堅決的糾正了某些部分的策略錯誤（如富農問題，職工會問題等）。

綜合這一時期的進步，可說是：中國黨開始戰勝了取消主義，鞏固了列寧主義的路線，領導着中國革命之新的高漲，同時在國際的指導之下，堅決的執行自我批評。這樣，便足以指明中國黨在中央的領導之下，正如國際的估量，已開始走上布林塞維克的道路。但這決不是說，全黨在中央指導之下，乃至中央本身，便沒有錯誤，沒有缺點，這個我在下邊將要說到。

從中共六大至二中全會召開，一共有一年時間，而二中全會至三中全會之間，僅僅只有三個月。向忠發總結的五項政績，除了將陳獨秀開除出黨可以明確列入這三個月的成績外，其他四項，都是自六大以後即開始進行的。向忠發刻意將它們統統列入這三個月的政績，顯然是先「報喜不報憂」，試圖「沖淡」7月以來一連串失敗政策的負面政績。[61] 向忠發在肯定完自己的正面政績後，接着面對了自己負有重要責任的負面政績：

……從二中全會後到今年的一月，是革命開始新的高漲時期，這時期的中心事變是中東路問題與新的軍閥戰爭的開始。黨中央在這時期領導全黨的中心策略，是武裝擁護蘇聯與反軍閥戰爭。中央所堅決執行的，是領導群眾日常的部分的鬥爭，發展到反國民黨反帝國主義的政治鬥爭，組織多次的全國的政治示威，開始反對農民戰爭中逃跑，分散，保守等觀念，要紅軍向着交通要道中心城市發展，尤其重要的是堅決的進行反托洛斯基主義與陳獨秀等取消派的鬥爭。這一時期中央的策略路線是正確的，是堅定的。

從今年二月到現在，是中國革命新高漲更加成熟的時期。這時期的特徵是全中國的經濟政治恐慌更加急劇，軍閥戰爭更牽動了全國的局面，而且繼續擴大，工農勞苦群眾的生活極端痛苦，已迫使他們覺悟到不能照舊生活下去，於是城市工人的階級鬥爭更加尖銳，特別是農民戰爭的發展，紅軍的突飛猛進，使革命形勢在南中國更加擴大起來。中央在這後一時期領導全黨的策略路線，從七十號通告以後，是變軍閥戰爭為革命戰爭，為建立蘇維埃政權而鬥爭。在黨內仍須堅決反右傾的鬥爭，以肅清取消派在黨內的殘餘。這一策略路線，直到現在依國際的指示，仍證明是正確的，是與國際路線完全一致的。但中央在這一時期，尤其是後三月中，對於革命形勢的估量，（在六月十一日決議案上已開其端），在它發展的速度與程度上，卻犯了過分的與不正確的錯誤，這就使對於目前革命發展不平衡的特點，有所輕視，這在策略上便犯了「左」的個別冒險傾向的錯誤。這在國際的決議與指正之後，中央已堅決的糾正這一錯誤與開始的執行策略的轉變……

……首先要說到，在國際與中央一致的路線之下，中央確實犯有部分的策略的錯誤，最近兩三月來，這種政治錯誤，犯得更其嚴重。在每次的錯誤中，都得到國際堅決的指正，中央在切實的討論與檢查之後，亦都是堅決的執行自我批評的精神來糾正的。當去年國際三次來信，對於富農問題，黃色工會中策略問題有所指正，對於反改組派問題有更進一步的分析與指示後，中央立即接受國際這些糾正與指示，並堅決的通告全黨一致遵行。最近兩三月因為中央的策略與工作佈置犯了冒險傾向的錯誤，國際幾次指示，都是堅決的糾正這些錯誤，最主要的是：(一)反對在某些重要城市之武裝暴動的佈置，(二) 指正中央對於帝國主義進行外交政策之不了解，(三) 指正行動委員會組織的錯誤與恢復黨團工會之經常領導機關之必要。這三事，很顯然是由於中央對於目前革命形勢之發展的速度與程度有過高的估量，以致許多策略決定的基礎，常建立在一種而又不甚肯定的可能與推論上，一旦這種可能不存在，推論被推翻，於是這種策略的本身也便無所依據了。中央了解了自己這一種非辯證的觀點以後，便立即堅決的糾正自己的錯誤，更召開這一三全擴大會公開的實行自我批評，以領導全黨執行策略上的轉變。

……依據上邊的報告，我們可做這樣的結論：國際與中央的路線，完全是一致的，一年多的中央工作，雖犯了不少策略上的嚴重錯誤，但全黨在中央的領導之下，的確有很大的進步。中央在堅決的反托洛斯基主義，反陳獨秀派的鬥爭中，在國際的指正之下進行自我批評的過程中，在整個中央集體的指導中，中央的領導的確具有了布林塞維克化的精神。現在中央要更加堅決的進行兩條戰線——反右傾也反「左」傾的鬥爭，尤其是反右傾的主要危險。這首先便要中央在國際的指正之下，堅決的執行自我批評，肅清「左」傾與一切危險傾向，在這個基礎上才更易堅決進行黨內反右傾與調和派的鬥爭，才更加能肅清實際工作中的機會主義。只有這樣，黨才能更加鞏固列寧主義的路線，才能更有力的組織與領導革命的國內戰爭消滅軍閥戰爭，才能更加發動廣大群眾積極準備武裝暴動，為推翻帝國主義國民黨的統治，建立全中國蘇維埃政權而鬥爭，以爭取中國革命的勝利。[62]

從報告中可知，向忠發此時與李立三一同承擔責任，並未如其他同志指名道姓批評李立三。向忠發此時仍認為，他和李立三的左傾錯誤，相較於他們「反右傾」的戰功，只是旁枝末節的錯誤，在大方向上，中共的路線是與共產國際的路線一致的。[63] 然而，這個想法，顯然忘記了共產國際錙銖必較、找替罪羊的習性。當立三路線出了問題時，共產國際同時派遣周恩來與瞿秋白回國，名義上的任務都是糾正中共中央的錯誤。然而，兩人的任務性質完全不同。周恩來負責回國傳達信息，要求中共中央做策略上的調整。瞿秋白則比周恩來遲了一周才返抵上海，任務是清算李立三。

選定「左傾盲動主義」代表人物的瞿秋白去清算另一個左傾冒險主義的李立三，表面上看似不合情理，但這項安排，再度突顯了共產國際承襲史太林數年來清算政敵的看家本領。自1928年初以來，瞿秋白先在各大會議上被當做活樣板教訓，向忠發的新任班子上台後，又將他當成反左傾的目標大肆批評。在瞿秋白被留在莫斯科做了檢討，承認自己的錯誤後，共產國際派這名最理解左傾錯誤的人去批評李立三的左傾錯誤，加上對李立三潛在的報復心理，自然是得心應手。此外，瞿秋白自6月開始，在莫斯科多次參與共產國際對立三路線的討論，「比誰都更清楚共產國際的政策」。[64] 因而，共產國際盼望瞿秋白能在這次會議上將李立三定罪，然而，結果卻令共產國際大失所望。[65] 因為批評李立三的根據是7月份共產國際發佈的《中國問題決議案》，其中明明白白地和李立三的行動遙相呼應。若瞿秋白要批評李立三，勢必得連同共產國際一同批評，這點使瞿秋白非常為難，故採取了中立的立場，如羅章龍生動地指出，瞿秋白「對立三批評是傷皮不傷骨，小罵幫大忙。説一九三〇年六月以前中央是完全正確，以後也不是完全不正確。」[66] 結果，共產國際惱羞成怒，又將瞿秋白斥為「調和主義」。[67]

六屆三中全會閉幕後，向忠發仍留任總書記，唯政治局常委會僅剩三人，分別是向忠發、周恩來與徐錫根。李立三仍是政治局委員，但其宣傳部長一職，改由瞿秋白取代。儘管大權旁落，李立三此時仍保留政治局委員資格，

10月中旬，負責加強指揮各地蘇區的中央交通委員會，甚至由李立三、向忠發、周恩來三位過去的核心班底組成。[68] 如此看來，李立三似乎仍有翻身機會。然而，遠在千里之外的莫斯科可不這麼認為。在立三路線實行期間，共產國際始終保持觀望態度，名義上反對李立三擅自行動，私下卻期盼立三路線能取得成功，以便證實共產國際的先見之明。如著名蘇聯史學家 Carr 所言，共產國際對所謂立三路線「既非認可，也不是斥責，而是觀望（waiting move）」。[69] 關於這種心態，蔣介石的評論更是一針見血：「李立三執行莫斯科的命令，如果是勝利了，那就是史達林的成就。現在是失敗了，就是李立三的罪惡。」[70] 因此，共產國際從未在立三路線實行期間，傳達過明確制止立三路線的電報。正因如此，當立三路線失敗後，共產國際一時拿不出證據批駁李立三，寄望瞿秋白代勞未果後，直到10月，才通過了《共產國際執委關於立三路線問題給中共中央的信》。

當瞿秋白無法完成共產國際交辦的任務時，共產國際已對中國本土成長起來的中共領袖徹底失去信心，於是轉而指望留俄派的學生。[71] 因此，共產國際這封給中共的信，並非以電報傳達，而是透過沈澤民攜帶，直到11月13日才隨着沈澤民到達上海。到了上海，並非直接送到中共中央，而是先由陳紹禹、秦邦憲等人拆封研究，聯名寫信給中共中央政治局批評立三路線，直到16日才把共產國際的來信交給中共中央。[72] 18日，中共召開政治局會議，接受共產國際的來信。儘管接受了批評，中共中央卻對陳紹禹等人擅自拆看共產國際信件的舉動非常不滿，周恩來甚至指出，「應該召集那些已經知道共產國際來信的同志們（例如，從莫斯科回來的同志）開一個會，並號召他們站在鞏固黨和幫助中央領導的立場上開展自己的工作。不允許他們不經組織同意採取分裂黨的方式。」在會議上，向忠發完全失去了過去為支持李立三不惜對遠東局幹部大聲咆哮的勇氣。當眾人順應共產國際來信對李立三大加批評時，向忠發一言不發，只講了一句話作為會議結束語：「共產國際的來信十一個非常重要的文件，它對中國革命具有重要意義，必須專門進行討論。」[73]

22日，中共召開政治局會議，指責三中全會對李立三的批評不夠，具有調和主義態度。向忠發坦誠自己對行動委員會的成立負有責任，又稱讚共產國際的指示信為中共「提供了新生」。[74] 向忠發在經歷數天的與人交戰後，在這場會議上，完全同意了共產國際的來信內容，否定了原先的主張。[75] 25日，中共中央通過對共產國際來信的決議，其中寫道：

> 三中全會一般的已經接受了國際的路線，立三同志在三中全會之上也已經承認自己的錯誤，但是三中全會沒有把和國際路線互相矛盾的立三同志的半托洛斯基路線徹底的揭發出來，亦還沒有對於立三同志路線的影響佔着優勢的時期裏面政治局的工作，給以正確的估量。——立三同志的路線，是用「左傾」的空談，掩蓋實際工作上的機會主義，掩蓋對於真正革

命的組織群眾領導群眾鬥爭的任務的機會主義消極態度，而在實行上領導黨走上盲動冒險主義的道路。[76]

在三中全會上，中共高層儘管批評了李立三，但認為李立三犯的是策略錯誤，而非路線錯誤，並未將李立三的錯誤上綱上線到違反共產國際路線的高度。然而，共產國際對三中全會的結果很不滿意，故指使米夫培養起來的國際派學生，向中共中央施加壓力。國際派學生受打壓已久，正欲尋求機會翻身，故藉三中全會對李立三懲處不力一事，大做文章，如張國燾所言：「李立三的異動給予陳紹禹等米夫派在中共內抬頭的機會。恰於此時到達中國的米夫，和那時已經回國的陳紹禹，立即裏應外合的行動起來，站在擁護共產國際的正確路線的旗幟之下，反對李立三。」[77] **11**月中旬，米夫抵達中國，在共產國際來信與國際派學生的雙重壓力下，中共中央在一份決議中加倍批評了李立三，並調整了三中全會的論調：

> 這次決議是補充三中全會的決議。認為必須實行堅決的鬥爭，反對露骨的機會主義的曲解的企圖，——就是想把三中全會的議決案以及這次糾正立三同志的路線，解釋成為改換黨的路線——變成了退卻的路線。同樣，反對把三中全會和國際路線對立的企圖。[78]

中共中央讓步至此，米夫和陳紹禹等人仍然不滿足。他們要求的，不僅僅是「補充」三中全會的決議，而是從根本上推翻整個三中全會的精神，因此主張立刻召開四中全會。召開四中全會的目的，名義上是推翻三中全會的決議，但更重大的目標，則是把米夫培養多年的國際派學生安插進中共中央，使中共完全聽由共產國際控制。[79] 如一位國際派成員回憶：「米夫到中國去的重要使命是：用把二十八個布爾什維克拉進中共中央的辦法，來對中共中央加以改組，從而加速實現中共『布爾什維克化』。換句話說，他的使命就是把中國共產黨人置於俄國共產黨人的絕對控制之下。」[80]

在米夫施壓下，中共中央只得遵照意見，在 12 月 9 日通過政治局決議，承認三中全會犯了「調和主義」錯誤：

> 三中全會卻承認這一時期中央的路線仍是和國際一致的，承認六月十一議決案是一般正確的，因此，三中全會雖然一般的接受了共產國際的路線，——但是這是在調和主義的立場上去接受的，——就是對於立三同志的整個路線，取了調和態度，並且替這一路線辯護——這就把互相矛盾互相對立而不能並存的國際路線與立三路線混淆起來（恰如國際來信所說），這就不能徹底解決執行國際路線的任務，因此，三中全會的路線也就不正確了。[81]

共產國際與中共中央將立三路線與國際路線徹底劃清界限，稱兩者互相矛盾對立，代表極為嚴重的政治後果。因為這項「政治錯誤」，李立三受到比前任陳獨秀與瞿秋白嚴厲數倍的懲罰。此後，立三路線走入歷史，國際路線取而代之，成為日後數年主導中共發展的核心方針。

註釋

1. Alexander M. Grigoriev, "The Far Eastern Bureau of the ECCI in China, 1929–1931", in *The Chinese Revolution in the 1920s*, p. 157.
2. Alexander M. Grigoriev, "The Far Eastern Bureau of the ECCI in China, 1929–1931", in *The Chinese Revolution in the 1920s*, p. 158.
3. 〈共產國際執行委員會遠東局給共產國際執行委員會的信（1929年11月21日）〉，收入中共中央黨史研究室第一研究部譯，《聯共（布）、共產國際與中國蘇維埃運動》，第8卷，頁221。
4. 共產國際在決議文中同樣提到了帝國主義對蘇聯進攻的危險，並舉中東路事件為例：「帝國主義列強挑撥中國反動派進攻哈爾濱的蘇聯領館，中國軍閥霸佔中東路，破壞中俄協定，成群拘捕並虐待蘇聯人民——這些事實都證明國際財政資本直接挑撥戰爭以反對蘇聯。」
5. 〈國際狀況與共產國際的目前任務——一九二九年七月共產國際執行委員會第十次全體會議的政治決議案〉，《布爾塞維克》，第3卷第1期。
6. 〈共產國際執行委員會遠東局關於共產國際執行委員會第十次全會決議的決議〉，收入中共中央黨史研究室第一研究部譯，《聯共（布）、共產國際與中國蘇維埃運動》，第8卷，頁194–196。
7. Alexander M. Grigoriev, "The Far Eastern Bureau of the ECCI in China, 1919–1931," in *The Chinese Revolution in the 1920s*, p. 160.
8. 〈中共中央政治局會議記錄〉，收入中共中央黨史研究室第一研究部譯，《聯共（布）、共產國際與中國蘇維埃運動》，第8卷，頁248。

9. 〈共產國際執行委員會遠東局和中共中央政治局聯席會議記錄〉，收入中共中央黨史研究室第一研究部譯，《聯共（布）、共產國際與中國蘇維埃運動》，第8卷，頁249–258。
10. 〈共產國際執行委員會遠東局和中共中央政治局第二次聯席會議記錄〉，收入中共中央黨史研究室第一研究部譯，《聯共（布）、共產國際與中國蘇維埃運動》，第8卷，頁259–267。
11. 〈中共中央政治局給共產國際執行委員會遠東局成員的信〉，收入中共中央黨史研究室第一研究部譯，《聯共（布）、共產國際與中國蘇維埃運動》，第8卷，頁273。
12. 〈共產國際執行委員會遠東局和中共中央政治局第三次聯席會議記錄〉，收入中共中央黨史研究室第一研究部譯，《聯共（布）、共產國際與中國蘇維埃運動》，第8卷，頁304–305。
13. 〈中共中央政治局特別會議記錄〉，收入中共中央黨史研究室第一研究部譯，《聯共（布）、共產國際與中國蘇維埃運動》，第8卷，頁310–315。
14. 〈向忠發給共產國際執行委員會的電報〉，收入中共中央黨史研究室第一研究部譯，《聯共（布）、共產國際與中國蘇維埃運動》，第8卷，頁345。
15. Immanuel C.Y. Hsü, *The Rise of Modern China* (New York: Oxford University Press, 1983), p. 555.
16. 〈共產國際執委會致中共中央的信——論國民黨改組派和中國共產黨的任務（1929年10月26日）〉，收入中共中央文獻研究室、中央檔案館編，《建黨以來重要文獻選編》，第7冊，頁24–26。
17. 〈斯大林給莫洛托夫的信〉，收入中共中央黨史研究室第一研究部譯，《聯共（布）、共產國際與中國蘇維埃運動》，第8卷，頁187。
18. Richard C. Thornton, *The Comintern and the Chinese Communists*, p. 97.

19. 〈中共中央接受共產國際一九二九年十月二十六日指示信的決議〉，收入中共中央文獻研究室、中央檔案館編，《建黨以來重要文獻選編》，第7冊，頁14–16。

20. 〈中央通告第七十號——目前政治形勢與黨的中心策略（1930年2月26日）〉，收入中共中央文獻研究室、中央檔案館編，《建黨以來重要文獻選編》，第7冊，頁47–49。

21. Richard C. Thornton, *The Comintern and the Chinese Communists*, pp. 114–115.

22. 〈李立三給周恩來和瞿秋白的信（1930年4月17日）〉，收入中共中央黨史研究室第一研究部譯，《聯共（布）、共產國際與中國蘇維埃運動》，第9卷，頁126–131；Alexander M. Grigoriev, "The Far Eastern Bureau of the ECCI in China, 1919–1931", in *The Chinese Revolution in the 1920s*, p. 160.

23. 李立三，〈新的革命高潮前面的諸問題〉，收入中共中央文獻研究室、中央檔案館編，《建黨以來重要文獻選編》，第7冊，頁187–193。

24. 〈共產國際執行委員會遠東局給共產國際執行委員會東方書記處的信〉，收入中共中央黨史研究室第一研究部譯，《聯共（布）、共產國際與中國蘇維埃運動》，第9卷，頁153。

25. 〈中共中央給斯大林的信〉，收入中共中央黨史研究室第一研究部譯，《聯共（布）、共產國際與中國蘇維埃運動》，第9卷，頁157–158。

26. 〈中共中央給共產國際執行委員會主席團的信〉，收入中共中央黨史研究室第一研究部譯，《聯共（布）、共產國際與中國蘇維埃運動》，第9卷，頁159–160。

27. 〈中共中央給共產國際主席團的信（1930年6月12日）〉，收入中共中央文獻研究室、中央檔案館編，《建黨以來重要文獻選編》，第7冊，頁274。

28. Alexander M. Grigoriev, "The Far Eastern Bureau of the ECCI in China, 1919–1931", in *The Chinese Revolution in the 1920s*, p. 161.

29. 〈中共中央政治局致共產國際遠東局書——堅持六月十一日決議，要求停止羅伯特的工作（1930 年 6 月 21 日）〉，收入中共中央文獻研究室、中央檔案館編，《建黨以來重要文獻選編》，第 7 冊，頁 279–280。這份文件同樣出現在共產國際檔案中，但因原件為德文，故中譯文與前者有所不同，見〈中共中央政治局給共產國際執行委員會遠東局的信〉，收入中共中央黨史研究室第一研究部譯，《聯共（布）、共產國際與中國蘇維埃運動》，第 9 卷，頁 183–185。

30. 〈王稼祥給米夫的信（1930 年 6 月 14 日）〉，收入中共中央黨史研究室第一研究部譯，《聯共（布）、共產國際與中國蘇維埃運動》，第 9 卷，頁 170。

31. 〈向忠發給周恩來的信（1930 年 6 月 25 日）〉，收入中共中央黨史研究室第一研究部譯，《聯共（布）、共產國際與中國蘇維埃運動》，第 9 卷，頁 206。

32. 羅章龍，《羅章龍回憶錄》，下冊，頁 448。

33. 《周恩來年譜》，頁 183。

34. 調查局藏，〈六屆四中全會前後共黨分離情形〉，館藏號：262.07/815/12322。

35. Kevin McDermott and Jeremy Agnew, *The Comintern: A History of International Communism from Lenin to Stalin* (Houndmills, Basingstoke, Hampshire: Macmillan Press, 1996), p. 183.

36. 〈共產國際執委政治秘書處關於中國問題的決議案〉，收入中央檔案館編，《中共中央文件選集》（北京：中共中央黨校出版社，1983），第 6 冊，頁 117–118。

37. 海外學者 Thornton 觀察到共產國際在這份通告中用詞上的費煞苦心，指出共產國際刻意使用了「高漲（upsurge）」而非「高潮（high tide）」一詞。見 Richard C. Thornton, *The Comintern and the Chinese Communists*, p. 174.

38. 王東原，〈追憶不言而信不怒而威的何健將軍〉，《傳記文學》，第 55 卷第 1 期，頁 17。

39. 何成濬，〈八十自述〉，《何雪竹先生紀念冊》（台北：文海出版社，1971），頁 22。

40. 王健英，《中共中央機關歷史演變考實》，頁 156。主席團成員之一袁炳輝於 1932 年被捕後投誠國民黨，從此下落不明，但據王建民《中國共產黨史》一書記載，袁炳輝隨國民黨到了台灣，改名袁子雲，曾向人談及行動委員會的人事：向忠發、李立三、袁炳輝為主席團，向忠發任主席，周恩來、李立三、袁炳輝、徐錫根、陳鐵廬分別為組織部、宣傳部、青年部、工人運動、農民部的部長，這段回憶，顯然與中共黨史記載內容有不少偏差。見王建民，《中國共產黨史》（台北：漢京文化事業有限公司，1988），第 2 篇，頁 53–54。

41. Alexander M. Grigoriev, "The Far Eastern Bureau of the ECCI in China, 1919–1931", in *The Chinese Revolution in the 1920s*, p. 161.

42. 〈共產國際執行委員會遠東局給中共中央的信（1930 年 8 月 1 日）〉，收入中共中央黨史研究室第一研究部譯，《聯共（布）、共產國際與中國蘇維埃運動》，第 9 卷，頁 249。

43. E. H. Carr, *The Twilight of Comintern, 1930–1935*, (London: Macmillan, 1982), p. 327.

44. 〈中共中央政治局給共產國際主席團的報告——關於全國革命形勢的發展及黨的行動路線（1930 年 8 月 5 日）〉，收入中共中央文獻研究室、中央檔案館編，《建黨以來重要文獻選編》，第 7 冊，頁 341–343。

45. 〈共產國際執行委員會遠東局給中共中央的信（1930 年 8 月 6 日）〉，收入中共中央黨史研究室第一研究部譯，《聯共（布）、共產國際與中國蘇維埃運動》，第 9 卷，頁 263。

46. 據王東原回憶，彭德懷佔領長沙後，「我由岳陽率四十五旅進至長沙斜對河三叉磯與芸公取得聯絡，乘彭部立足未穩，自請提前反攻，於八月四日午夜破釜沉舟，大膽實行背水陣，一舉擊破彭德懷部，八月五日克復長沙，佈告安民。」見王東原，〈追憶不言而信不怒而威的何鍵將軍〉，《傳記文學》，第 55 卷第 1 期，頁 17。國軍甚至出動海軍勇勝與咸寧兩軍艦參與此役，利用大雨長江水勢上漲，派軍艦進入長沙沿岸，與共軍作戰，共軍「迫於艦砲威力於三日撤至城外並遠離江岸，該兩艦於接洽陸軍何鍵所屬部隊後，於五日中午十二時掩護其主力部隊，由嶽麓山渡江進入長沙城接防，紅軍則向東南方撤離。」見何燿光，〈抗戰以前海軍參與剿共戰爭之研究〉，收入中華軍史學會編，《中華軍史學會會刊》（台北：中華軍史學會，2001），頁 406–407。

47. 〈中共中央政治局和共產國際執行委員會遠東局聯席會議記錄（1930 年 8 月 6 日）〉，收入中共中央黨史研究室第一研究部譯，《聯共（布）、共產國際與中國蘇維埃運動》，第 9 卷，264–268。

48. 〈共產國際執行委員會遠東局給共產國際執行委員會東方書記處的信（1930 年 8 月 7 日）〉，收入中共中央黨史研究室第一研究部譯，《聯共（布）、共產國際與中國蘇維埃運動》，第 9 卷，頁 276。

49. 〈中共中央政治局給共產國際執行委員會遠東局的信（1930 年 8 月 7 日）〉，收入中共中央黨史研究室第一研究部譯，《聯共（布）、共產國際與中國蘇維埃運動》，第 9 卷，頁 271–272。

50. 〈向忠發給斯大林的信（1930 年 8 月 8 日）〉，收入中共中央黨史研究室第一研究部譯，《聯共（布）、共產國際與中國蘇維埃運動》，第 9 卷，頁 283–284。

51.〈中共中央政治局給共產國際執行委員會的電報（1930 年 8 月 8–9 日）〉，收入中共中央黨史研究室第一研究部譯，《聯共(布)、共產國際與中國蘇維埃運動》，第 9 卷，頁 286。

52.《周恩來年譜》，頁 184。

53.《周恩來年譜》，頁 185。

54.《周恩來年譜》，頁 185。

55.〈中共中央給共產國際執行委員會主席團的信（1930 年 8 月 25 日）〉，收入中共中央黨史研究室第一研究部譯，《聯共(布)、共產國際與中國蘇維埃運動》，第 9 卷，頁 333–334。

56. Tso-liang Hsiao, *Power Relations within the Chinese Communist Movement*, 1930–1934, pp. 40–41.

57. 王健英，《中共中央機關歷史演變考實》，頁 154–155。

58. 紅一方面軍於 8 月 23 日在湖南省瀏陽縣永和市成立，朱德任總司令，毛澤東任總政治委員、總前委書記。據何鍵下屬王東原回憶，「彭德懷在長沙被擊破後，逃抵瀏陽，江西共軍朱毛等全部於八月底復圍攻長沙，激戰十二日，我軍佈電網以阻禦，共不得逞，復竄江西。」見王東原，〈追憶不言而信不怒而威的何鍵將軍〉，《傳記文學》，第 55 卷第 1 期，頁 18。

59. Alexander M. Grigoriev, "The Far Eastern Bureau of the ECCI in China, 1919–1931", in *The Chinese Revolution in the 1920s*, pp. 161–162.

60.〈中共中央政治局接受共產國際關於停止武漢南京暴動的指示的覆電（1930 年 9 月 8 日）〉，收入中共中央文獻研究室、中央檔案館編，《建黨以來重要文獻選編》，第 7 冊，頁 392。

61. 蘇聯史學者 Carr 同樣指出，向忠發的發言是「樂觀的報告」(optimistic account)。E. H. Carr, *The Twilight of Comintern, 1930–1935*, p. 331.

62. 特生，〈中央政治局工作報告〉，收入中央檔案館編，《中共中央文件選集》，第 6 冊，頁 276–282。有學者將這篇文章譯成英文，並作了簡要介紹，如指出六屆三中全會開會地點的不同版本，並根據這篇文章，指出向忠發在 1930 年初即注意到革命高潮已在 1929 年 6 月開始來臨。見 Tso-liang Hsiao, *Power Relations within the Chinese Communist Movement, 1930–1934*, pp. 3–4, 60–61.

63. 在李立三赴蘇聯期間，上海市政府機要室編印《李立三政治思想事略》一小冊子，指出在立三路線即將失敗之時，「有共黨員向忠發往見李氏，忠告其放棄本人之政策」，認為李立三在向忠發的建議下，終止了立三路線。見調查局藏，《李立三政治思想事略》（館藏號：213.41/713）

64. Richard C. Thornton, *The Comintern and the Chinese Communists*, p. 184.

65. 張國燾於 1959 年在香港的訪問中説道，瞿秋白從向忠發手中搶過了六屆三中全會的主導權，並贏得了周恩來的支持，又説瞿秋白與米夫的緊張關係控制了 1930 年下半年中共內部的權力關係，再度證實了張國燾的回憶存在着嚴重偏差。見 Tso-liang Hsiao, *Power Relations within the Chinese Communist Movement, 1930–1934*, pp. 67–68.

66. 羅章龍，《羅章龍回憶錄》，下冊，頁 449。然而，羅章龍將瞿秋白此舉解釋為「為本宗派作保全實力掩護退卻」，指瞿秋白與李立三和向忠發為同一派系，顯然與事實不符。

67. Immanuel C.Y. Hsü, *The Rise of Modern China,* p. 555.

68. 王健英：《中共中央機關歷史演變考實》，頁 162。

69. E. H. Carr, *The Twilight of Comintern*, 1930–1935, p. 327.

70. 蔣介石，《蘇俄在中國》蔣介石，《蘇俄在中國》，收入蔣總統集編輯委員會編，《蔣總統集》（台北：國防研究院，1963），第 1 冊，頁 279。

71. 米夫在其後來所著的中共黨史中，毫不避諱地讚美陳紹禹、秦邦憲、王稼祥、何子述和沈澤民等人，見米夫，《中國共產黨十五年史》，頁 67–68。時任中共駐共產國際代表余飛回憶，「米夫也是一個最無恥的東西，他幾次要想奪取中國共產黨的領導，要求准派陳紹玉等回國，那時我是中國共產黨駐俄代表團代表兼組織部長，知道他這種野心，拒絕了他。他後來不待代表團批准，竟派陳紹玉等繞道歐洲回到中國來。」見〈匪黨中委兼駐共產國際代表、共產國際常委、共產國際歐洲局書記、職工國際常委、世界反帝同盟執委、太平洋職工會秘書處主席余飛告共黨同志書〉，收入中華民國開國文獻編纂委員會、國立政治大學國際關係研究中心編印，《共匪禍國史料彙編》，第二冊，頁 562。

72. 楊奎松在〈向忠發是怎樣一個總書記？〉一文中，指出向忠發曾在 17 日的宣傳工作人員會議上藉着批評沈澤民，將王明等人痛罵一頓，但並未提及具體出處。

73. 〈中共中央政治局會議記錄（1930 年 11 月 18 日）〉，收入中共中央黨史研究室第一研究部譯，《聯共（布）、共產國際與中國蘇維埃運動》，第 9 卷，頁 462。

74. Tso-liang Hsiao, *Power Relations within the Chinese Communist Movement*, 1930–1934, pp. 93–94. 作者根據國外微捲翻譯而成，中文原文會議紀錄在中共官方出版物中尚未見到。

75. Richard C. Thornton, *The Comintern and the Chinese Communists*, p. 209.

76. 〈中共中央政治局關於最近國際來信的決議（1930 年 11 月 25 日）〉，收入中共中央文獻研究室、中央檔案館編，《建黨以來重要文獻選編》，第 7 冊，頁 696。

77. 張國燾，《我的回憶》，第二冊，頁 847。

78. 〈中央政治局關於最近國際來信的決議（1930 年 11 月 25 日）〉，收入中央檔案館編，《中共中央文件選集》，第 6 冊，頁 429。

79. Alexander M. Grigoriev, "The Far Eastern Bureau of the ECCI in China, 1919–1931", in *The Chinese Revolution in the 1920s*, p. 162.

80. 盛岳，《莫斯科中山大學和中國使命》（北京：東方出版社，2004），頁116。

81. 〈中央政治局十二月九日的決議（1930年12月9日）〉，收入中央檔案館編，《中共中央文件選集》，第6冊，頁459。

第六章

失勢

向忠發使用黨的經費去討的姨太太，最終成為向忠發被捕與中共中央遷往蘇區的關鍵人物。6月22日，向忠發在法租界與這名姨太太一同被捕。23日，淞滬警備司令部司令熊式輝致電蔣介石，告知「赤匪向忠發於二十二日由參謀本部偵查隊會同楊虎在法租界捕獲現正緝拿餘黨」。

當23日蔣介石收到熊式輝電報後，立刻予以回覆，指示「匪首向中發應即依法槍決為要」。同日，向忠發即被熊式輝下令槍決，過程既迅速且隱秘。

全身而退

剛在六屆三中全會上做完政治報告的向忠發，眼見局勢不對，立即否定了自己的報告，據 12 月 17 日陳紹禹給米夫等人的信，「昨天我們與老闆進行了交談，結果他認為三次全會及以後的所有文件都是不正確的，是調和主義的，是偏離執委路線的產物，並且同意我們關於取消所有上述文件的主張。」[1] 既然連向忠發在內的中共中央都承認了三中全會路線錯誤，米夫召開四中全會的構想，只得順理成章地付諸實行。米夫親自指導了 1931 年 1 月在上海舉行的四中全會，如伍修權所言，該會是米夫「一手導演的」。[2] 向忠發再度做了政治報告，不過在這次會議上，向忠發一改在三中全會開玩笑、與李立三共擔責任的態度，態度 180 度轉彎，將自己與李立三的錯誤切割得一乾二淨：

> ……六次大會後，中央的路線本是一般的正確的，黨的堅定性和布林塞維克化，也「都有很大的成績」。可是，同時卻又犯了一些個別的嚴重錯誤，尤其在七十號通告後，經過鄂代會，蘇代會，立三路線逐漸形成，到了六月十一日決議案在中央政治局通過，立三路線便成為政治局的路線。尤其是正在中國革命高漲生長的緊要時期，中央政治局在立三路線領導之下，不顧共產國際的這些指示，競走到冒險盲動主義政策的道路上去。現在大家都知道立三路線是反馬克思列寧主義的，是反共產國際的，給了黨很大的損害。立三同志的路線實行的結果，造成嚴重的事實，真是舉不勝舉。……

照向忠發的意思，六大結束後，中共在他的領導下，路線本來是正確的，後來犯了錯，導致了立三路線的發源，甚至強調立三路線是「立三同志的路線」，急欲沖淡自己在其中扮演的角色。向忠發在莫斯科學到的「馬列主義口頭禪」，再次應用到攻擊李立三的演講中：

立三同志的錯誤不是個別的，不是偶然的。這些錯誤是聯繫許多實質上根本上錯誤的托洛茨基主義，布朗克主義，陳獨秀主義的理論觀點，而成為反馬克思列寧主義的系統。立三路線的歷史根源，是在六次大會前的機會主義盲動主義的殘餘並未肅清，六次大會後中央關於軍閥戰爭之不正確的分析，聯合富農及在黃色工會中的錯誤策略，對改組派的不正確的估量，都給立三路線以機會主義的基礎，而組織上孫中山陳獨秀的家長制度的復活，更保障着立三路線的發展與統治。

向忠發進一步將李立三「反共產國際」的錯誤，歸咎於導致中共敵視共產國際言論的主因：

……國際在糾正路線和克服中央一切錯誤中，是有絕對作用的。可是六月十一決議案，立三同志及贊助他的同志，竟不顧國際代表的反對，而徑行發表。六七月國際屢次來電的指示，政治局表現着遲疑與反抗，並曾有幾個抗議的電報發出。在八月三日政治局會議上，立三同志竟敢用共產主義「左」右叛徒說過的話，來說國際不懂得中國情形，不能領導中國革命。這種反共產國際的鬥爭，不服從國際紀律，在當時竟得到政治局全體的同意；這種絕對不容許的態度，便成為六月十一日決議案後到八月這一期間的中央反列寧主義路線的主要前提。現在黨內的嚴重狀態是立三同志和贊助他的同志忽視國際執委的指令和預先警告的結果。我當然要負主要的責任。

向忠發似乎忘了，自己就是最重要的「贊助李立三的同志」，又指李立三在發言中，透露對共產國際的不尊敬，卻未提及自己在8月6日的會議上，對遠東局成員大喊大叫一事。儘管向忠發稱自己要負主要責任，然而從其發言中，不難看出向忠發刻意將全體政治局委員拖下水，以撇清自身應負的主要責任。向忠發接着説道，三中全會是調和主義路線，因而此後中共路線仍然是錯誤的，在共產國際提出糾正後，才開始邁向正軌，而四中全會，正是中共執行正確路線的新起點，其核心要領，就是「從理論上實際上完全克服立三路線，及對立三路線的調和主義的錯誤。在這裏，必須實際執行國際決議，必須在全部工作中有堅決的轉變。」[3]

所謂完全克服立三路線，除了彰顯共產國際對中共的領導權外，更重要的政治意義，則是米夫派系對中共領導權的爭奪，如余飛所言，「所謂反立三路線，反右派的鬥爭，同志們，這究竟是怎麼一回事？立三路線固然錯誤，然而國際路線又何嘗正確？實質上無非是共產黨領袖們爭權奪利，是史達林派他的走狗們在反立三路線掩飾之下奪取中國黨的領導。」[4] 在一連串運作下，米夫成功奪去了中共的領導權，會議通過由其起草的《中共四中全會決議案》，決議大力清算立三路線，將李立三開除中央委員，瞿秋白也失去了政治局常委資格，此後數個月，被迫寫了好幾封悔過書。[5]李立三則被迫前往蘇聯悔過，一去就是15年，國民黨對此評論道「這一跌就跌入深淵裏去，沉淪了十五年不能自拔，整正十五年在中國沒有看到李立三的名字。」[6]直到1946年，李立三才以「李敏然」之名，重現公眾視野。此時，向忠發與李立三切割的策略起到了作用，並未受到任何懲罰，仍繼續領導「新生」後的中國共產黨。

向忠發能在這場秋後算賬行動中脱身，主要有三個原因。首先，米夫清楚知道，儘管向忠發與李立三立場一致，但所有武裝暴動的計劃，幾乎出自李立三之手。何況，向忠發立刻坦誠錯誤，將責任全數推到李立三頭上。[7]二是因為向忠發與米夫的特殊交情，使米夫對他網開一面。但要網開一面，總需要理由，據向忠發被國民黨逮捕後的口供，這個理由是：「米夫來華，找我談話説：『以前種種錯誤，你都要負責，須受懲罰。』經過米夫談話之後，我卻沒有受處分，因為米夫説：『向忠發是一個工人分子。』」[8]同樣的理由，也出現在米夫《在四中全會上的結論》中：「忠發、錫根、向榮（應）、温玉（温裕成）他們是工人同志，他們雖有錯誤……要在工作中教育他們。」[9]三是因為米夫的人馬此時尚未在中共黨內佔據大位，米夫即便再喜歡陳紹禹，也無法將一位非中央委員的黨員直接提拔成總書記，故在名義上保留向忠發的領袖職務，同時將親信安插到中央委員會。因此，四中全會增補了陳紹禹為中央委員，增補夏曦和彭澤民為中央候補委員。米夫更讓陳紹禹直接進入政治局，而接手向忠發的位置，只是早晚的事。[10]

向忠發是中共反右傾的先驅，是他先批評李立三有右傾危險，才迫使李立三向左轉。當李立三採取暴動政策時，向忠發的左傾言論甚至更為激烈。在很大程度上，「立三路線」就是「忠發路線」，如羅章龍指出，「瞿秋白主持三中全會確曾說過：『中央並沒有什麼立三路線，向忠發中央路線就是國際路線』。」[11] 換句話說，沒有向忠發在後頭煽風點火，「立三路線」能否發展到極致、能否付諸實施，仍難以定論。蔣介石在 1931 年寫的《告誤入共黨黃埔同學書》中，寫道「李立三向忠發輩之專橫」，可謂實情。[12] 羅章龍同樣在回憶錄中，使用「向李集團」一詞形容兩人的緊密關係。[13] 在三中全會上，向忠發儘管不為李立三辯護，但並未將自己和「立三路線」做切割。在四中全會上，卻大翻其案，將立三路線抨擊得一無是處，並完全將自己與立三路線的關係清得一乾二淨，只在作最後補充時，假惺惺的稱自己負有一定責任。據一位脫黨黨員回憶，四中全會後向忠發持續大力抨擊「立三路線」：

> ……陳雲做主席簡單把召集會議的意義和開會程序說過了。向忠發老頭子便站起來報告。他報告內容分三點：(1) 什麼是立三路線？(2) 我們應該怎樣去反立三路線？(3) 中央最近的態度。咬文嚼字的冠冕堂皇報告了兩個多鐘頭。[14]

向忠發本可像三年前的羅明納茲一樣，在莫斯科的清算大會上捍衛自身立場，與瞿秋白同進退。顯然，向忠發做了錯誤的決定。背叛李立三，固然得以保全自己，持續擔任總書記職務，但他顯然沒料到後果——李立三一走，向忠發真正成了孤家寡人。

大權旁落

向忠發和李立三自國民黨漢口市黨部時期就是同事，故在立三路線時代，兩人尚能和平共處。面對背景不同、對總書記一職虎視眈眈的留蘇學生，向忠發逐漸失去了抗衡能力。在莫斯科期間，陳紹禹與米夫視向忠發為打手，米夫利用向忠發打擊羅明納茲，陳紹禹再利用向忠發打擊所謂的「江浙同學會」，作為回報，米夫支持向忠發當上總書記。當米夫成功地將陳紹禹安插進政治局後，向忠發的利用價值日益降低。如向忠發在口供中說：

> 此次米夫來華後，自中共中央的組織采變更了，分工制度，因而一切經濟權均不經我手，我的總書記，只不過虛位而已。不久因為羅章龍組織非常會議，米夫召集徐錫根、陳郁談話，這一次的談話，我沒參加。米夫返俄後，有一德國人作中國黨的國際代表。四中全會的報告，周恩來起草，由我向國際代表報告，而陳紹禹大加反對我，說我是調和主義者。四中全會選舉的結果，名義上仍由我來繼承六次大會的總書記，但在事實上已經實行了分工制，如沈澤民任

宣傳，周恩來任軍事，趙雲任組織，從此各人各管各事，我在共黨內不甚管事了。[15]

1928 年在莫斯科時，陳紹禹只是中共的一名留俄學生，成功地利用了向忠發，使米夫對其另眼相看，關照有加。1929 年初學成歸國後，陳紹禹始終不得志，僅在上海滬東區委擔任宣傳幹事，甚至還進過監獄，向忠發也未曾提拔他。不僅如此，在立三路線執行期間，陳紹禹因與莫斯科過從甚密，而遭到向忠發的打壓，陳紹禹和王稼祥在一封給米夫的信中，直言「我們痛心地向你報告我們的不幸……老闆們已經把這些『異己分子』從公司的重要工作職位上撤了下來，並威脅要把我們趕出公司，如果我們繼續與他們意見不合的話。」[16] 此外，向忠發同樣批評陳紹禹為右傾分子。[17] 直到立三路線結束後，1930 年底在米夫的安排下，陳紹禹才當上了江蘇省委書記。1931 年，陳紹禹一躍而上，成為政治局委員，距離向忠發的位子，只剩一步之遙。1 月 9 日，遠東局又提議要陳紹禹當中共中央候補常委，但未被接受，最後仍擔任江蘇省委書記。[18] 從向忠發切割與李立三的關係後，陳紹禹仍然對向忠發窮追猛打、稱他為調和主義者的舉動來看，陳紹禹的報復心態，完全展露無遺。陳紹禹的最終目的，已不言自明。

儘管向忠發自稱在四中全會後已「不甚管事」，向忠發仍在名義上領導全黨的活動。1 月 31 日，中共中央常委會召開會議分派工作，向忠發仍為「總負責」。[19] 據楊奎松的研究，在六屆四中全會之後，向忠發作出了兩件對中共黨史起到重大影響的決定。一是否決讓張國燾擔任蘇區中央局書記的提議，理由是張國燾長期在國外工作，對國內情況不甚熟悉，且過去與毛澤東多有矛盾；二是提議讓毛澤東做即將成立的中華蘇維埃共和國中央政府的主席，否決了由中共最高領導人兼任蘇維埃政府主席的提議。[20] 向忠發本人則未過多參與蘇區建設的工作，2月19日，向忠發與周恩來一同與遠東局談話，根據紀錄，向忠發未發言，周恩來向遠東局報告了政治局的決定：「蘇區局的全體成員都列入政府成員，此外，向（忠發）、張國燾、陳郁……等以個人身份參加。」[21] 關於「新生」的中共的工作情況，向忠發在2月22日致信共產國際的報告中指出：「武漢累次破獲後，市委都難立足，現在主要的辦法是重新打入生產。長沙，岳州，九江，南昌等地的工作，始終沒有恢復。」城市工作既遭受重大破壞，中共只得將工作重點轉向農村蘇區的建設：

> 對於蘇區工作的加緊，現在正依照國際的指示，要從中央政治局起以百分之六十的幹部力量去加強與鞏固蘇區的領導。對蘇區中央局，已決定再派政治局委員三個人去和其他得力同志，成立九個人的蘇區中央局。對鄂西鄂豫皖兩處，亦決定組織中央分局，派兩個中央委員去主持分局。其餘贛東北，平瀏修銅，閩粵贛，七軍等處，亦決定加派政治領導人去。各軍政治委員已決定改換得力的工人成分或有威信有能力的同志去。黨的幹部及工運人材正在由中央組織部與各省黨部商調。軍事幹部不論是在莫學過軍事的或在國內做過軍事工作的，都要以百分之九十以上派往蘇

區。現在對各蘇區的交通方開始恢復，最近一月可去蘇區一百上下的幹部。

然而，這份報告寫得很沒有誠意，因為報告的前半部分，向忠發幾乎一字不漏地照抄他在四中全會上的報告。[22] 直到介紹四中全會後的中共黨務，向忠發才停止抄襲。在接下來的報告中，向忠發介紹了中共反對立三路線與調和主義的最新成果：

……在這裏，黨內反立三路線與反調和主義鬥爭的開展，是有了新的氣象的。在立三主義還統治着全黨的時候，中央指導機關中便遇到了陳紹禹，王稼薔，秦邦憲，何子述四同志的反對，在實際工作中便遇到了許多下級同志因為執行立三路線不通，發生了懷疑，怠工或消極的反抗……當着國際來信到後，中央十一月二十五日決議發喪，黨內立刻表現出幾種不同的意見在發展：一種是站在國際路線之下要求中央徹底承認自己的錯誤，反對中央對於三中全會的任何留戀的調和態度，這種意見可以拿陳韶玉，沈澤民，夏曦等同志的意見書與在各種會議中的發言為代表……

從這段報告中，不難發現向忠發讚美陳紹禹不僅有反對立三路線的先見之明，又忠實地執行共產國際的路線，向陳紹禹示好的意味十分明顯。除此之外，向忠發花了一些篇幅，報告了四中全會後羅章龍「另立中央」的情形：

……四中全會開過之後，右派小組織進流行分裂黨的活動，便愈加暴露出來。本來，四中全會前，羅章龍、何孟雄便找徐錫根、王克全、陳郁等同志開小組織式的會議，討論黨的前途，羅章龍即主張分裂（這件事在錫根同志開始承認錯誤後才知道）。四中全會後，右派小組織在羅章龍、何孟雄、王仲一領導之下遂實行對黨的分裂。……[23]

所謂羅章龍另立中央一事，為六屆四中全會之後，羅章龍與何孟雄等人因反對王明上台，同樣打着反對立三路線旗幟，組織「中國共產黨中央非常委員會」，與中央分庭抗禮。[24] 實際由王明與米夫控制的中共中央，自然不承認該團體，而名義上為總書記的向忠發，同樣經常夾在兩派中間，備受指責。如一名親歷者回憶，在一場大會上面對黨員質疑「為什麼中央重用陳紹禹而何孟雄仍然還是一個小黨員？現在正是急需人才的時候，何孟雄力量沒有一點不及陳紹禹，中央這是不是派別觀念，還有什麼其他原因？」等問題時，向忠發無從作答，只得「不自然笑起來」。[25]

3月27日，向忠發、周恩來、張國燾一同與遠東局代表雷利斯基談話，向忠發同樣一言不發。根據紀錄，向忠發、張國燾、周恩來三人認為，「有時候，在某些情況下可以讓土匪部隊以紅軍名義行動，並利用我們的口號。」[26] 28日，政治局常委會召開會議，將常委人數縮減至五人：向忠發、周恩來、盧福坦、陳紹禹、羅登賢，陳紹禹不再擔任江蘇省委書記，從這一刻起，他與向忠發平起平坐。[27] 3月31日和4月2日，向忠發、周恩來、張國燾三人與遠東局代表蓋利斯談話，就4月初上海絲綢工人罷工問題展開討論，根據紀錄，向忠發將在4月3日就此問題向雷利斯基作通報。[28]

4月7日，向忠發和陳紹禹一同與雷利斯基談話，據會議紀錄，有如下對話：

向（忠發）：4月5日星期日，中央交通局局長同志被捕。他是在進入工會大樓時被捕的。他隨身帶有：滿洲監獄裏的同志們給國際革命戰士救濟會的信、省委的信（內容還不清楚）、中央給中華全國總工會的信、1,000墨西哥元、安徽省委的地址和中央工作人員領取工資的簽名條。在他被捕後，警察還在樓裏呆了一段時間，又扣押了來這裏弄清各種問題的另外七名同志。這樣被捕的有：全總負責同（工會）積極分子進行聯繫的同志、同國際革命戰士救濟會保持聯繫的同志、中央交通局負責在失業者中間做工作的工作人員和一名女黨員。第一位同志是由於挑釁行為而被捕的。

奧斯藤問這種挑釁行為是什麼，向（忠發）對此只能回答說，他們從……得到報告說，這是挑釁行為。

向（忠發）說，這位同志在中央機關工作了很長時間，並且深得信任。他曾是向（忠發）的私人秘書，並於1927年同他一道前往梅爾澤堡。他知道在幾個機構工作的31名同志的地址，22名中央機關同志的地址、3名省委的同志、4名全總的同志和兩名國際革命戰士救濟會的同志的地址。

由於這些逮捕事件，我們決定改變（被捕者知道的）我們的所有住處。向省委事務部（書記處）主任下達了改變住址的指示。為了執行這項指示，他在旅館召開了有知道同各地區的聯繫的同志、同省委委員保持聯繫的同志、負責同上海聯繫的工作人員和省委書記處領導人的兄弟參加的會議。同志們爭論起來，吵吵嚷嚷，有人偷聽到他們的談話並且引來了警察。

奧（斯藤）：如何解釋，當有人被捕時，你們鬧得如此張惶失措？我們只能作出這樣的解釋，你們委任了你們並不信任的未經考察的和不可靠的同志擔任重要工作。

向（忠發）：這第一位同志知道很多情況，可是他很軟弱，而警察局裏拷打得很厲害。因此，我們應當非常小心。

奧（斯藤）：你們應該學會如何組建同中央進行聯絡的機關。你們為什麼有這麼多負責聯絡的同志？這樣的同志你們有多少？中央的同志為什麼要在收錢時簽名？你們拿這些簽名條做什麼？你們應該立即撤銷交通局局長這一職務。不要給他們任何稱號，因為他們每個人都需要配秘書，這樣一來必然使機關臃腫。取消收錢時簽名的做法。黨的經費應該這樣使用，錢要按比例用在黨的一切需要上。中央機關應該像多次給你們説過的那樣來組建。這樣做會更節省更安全。

向（忠發）：我們曾試圖執行你們關於精簡黨的機構的指示，但至今沒有結果。由於秘密狀態造成聯絡機構臃腫，要做到這一點很難。我將把這個問題提交政治局討論，我們將讓您了解中央的聯絡機構圖。

奧（斯藤）：我認為，你們應該精簡自己的機構，其中的150人至少要減少75%。全部問題在於正確使用同志和恰當地分配工作。

在這段談話中，向忠發一改過去對遠東局代表不客氣的態度，顯得畢恭畢敬，甚至以「您」稱呼遠東局的代表。至於被捕的交通局長的真實姓名，向忠發在被國民黨逮捕後供出其名為李金生，「是我的工作負責人，於前星期內被公安局捕獲，共有七人，聞現解司令部，他知道我的機關很多，經過此次破壞，各處機關均遷移，因此我也受了國際的嚴重警告。」對照這段與遠東局的談話紀錄，向忠發說共有七人被逮捕、因此事受了共產國際警告，皆確有其事。

被捕

向忠發在與遠東局的談話中，談及了向忠發之前的私人秘書被國民黨當局逮捕一事。這件事引起了中共中央極大的警覺，遂決定將向忠發轉入鄂豫皖蘇區，負責這項任務的，正是時任中共特科主任顧順章。

1931年3月，顧順章奉命護送張國燾、陳昌浩到鄂豫皖蘇區，任務完成後，顧順章回到漢口，以「化廣奇」魔術團為藝名，在街頭表演魔術。[29] 顧順章以魔術師身份掩護地下工作，同時暗中策劃將向忠發轉移至井岡山的路線。[30] 4月24日，顧順章在路上遭到指認，立刻被中統特工逮捕，隨後叛變，將中共秘密工作情形和盤托出，並請求中統接出自己家人，以防中共報復。[31] 中共中央獲悉顧順章叛變後，委託周恩來全權處理一切。周恩來比中統營救人員搶先一步，當晚即殺光顧順章一家作為報復，並且埋屍於法租界一家花園內。[32] 同時，銷毀大量機密文件，將中共中央重要人物與辦公機關全數轉移。28日，中共中央政治局開會討論工作分配，向忠發仍主持全部工作。[33]

自顧順章被捕後，中共中央行事日趨神秘，常委向忠發、周恩來、陳紹禹三人，除了中央各部長外，其他人均不得會見。據遠東局給共產國際的報告：

> 這三位同志（向忠發、周恩來、陳韶玉）工作非常不規則，他們缺乏秘密工作經驗，完全以神經性用事，向忠發與陳韶玉吵架，張聞天、瞿秋白要堅持執行紀律，但因為黨已失了聯絡，通告都除了口頭外，文字通告更無法送出，所謂紀律，亦無從執行……
>
> 五月三十日，向忠發、周恩來、陳韶玉與我們有一次談話，向問我們「我的路線是不是對的？」我們說：「你沒有小組織，我們更不知有你的路線」周恩來與向忠發究竟有沒有小組織，無從證明，不過事實上僅得了一個印象，就是陳韶玉設想他們二人有小組織而已。[34]

中共中央在上海的工作形同癱瘓，在無事可做的情況下，向忠發逐漸怠惰起來，與小老婆同居。事實上，關於向忠發的感情問題，中共中央在向忠發回國上台之際，已開始密切關注。據李立三在莫斯科寫的檢討報告：

> 據我所記，此事發生在1929年底。當時向忠發經常和老婆吵架，幾乎無法在家辦公。周恩來、項英和我曾多次批評過他，他卻屢教不改。有一次開中央書記處會議時，向忠發提出：他要安心辦公，希望單住一間房，要求中央批准。我們表示同意並為他安排了一間房。但是搬家的當天，書記處一個幹部來找我反映說，新的住處來了一個女人，向忠發說是他老婆。我馬上去找他，發現他果然帶來一個新的老婆。我又連忙找項英同志（當時周恩來同志是否已離開上海，已記不大清楚了。如果尚未離開，他也肯定參加了那次談話）通報這個情況。我們商定，首先要弄清這個女人的身份，和向忠發認真談一談。談話中我們嚴厲地批評了他，他卻辯解說這是他一個老同志的女兒，他已無法同原來的老婆共同生活，決心離婚，要和這個女人結婚。幾天之後，另有人反映，這根本不是向忠發什麼老同志的女兒，而是不是來歷的不三不四的女人。我們根據此情，再一次批評向忠發，要求他以黨的利益為重和這個女人斷絕關係，但向忠發堅決否認，聲稱我們這些情報是錯誤的，這確實是他一個老同志的女兒，他不能拋棄她，安全問題他向黨負責。我們實在無可奈何。[35]

向忠發為這名「老婆」編造身世，顯示仍有所顧忌，不願其他同志說三道四。時間一久，向忠發開始無所顧忌，作風更加招搖。顧順章在投降國民黨後發表的《告中共青年書》中，透漏了更多向忠發的私生活細節：

……向忠發為全黨的總書記，其地位之高，是無以復加的了，而他竟至強姦下級女同志，侵佔下級同志的老婆（廖任先的老婆周招英，上海怡和紗廠女工出身，出事地點在上海愛文義路戈登路口朱老板家裏）；同時更拿黨的經費去討姨太太（與向忠發同時被捕，是浙江寧波女子，是人家姨太太出身），供給他個人不正當的揮霍，這都是你們中央的領袖們：如周恩來、李立三、項英等所深知道的。[36]

向忠發使用黨的經費去討的姨太太，最終成為向忠發被捕與中共中央遷往蘇區的關鍵人物。6 月 22 日，向忠發在法租界與這名姨太太一同被捕。[37] 23 日，淞滬警備司令部司令熊式輝致電蔣介石，告知「赤匪向忠發於二十二日由參謀本部偵查隊會同楊虎在法租界捕獲現正緝拿餘黨」。[38] 在幕後主導逮捕行動的，仍是中統特工。關於逮捕向忠發的細節，一名參與其中的中統特工在一件內部報告中，有如下敘述：

……在法租界霞飛路一家珠寶商店逮捕了這名聞中國的無產階級工人出身的領袖，中共總書記向忠發，這位五十餘歲的貌似忠誠的偽裝者在一個特工同志叫袁志清的幾天守候確認下低首承認了。

……向忠發被捕，他要求自首，中央派作者赴上海淞滬警備司令部與其談話，記得那天的情景是這樣的：

這位五十餘歲的中共首領，穿的是灰色的長袍，直貢呢的布鞋，面上有些皺紋，不像是做工人而像個商人，不多講話，也不善詞令，他左手無名指少了一段，有人説他當年被機器軋斷的，也有説他為戒賭而自己截斷，總之他的特徵便是這個短了一節的手指，這於他的政治生命頗有關係的，否則不容易被人認出，在我談話時有一位容貌美麗身段苗條的女子來招呼，據告是他的妻，一個古董商人的妻，是應該這樣打扮的，據向忠發告訴我那是黨內支配給他的，據那位女子很含糊的告訴我：

「我那曉得他是共產黨呢。」

我揣想這個女子，可能是舞女出身。

向忠發和我想了許多話，主要是想自首以免一死，他說：

「我是一個工人，一個共產黨的傀儡，一向是接受李立三的領導的，他走了，我擔任總書記不過是兩三個（月）的事。」

他告訴了我許多與國際派摩（磨）擦的事，並希望戴罪立功。

我把這段談話電報中央請示，當天晚間淞滬警備司令熊式輝便奉到命令將向忠發處死，並叫楊虎監視，大約我的報告，中央尚未看到，而熊式輝是主張對此輩重要共黨須處以嚴刑，不過在我們特工同志工作的立場，認為這樣草率的打掉一個已經自首的共黨首領，於工作上是沒有意義的，這裏有兩個影響，一是使中共重要分子以後不敢自首而死硬到底，二是我們不能在工作中發展工作，於使用效率上沒有達到圓滿的階段。[39]

國史館現存的蔣介石與熊式輝往來電報，證實了這名中統人士的說法。當23日蔣介石收到熊式輝電報後，立刻予以回覆，指示「匪首向中發應即依法槍決為要」。[40]同日，向忠發即被熊式輝下令槍決，過程既迅速且隱秘。24日，《中央日報》才登出了向忠發被捕消息：「向供湖北人，五十一歲，髮已禿白。」[41]向忠發從被捕到槍決，只花了不到兩天時間，如同報告所言，處理方式相當草率，對中共進行策反工作極為不利。然而，此時在前線督戰剿匪的蔣介石，並未像中統人員一樣評估問題。蔣介石對剿匪戰事勢在必得，認為消滅中共為時不遠，因而不考慮妥善利用向忠發，而下令槍決。中統對蔣介石未及時收到電報而惋惜，事實上，即便中統的電報在熊式輝前傳達蔣介石手中，能否影響蔣介石的決策，仍是未知數。

關於向忠發被處決的過程，現已真相大白，一方面是蔣介石對中共採趕盡殺絕的政策，另一方面為中統主張放向忠發一條生路的電報慢了一步。然而，相較於被處決的過程，最大的謎團應是——向忠發為何會遭到逮捕？關於這點，歷來中共方面出版的回憶錄與黨史著作中，皆眾口一致，稱向忠發因私自行動，而遭到逮捕，如胡繩主編的《中國共產黨的七十年》一書中，指出向忠發「又在上海因個人自由行動而被捕，很快叛變」。[42]中共黨史的這套說法，繼承了一貫與向忠發劃清界線的作風，將其被捕的原因歸咎於自身行為不檢，其真實性自然值得商榷。相較中共而言，中統的說法實無隱瞞事實之必要，應更足以採

國防部民國105年11月10日
國辦文檔字第1050005267號函註銷密等

1549

陸海空軍總司令部機要室

來電紙

6月23日 1630

自龍華發

號次 48461

036

九限即到南京中央黨部國民政府蔣主席鈞鑒共匪中央書記向忠發業於養日由本部偵查隊會同國府參軍楊虎在法租界捕獲引提過部現正緝拿餘黨除詳情續報外謹聞職熊式輝叩養午參

1931年6月23日，熊式輝致電報予蔣介石，指已於22日由偵查隊會同楊虎捕獲向忠發，並且正在緝拿餘黨。
（圖片來源：台北國史館，館藏號：002-090300-00040-036）

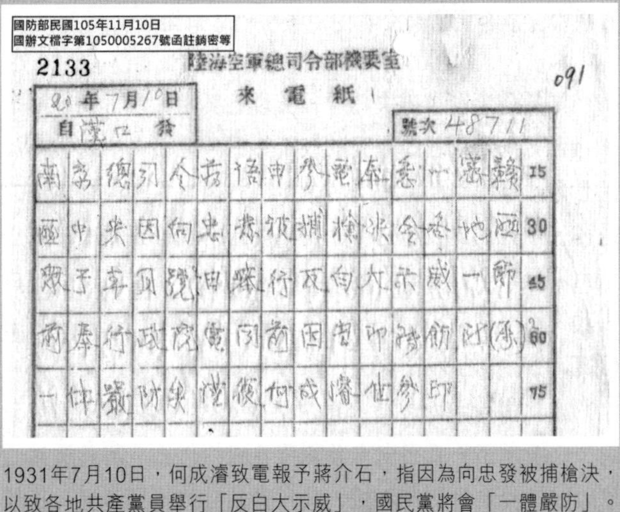

國防部民國105年11月10日
國辦文檔字第1050005267號函註銷密等

2133

陸海空軍總司令部機要室

來電紙

20年7月10日

自漢口發

號次 48711

091

[illegible]

1931年7月10日，何成濬致電報予蔣介石，指因為向忠發被捕槍決，以致各地共產黨員舉行「反白大示威」，國民黨將會「一體嚴防」。
（圖片來源：台北國史館，館藏號：002-090300-00012-091）

信。時任中統調查科主任的徐恩曾，在其回憶錄中直接指出，向忠發之所以被捕，源自中共內部人士的告密：

一天，有一個外表很精幹的青年，到我們的辦公室來報告，說他知道向忠發的住址、願意引導我們去找到他。我們對於這宗送上門來的獻禮，初不敢予以完全相信。因為這個青年，在共產黨中並未擔任重要職務，按照共產黨地下工作的定例，他不可能知道向的地址。但因此事不妨一試，遂由他引導我們到法租界霞飛路的一家珠寶首飾店樓上，逮捕到一個土頭土腦，年已五十多歲的老頭兒，他的口齒很笨拙，也不太像懂得政治，從外表看，很像一個商人，住在珠寶店裏，倒很適合他的身份。

他初來時不肯承認他是中共的第一號領袖，我們對原報告人本來不十分信任，見了這副行徑，也相信可能有錯，正感到危難之際，有一個同事，他是向忠發的同鄉，也幹過船員，他說認識向忠發，並知道向過去的歷史，向當船夫的時候，嗜賭如命，有一次從賭場中輸完了錢回來，發誓要戒賭，竟把自己的左手無名指斬斷一小段，以示決心。經他的指認，再一驗向忠發的左手，果然無名指短了一段。向忠發無法再抵賴，只好低頭認罪了。

……他被指認出來之後，所表現的「向敵人投誠」的可憐相，比其他的非無產階級的戰士更精彩十倍，他先向我們表示，他只是一個普通工人，他沒有能力，他在共產黨內所擔任的職務，實際上是一個傀儡，他甚至屈膝跪地向我們求情，要求免他一死，自動說出四個共產黨的重要指揮機關的所在地，以表示他的忠誠，這一切的表現，出於我們意料之外。按照我們辦理同樣案件的成規，向忠發既肯表示轉變，他的求生願望是應該讓他實現的，但是這一次卻發生了差錯。當我在南京接到向忠發願意轉變的報告時，他已被上海警備司令部下令槍決了。這樣的處置，對我的工作的開展上，實在是種損失。[43]

徐恩曾的回憶，再度從中統的立場出發，表達對處決向忠發的惋惜，與顧建中的內部報告如出一轍的。值得注意的是，徐恩曾提及了告密者提供情資的事實，關於這名告密者的去向，徐恩曾接着寫道：

現在又該提到向我們告密的那個年青人了，當我們證實被捕的人確是向忠發之後，發給他一筆獎金，並給了他一個臨時工作，因為他是自動前來效忠的，所以對他未曾特別注意。大約在向忠發死後的一個月光景，這個青年忽然失蹤了。他一走，我們才恍然大悟，原來他是「奉命」來實施「借刀殺人」之計的，向忠發一死，他的任務已經完成，不走還等待什麼？[44]

事實上，僅從常理推斷，即可發現中共關於向忠發「自由行動被捕」的說法疑點重重。向忠發參與主持特科工作近兩年，深知保密工作的重要性，4月份交通局長被逮捕一事，無疑將使向忠發提高警覺，引以為戒，但顯然沒料到自己成為同志「借刀殺人」伎倆的受害者。此外，自顧順章叛變後，中共高層住處全數轉移，只有極少數人知道領導人的住址。如徐恩曾所言，按照共產黨地下工作的慣例，告密者若非有高層授意而為，不可能知道向忠發的地址。從中共六大後一連串的派系鬥爭中，不難看出，在中共高層裏，最有可能出賣向忠發，並且從向忠發倒台中獲益的，大概只有陳紹禹一個人。徐恩曾在回憶錄中直接指出，陳紹禹與向忠發的被捕有直接關係：

> ……這些莫斯科歸客，因過去毫無工作歷史，雖因米夫的提拔，得以廁身於「中央機關」，但實際領導權仍操於原來的老幹部之手，陳紹禹等年少氣盛，目空一切，當然不甘久居人下，於是處心積慮想把現存這批領導人物擠掉，結果便鬧出自相出賣的醜劇。[45]

徐恩曾列舉了羅綺園與向忠發兩個案例，指兩人之所以被捕，源自中共內部的告密。儘管徐恩曾並未明指提供向忠發情資的青年人為陳紹禹所指派，但已指出幕後主使者為以「陳紹禹等」為首的「莫斯科歸客」。余飛在投降國民黨後發表的《告共黨同志書》中，亦指出陳紹禹為排除異己，而使用借刀殺人的手段：

> 陳韶玉們排除異己的手段，真成空前絕後。他們不在理論上和組織上征服別人，他竟動員特務隊或派人告密以對付異己同志，尤其是最得群眾信仰和擁護的領袖，何孟雄，林育南的被捕，陳郁的被調赴莫斯科讀書，是他們頂刮刮的成績。[46]

值得注意的是，何孟雄被告密而遭逮捕一事，同樣見於中統在1931年內部發行的〈共黨內幕及其崩潰〉一文中：「何孟雄在偽四中全會後三天——一月十八日即被陳韶玉派派人告密在上海被捕。」[47] 除此之外，羅章龍在回憶錄中，更提及了一段極為聳動的歷史：

> 關於王博集團對軍警告密淵源頗遠，非一朝一夕使然。先是潘聞宥在上海被捕，潘是東大學生，回國後任向忠發秘書，經常代寫文章刊在《紅旗》發表，向因此自詡為東方革命理論大師，對潘十分重用。潘後即投敵，盡力追捕黨內「異己」同志，向忠發暗自得計，深秘其事。隨後王明亦被拘，向工部局警長把《紅旗》辦公處向敵告密，以求寬釋。時李求實因住在《紅旗》報機關，敵警按地址搜查時，李幾被捕，幸機警得脫險，出外暫避，紅旗報因此搬遷。當時王向敵方吹噓自己身份，願報效自agree，敵方允許，並由王向捕房保證以後繼續效勞報答。[48]

這段回憶的真實性，以及所謂王明「向捕房保證以後繼續效勞報答」與向忠發的被捕是否有直接關係，現已難以考證。以向國民黨告密方式借刀殺人，在當時可謂天衣無縫，然而，這些紀錄全被中統掌握，存放於檔案館中。[49] 值得注意的是，古貫郊在《三十年來的中共》一書中，指出「中共總書記向忠發，由於毛澤東的告密，在滬被捕伏法，此為中共中央總書記死於國法的第一人！」[50] 毛澤東告密之説顯然不着邊際，但中國共產黨在當時殘酷的黨內鬥爭中，以告密為手段，卻是不爭的事實。對比相關史料可知，王明的背後告密，應為向忠發被捕的直接原因。

向忠發在死前一年，仍然堅持在城市成立蘇維埃政府的想法，對於發展農村蘇維埃政權的構想，向忠發始終不放在眼裏。然而，向忠發死後，中共中央很快便忘記了他，在窮山僻壤的地方，卻有人還記得他的大名。1931年12月10日，向忠發死後半年，毛澤東、張國燾、項英以蘇維埃臨時中央政府人民委員會發表通命，通緝顧順章，其中一段寫道：「不幸中共總書記向忠發同志即在他這一佈置中被捕遇難，成為顧順章背叛革命投降反革命之最大的貢獻。[51]」中共自1928年以來，力主發展城市暴動的兩位搭檔，一個死於國民黨槍下，一個被關進蘇聯的監獄，在莫斯科被迫作了長達15年的反省。在他們離開後，中共來到鄉村發展根據地，對城市的幻想，也隨着向忠發，一道消失在中共的歷史上了。

結論

向忠發的一生，處處充滿着機遇和偶然。向忠發在漢冶萍本是一再平凡不過的輪駁工人，並非中共早期工人運動的重要發展對象，卻因輪駁工人人數的優勢，當選漢冶萍總工會副委員長，躋身工人運動隊伍。1925年，當中共傾全力領導上海五卅運動時，漢口當時仍處在工人運動低潮階段，缺乏領導人才，故由向忠發出任國民黨漢口市黨部工人部長。相對於廣州和上海而言，漢口工人運動發展前景極為悲觀。然而，北伐戰爭開始後，情勢完全改觀，漢口成為全中國最核心的工人運動基地，向忠發佔得先機，成為湖北總工會委員長，轉眼成為工人運動的核心領袖之一，並在武漢召開的中共五大上，獲選中央委員。在八七會議上，又得益於共產國際對中共領導層的懲罰，當選為政治局委員。儘管此後在黨內缺少實權，但一場莫斯科之旅徹底改變了向忠發的人生。向忠發迅速成為史太林的中國政策路線的最佳代言人，在共產國際第九次執委會上護航了史太林的政策，並被指派為中共新任總書記，回國貫徹共產國際對中共的指示。

然而，如同過往的歷史顯示，不論中共如何遵循共產國際的指示，每當挫折發生時，共產國際總能找到藉口整肅中共領導人，並為自身錯誤的指示找替罪羊。[52] 立三路線的起源，是根據蘇聯為了武力侵佔中東路，加上史太林清算政敵布哈林的政治需要，而刻意高估中國革命形勢的通告。而立三路線的發展，則是共產國際下屬的遠東局為了突顯「存在感」，刻意指責中共右傾，一方面使向忠發與遠東局互相指控右傾，另一方面迫使中共中央向左急轉，以證清白。可以說，立三路線的開場與收場，共產國際仍要負最大的責任，向忠發和李立三，不過是在履行職責。

不難發現，共產國際儘管名義上指導中共進行革命，但隨時準備為了蘇聯利益而犧牲中共。為了轉移中國對中東路事件的焦點，不惜睜眼說瞎話，發指示要求中共立刻舉行群眾運動，助長了所謂立三路線的形成。共產國際與蘇聯這種自私自利的作風，在抗戰期間表現得更為明顯。

為了將中國作為牽制日本進攻蘇聯的緩衝墊，不惜一改十年來痛罵國民黨的口徑，又要求中共重新加入國民黨，一起抗日。

向忠發的悲劇，在於他見風轉舵的性格。若在六屆三中全會上，向忠發選擇和李立三同進退，一同前往蘇聯悔過，不論此後歷史演變為何，向忠發至少不會慘死國民黨槍下，並從一位無產階級革命領袖，變成中共史上的大叛徒。然而，儘管向忠發在最後一刻做了叛徒，他在中共黨史上的作用仍不應被抹滅，這是中共黨史學界應該勇敢承認和面對的。

註釋

1. 〈陳紹禹給薩發羅夫、米夫、馬季亞爾、馬耶耳的信（1930年12月17日）〉，收入中共中央黨史研究室第一研究部譯，《聯共（布）、共產國際與中國蘇維埃運動》，第9卷，頁541。
2. 伍修權，《回憶與懷念》（北京：中共中央黨校出版社，1991），頁52。
3. 〈中共中央政治局向六屆四中全會的報告（1931年1月7日）〉，收入中共中央文獻研究室、中央檔案館編，《建黨以來重要文獻選編》，第8冊，頁1–12。
4. 見〈匪黨中委兼駐共產國際代表、共產國際常委、共產國際歐洲局書記、職工國際常委、世界反帝同盟執委、太平洋職工會秘書處主席余飛告共黨同志書〉，收入中華民國開國文獻編纂委員會、國立政治大學國際關係研究中心編印，《共匪禍國史料彙編》，第二冊，頁562。
5. 共黨問題研究叢書編輯委員會，《瞿秋白政治思想之研究》（台北：法務部調查局，1984），頁205–210。
6. 調查局藏，〈毛澤東、周恩來、李立三〉（館藏號：299.31/7497）。
7. 有學者同樣認為，向忠發得以保留總書記，原因在於他在會上坦陳了自己的錯誤。Tso-liang Hsiao, *Power Relations within the Chinese Communist Movement*, 1930–1934, p. 115.
8. 〈匪黨中央總書記向忠發的自述及供白〉，收入中華民國開國文獻編纂委員會、國立政治大學國際關係研究中心編印，《共匪禍國史料彙編》，第二冊，頁547–548。
9. 王健英，《中共中央機關歷史演變考實》，頁169。
10. Alexander M. Grigoriev, "The Far Eastern Bureau of the ECCI in China, 1919–1931", in *The Chinese Revolution in the 1920s*, p. 163.

11. 羅章龍，《羅章龍回憶錄》，下冊，頁452。

12. 國史館藏，〈蔣中正函告誤入共黨黃埔同學書〉(典藏號：002–080200–00052–028)。

13. 羅章龍，《羅章龍回憶錄》，下冊，頁448。羅章龍在回憶錄中，多次將向忠發與李立三兩人名字並列使用，見羅章龍，《羅章龍回憶錄》，下冊，頁429、440、448、449。

14. 調查局藏，〈六屆四中全會前後共黨分離情形〉，館藏號：262.07/815/12322。

15. 〈匪黨中央總書記向忠發的自述及供白〉，收入中華民國開國文獻編纂委員會、國立政治大學國際關係研究中心編印，《共匪禍國史料彙編》，第二冊，頁548。

16. 〈陳紹禹和王稼祥給米夫的信(1930年7月22日)〉，收入中共中央黨史研究室第一研究部譯，《聯共(布)、共產國際與中國蘇維埃運動》，第9卷，頁223–224。

17. 〈陳紹禹給米夫的信(1930年7月24日)〉，收入中共中央黨史研究室第一研究部譯，《聯共(布)、共產國際與中國蘇維埃運動》，第9卷，頁226–227。

18. 郭德宏，《王明年譜》，頁185–186。

19. 王健英，《中共中央機關歷史演變考實》，頁171。

20. 楊奎松，〈向忠發是怎樣一個總書記？〉，頁253–254。

21. 〈雷利斯基同向忠發和周恩來談話記錄〉，收入中共中央黨史研究室第一研究部譯，《聯共(布)、共產國際與中國蘇維埃運動》，第10卷，頁88。

22. 這封信由十二點組成，其中前八點，幾乎一字不漏地照抄了向忠發在四中全會的報告，這八點的副標題，在四中全會的報告中分別是「共產國際的路線如何來指導中國黨呢？」、「然而中央政治局在立三路線領導之下造成的結果是什麼呢？」、

「那麼，立三路線是怎樣形成？他的理論系統是什麼呢？」、「結果引導到敵視共產國際的態度」、「三中全會是不是執行了堅決的轉變呢？」、「此外還有對於共產國際代表的不尊重」、「三中全會後中央與各地工作有沒有真正轉變呢？」、「國際來信後中央政治局的轉變」。見〈中共中央總書記向忠發給共產國際的報告〉，收入中共中央文獻研究室、中央檔案館編，《建黨以來重要文獻選編》，第8冊，頁68–85。

23. 〈中共中央總書記向忠發給共產國際的報告（1931年2月22日）〉，收入中共中央文獻研究室、中央檔案館編，《建黨以來重要文獻選編》，第8冊，頁68–85。

24. 張永，〈六屆四中全會與羅章龍另立中央〉，《近代史研究》，2017年第1期，頁48–71。

25. 調查局藏，〈六屆四中全會前後共黨分離情形〉，館藏號：262.07/815/12322。

26. 〈雷利斯基同周恩來、張國燾和向忠發談話記錄〉，收入中共中央黨史研究室第一研究部譯，《聯共（布）、共產國際與中國蘇維埃運動》，第10卷，頁188。

27. 王健英，《中共中央機關歷史演變考實》，頁173。

28. 〈蓋利斯同周恩來、向忠發和張國燾談話記錄〉，收入中共中央黨史研究室第一研究部譯，《聯共（布）、共產國際與中國蘇維埃運動》，第10卷，頁212。

29. 萬亞剛，《國共鬥爭的見聞》（台北：李敖出版社，1990），頁59。將張國燾送往鄂豫皖蘇區為遠東局的構想，見Alexander M. Grigoriev, "The Far Eastern Bureau of the ECCI in China, 1929–1931", in *The Chinese Revolution in the 1920s*, p. 163.

30. 據承辦顧順章案的中統人員蔡孟堅回憶，顧順章對他交代計劃轉移向忠發的路線「經粵漢路轉株、萍去井岡山」。見蔡孟堅，〈共黨把我搬上銀幕自顯惡跡〉，《蔡孟堅傳真續集》（台北：傳記文學出版社，1990），頁234。

31. 關於顧順章被指認而遭逮捕的過程，見張文，《特工總部——中統》（香港：中原出版社，1988），頁 12；徐恩曾，《我和共產黨戰鬥底回憶》（台北：天人出版社，1985），頁 48–49。

32. 關於周恩來策動紅隊殺顧順章一家、中統人員的營救過程、發掘顧順章家人屍首的過程，見徐恩曾，《我和共產黨戰鬥底回憶》，頁 51–65。

33. 王健英，《中共中央機關歷史演變考實》，頁 175。

34. 〈共黨內幕及其崩潰〉，《展望與探索》，第 9 卷第 1 期，頁 125。

35. 〈李立三自述〉，李莎，《我的中國緣分：李立三夫人李莎回憶錄》，頁 393–394。

36. 〈匪黨中央政治局委員兼特務總負責人顧順章告中共青年書〉，收入中華民國開國文獻編纂委員會、國立政治大學國際關係研究中心編印，《共匪禍國史料彙編》，第二冊，頁 544。

37. 中統特工在搜查向忠發在上海靜安寺路的住處時，同時逮捕了任弼時之妻陳琮英與女兒任遠志，見中共中央文獻研究室編，《任弼時年譜》（北京：中央文獻出版社，2014），頁 169。

38. 〈熊式輝電蔣中正赤匪向忠發於二十二日由參謀本部偵查隊會同楊虎在法租界捕獲現正緝拿餘黨〉，國史館，《蔣中正總統文物》（典藏號：002–090300–00040–036）。

39. 調查局藏，《中共國際派陰謀奪取黨內領導權與羅綺園楊抱安向忠發等被捕》（館藏號：276.09/7435k）。這件報告並未署名，對照曾任中統主任秘書王思誠的回憶錄，向忠發被捕時，「就跪在中央派去的顧建中代表面前，現出一種求饒的可憐相，表示願意自新贖罪。但因顧代表向京請示的報告尚未到達時，向即被上海警備司令部用電報請准委員長 蔣公，執行槍決」，可知報告作者應為顧建中。見王思誠，《瞻園憶舊》（台北：展望與探索雜誌社，2003），頁 54。

40. 《事略稿本》，1931 年 6 月 23 日。

41. 《中央日報》，1931 年 6 月 24 日。

42. 胡繩主編、中共中央黨史研究室，《中國共產黨的七十年》（北京：中共黨史出版社，2011），頁 95。

43. 徐恩曾，《我和共產黨戰鬥底回憶》，頁 70–71。

44. 徐恩曾，《我和共產黨戰鬥底回憶》，頁 72。

45. 徐恩曾，《我和共產黨戰鬥底回憶》，頁 67。

46. 〈匪黨中委兼駐共產國際代表、共產國際常委、共產國際歐洲局書記、職工國際常委、世界反帝同盟執委、太平洋職工會秘書處主席余飛告共黨同志書〉，收入中華民國開國文獻編纂委員會、國立政治大學國際關係研究中心編印，《共匪禍國史料彙編》，第二冊，頁 563。

47. 調查科特務組編，〈共黨內幕及其崩潰（續）〉，《展望與探索》，第 9 卷第 1 期，頁 119。

48. 羅章龍，《羅章龍回憶錄》，頁 506。

49. 國民黨與中統出版的刊物中，為攻擊周恩來，除大力宣傳其下令紅隊殺害顧順章眷屬一事外，又稱周恩來啟程前往蘇區前，採取「赤色的恐怖手段」對付黨內異己，但卻從未將向忠發受出賣一事歸咎於周恩來。從中統相關檔案中亦可發現，周恩來固然指使紅隊制裁同志，但借刀殺人之計，皆為陳紹禹等「莫斯科歸客」所使用。見調查局藏，〈毛澤東、周恩來、李立三〉（館藏號：299.31/7497）。

50. 古貫郊，《三十年來的中共》（香港：亞洲出版社，1955），頁 73。

51. 調查局藏，《為通緝革命叛徒顧順章事》（館藏號：245.2.820）。

52. 唐德剛，《中國革命簡史：從孫文到毛澤東》，頁 279。